Hans Joachim Schädlich (Hg.)

Aktenkundig

**Mit Beiträgen von
Wolf Biermann, Jürgen Fuchs,
Joachim Gauck, Lutz Rathenow,
Vera Wollenberger u. a.**

Rowohlt · Berlin

Redaktion Frank Strickstrock

1. Auflage August 1992
Copyright © 1992 by Rowohlt · Berlin Verlag GmbH, Berlin
Alle Rechte vorbehalten
Sarah Kirsch: «Aufforderung» © 1969/1977 Langewiesche-Brandt,
Ebenhausen bei München
Umschlaggestaltung Walter Hellmann (Foto dpa)
Satz aus der Aldus (Linotronic 500)
Gesamtherstellung Clausen & Bosse, Leck
Printed in Germany
ISBN 3 87134 057 x

Inhalt

Vorwort

Einige Leute lassen es sich nicht nehmen, die Aufklärung der Stasi-Verbrechen als Inquisition zu bezeichnen. Den Bundesbeauftragten für die Unterlagen des Staatssicherheitsdienstes, Joachim Gauck, nennen sie einen Inquisitor.

Leider haben es diese Leute versäumt, rechtzeitig die Stasi als Inquisition und den Chef der Stasi, Erich Mielke, als Inquisitor zu benennen.

Die Gründe einiger Leute, die Geschichte zu verdrehen, mögen verschieden sein. Manche fühlen sich nur als Warner berufen; sie sorgen sich, das Gift der Stasi könne weiterwirken. Aber der Ausdruck dieser Sorge ist trivial. Denn das Gift der Stasi wirkt auch dann weiter, wenn die Stasi-Verbrechen nicht aufgeklärt werden.

Manche haben tiefere Gründe für Geschichtsverdrehung. Die einen haben jahrzehntelang mit den geistigen, kommerziellen und «humanitären» Handlangern des Stasi-Staates kooperiert und ihre Stasi-Partner menschlich schätzen gelernt. Sie sind in die Operationen des Stasi-Staates verwickelt und möchten jetzt ihre eigene Geschichte sauberhalten. Die anderen hatten den Stasi-Staat als Verwirklichung des Ideals vom demokratischen Sozialismus vor Augen und wollen jetzt nicht, daß die Visage der Traum-Wirklichkeit vor aller Augen tritt.

Als das Recht auf Einsicht in die Stasi-Akten, das lange genug auf sich warten ließ, endlich verabschiedet war, da erreichte die Stasi-Schmutzwoge auch offiziell die Ufer der alten Bundesrepublik. Nun hörte man angesehene westdeutsche Politiker sagen, es stehe den Westdeutschen nicht zu, über die Verwicklung der Ostdeutschen in das Stasi-System zu rechten, da die Westdeutschen doch das Glück

7

gehabt hätten, in der Demokratie zu leben, und keine Ahnung von den Zwängen besäßen, in die die Ostdeutschen von der SED-Diktatur versetzt worden seien. Angesehene westdeutsche Politiker verteilen sogar freigiebig Persilscheine und erwecken den Eindruck, als besäßen sie keine Ahnung von den Zwängen, in die die Persilschein-Empfänger die Ostdeutschen versetzt haben.

Man stelle sich nur einmal vor, nach der Zerschlagung der Nazi-Diktatur hätte zum Beispiel ein angesehener amerikanischer Politiker gesagt, es stehe den Amerikanern nicht zu, über die Verwicklung der Deutschen in das Nazi-System zu rechten, da die Amerikaner doch das Glück gehabt hätten, in der Demokratie zu leben, und keine Ahnung von den Zwängen besäßen, in die die Deutschen von der Nazi-Diktatur versetzt worden seien.

Die Stasi-Verbrechen sind eine öffentliche Angelegenheit, und es steht niemandem zu, einer demokratischen Öffentlichkeit Vorschriften zu machen, worüber sie nachzudenken und zu rechten habe und worüber nicht.

Es läßt sich sogar vermuten, daß die in der alten Bundesrepublik stationierten Truppen des Staatssicherheitsdienstes ihre besten Köpfe in die Diskussion schicken, um sie ihrerseits ein wenig Front gegen die Aufklärung der Geschichte machen zu lassen.

Fatalerweise sieht man verschiedene Westdeutsche unvermittelt im Einklang mit hochrangigen Stasi-Verbrechern, die wie honorige Generäle ins Rampenlicht treten und die Gesellschaft erpresserisch vor den angeblichen Folgen der Aufklärung – Aufruhr, Mord und Totschlag – warnen. Diese mörderischen Generalstäbler bieten sich sogar als Helfer des Rechtsstaates zur Bewahrung der demokratischen Ordnung an. – Es ist schwer, angesichts der unheiligen Allianz von Verbrechen, Vertuschung und Verdummung nicht vor Ekel in Depressionen zu verfallen.

Als beliebtes Argument der Vertuscher und Verdummer begegnet der Hinweis auf die Zeit nach dem II. Weltkrieg: Es sei die Nazi-Vergangenheit nicht bewältigt worden, warum solle dann die Stasi-Vergangenheit bewältigt werden. Für die «gewöhnliche» Verbrechensaufklärung und -bekämpfung hieße das: Es ist jener Mord nicht aufgeklärt worden, warum solle dann dieser Mord aufgeklärt werden. Anders gesagt: Hier äußert sich die vollständige Kapitulation demokratischen Rechtsempfindens. Gewöhnlich folgt noch ein Gefasel von Amnestie, Vergebung und Versöhnung. Das Wort ‹Versöhnung› verleitet vielleicht manchen zu einer väterlich-gönnerischen Geste gegenüber so etwas wie einem mißratenen, aber dennoch geliebten Sohn. In Wahrheit steckt in ‹Versöhnung› das Wort ‹Sühne›. Sühne aber ist eine Voraussetzung für Vergebung. – Gegen den beschwichtigenden Hinweis auf die Zeit nach 1945 muß aber gelten: Wurde die Nazi-Vergangenheit nicht bewältigt, so soll wenigstens die Stasi-Vergangenheit bewältigt werden. – Übrigens unterschlägt der Hinweis auf die Zeit nach 1945 die Tatsache, daß sich die bundesrepublikanische Gesellschaft weit mehr mit der Nazi-Vergangenheit beschäftigt hat als die DDR-Gesellschaft. Die SED-Diktatur stand in der antidemokratischen Tradition der Nazi-Diktatur, auch wenn es antifaschistische Bemäntelungen der SED-Diktatur gab.

Die Aufklärung der Stasi-Verbrechen richtet sich nicht gegen eine linke Kultur in Deutschland, wie es uns von falschen Linken mit totalitären Neigungen eingeredet werden soll. Sie richtet sich vielmehr gegen die Praktiken eines der reaktionärsten Regime, das es in Deutschland gegeben hat. Die Aufklärung der Stasi-Verbrechen stellt eine Arbeit dar, ohne die eine demokratische Kultur in Deutschland – auch eine linke – keine Chance hat. Die Aufklärung der Stasi-Verbrechen ist Teil einer demokratischen Kultur.

In jüngster Zeit hat sich die Polemik gegen die Aufklärung der Stasi-Verbrechen und gegen die Bundesbehörde für die Unterlagen des Staatssicherheitsdienstes beängstigend zugespitzt. Gegen die Übermittlung von Daten aus den Stasi-Archiven, die zum gesetzlichen Auftrag der Bundesbehörde zählt, werden Dienstaufsichtsbeschwerden, Gegengutachten, ja sogar gerichtliche Schritte angedroht. Ein russisches Sprichwort aber sagt: «Murre nicht wider den Spiegel, wenn du eine schiefe Fratze hast.»

Das vorliegende Buch soll die historische Wahrheit über die SED-Diktatur und deren Machtinstrument, das Ministerium für Staatssicherheit, aufklären helfen. Die Beton-Mauer des SED-Staates ist gefallen; es ist geboten, die Mauer des Vergessens, die – schon wieder – errichtet wird, niederzureißen.

Die Illusionen über den Charakter des SED-Regimes müssen ausgeräumt, die geistige Zerstörung, die das SED-Regime beabsichtigt und angerichtet hat, muß durch die Wahrheit über dieses Regime behoben werden. Es wird gezeigt, daß der Glaube an den Kommunismus mit tiefster Perversion aller menschlichen Werte gepaart war. Die Einsicht in die Stasi-Akten befördert die Erkenntnis, daß ein System, welches sich niedrigster Mittel zum Zweck der Machterhaltung bediente, zwangsläufig untergehen mußte.

Die Darstellung der Wahrheit ist keine Jagdszene, sondern eine offene Bühne, auf der die Protagonisten der SED-Diktatur und ihre Opfer einander gegenübertreten. Das Buch stellt die Täter dar und spricht vom Widerstand der Opfer und ihrem Recht auf Wahrheit. Es wendet sich gegen die durchsichtige Umkehrung des Täter-Opfer-Verhältnisses.

Aktenkundige Opfer der SED-Diktatur, die als erste in die Stasi-Akten einsehen konnten, sprechen von ihren Einsichten. «Aktenkundig» ist ein Sachbuch, das von den Sachen der Stasi-Täter und von den Sachen der Stasi-Opfer handelt – subjektiv, objektiv, leidenschaftlich und kühl.

Hans Joachim Schädlich

Jürgen Fuchs

Der Abschied von der Diktatur

1 Das Foto der Tochter in den Akten

Der Historiker Golo Mann will gemeinsam mit dem Politiker Heiner Geißler die Berliner Stasi-Akten-Behörde schließen. Von Anzünden ist die Rede, von der Vernichtung der Aktenbestände, vom Zubetonieren. Der Zeitungsherausgeber Erich Böhme blickt in seiner «Betrachtung zum Wochenende» in den Abgrund und «hätte nichts dagegen, wenn die Spree bei ihrem nächsten Hochwasser-Gang die beschämenden Hauswart-Akten der Gauck-Behörde mit sich fortnähme». Die wirklichen Verbrecher, fügt er hinzu, müßten natürlich strafrechtlich verfolgt werden.

Der polnische Schriftsteller Andrzej Szczypiorski wirft den Deutschen eine «riesige Dummheit» vor. Sie sollten eine politische und moralische Abrechnung mit der DDR-Zeit herbeiführen, auch Bücher zum Thema schreiben, aber nicht die Stasi-Akten publizieren. «Das ist für mich ein Zeichen des deutschen Masochismus. Das ist eine geistige Krankheit», sagt er. Und da er gut schreiben kann und ich seine Bücher mag, zitiere ich eine schöne Stelle aus seinem Gespräch in der *Süddeutschen Zeitung*: «Nun stellen Sie sich einmal vor: Ein Oppositioneller war vor zehn oder fünfzehn Jahren schon zum x-ten Mal im Gefängnis, und als er schon zum hundertsten Mal verhört wurde, und das Verhör schon zwanzig Stunden dauerte, hat er im Schein der Glühbirne etwas Unangenehmes gesagt. Weil er müde war, weil er sich wehrlos fühlte, weil er plötzlich eine Stunde der Schwäche erlebte. Das steckt nun in diesen Akten. Seitdem hat er

11

weiter gelitten, im Gefängnis gesessen, sich engagiert und ist zu einer wichtigen Person in der öffentlichen Meinung geworden. Plötzlich kommt so eine kleine Ratte von der politischen Polizei und sagt: ‹Moment, er war mein Spitzel, denn vor fünfzehn Jahren hat er das und das gesagt.› Und jetzt muß sich der arme Kerl verteidigen. Jetzt muß er sagen, daß das eine Stunde seiner Schwäche gewesen sei, und was er sonst noch alles vorbringen mag. Aber warum sollte der ehemalige politische Bandit, der ihn verhört hat, jetzt eine Art Richterrolle bekommen... Es gibt sehr viele falsche Dokumente. Deswegen verzichten wir in Polen weitgehend auf Nachforschungen, wie sie jetzt in Deutschland betrieben werden...»

Ein wunderbares Stück Prosa. Mitleid ergreift uns mit diesem politischen Häftling. Empörung über den Stasi-Bandit, den Vernehmer oder Führungsoffizier. Szczypiorski hat Recht. Er kommt aus Polen, die hatten viel mehr Oppositionelle als die DDR. Er sieht durch. Hat vieles selbst erlebt. Schreibt gute Bücher. Tritt für Versöhnung ein, für ein anderes, niveauvolleres Erinnern, ein literarisches zum Beispiel. Aber, Andrzej Szczypiorski, und doch widerspreche ich Ihnen. Bleiben wir sehr konkret, bleiben wir bei Ihrem Beispiel: Auch ich saß im Gefängnis, kenne Verhöre ohne Pause, sah den Schein der Glühbirne, oder besser der Leuchtstoffröhre. (Es war später, in unserer nahen, modernen Zeit.) Gut, man verweigert die Aussage, hält es durch über Tage, vielleicht Wochen, mitunter länger. Und dann kommen diese Augenblicke, von denen Sie so enorm sprechen, Minuten der Schwäche, des Weinens, des Bemühens, irgendwie rauszukommen. Dann fängt man sich wieder, wird hart, trennt ab, das Wörtchen «egal» kommt, oder «zehn Jahre? Na und!» Solche Worte kommen dann und werden gelebt. Aber die Aussage, der Name, das kleine Einlenken kann stehen in ihren Papieren, vielleicht noch mit eigener Unterschrift. Es kann harmlos sein, unwichtig, nicht brauchbar gegen andere, aber doch bohrt es innen, wie lang ist die Spur dieser Augenblicke im Schein ihrer Bürolampen! Und dann, das ist die andere Variante, Andrzej Szczypiorski, kann so etwas passieren: Die kleine Ratte der politischen Polizei oder der von ihm geführte «ZI», Zelleninformant, geht später umher, behauptet etwas, geht zu Zeitungen und Verlagen, da hat einer etwas veröffentlicht über den Knast. Er hat sich ganz anders verhalten, hat «gesungen» usw...

Oder heute, im Jahr 92, kommt der Vernehmer Groth in die Cafés der Bürgerrechtler und läßt seine Stories vom Stapel. Kein politischer Häftling hatte bis heute eine Seite, ein Blatt Papier, einen Beweis zur Verfügung. Nur das Erlebnis, den Bericht, das Zeugnis. Bei mir wurde ein «ZI» eingesetzt, um nach der Haft in Westdeutschland solche Geschichten über mich zu erzählen. Es war eine eingefädelte und fortgesetzte «Zersetzung», sie traf mich, quälte auch. Wissen Sie, wie erleichtert ich war, jetzt die Fakten zu finden? Meine «Vernehmungsprotokolle», das Standhalten und auch die Augenblicke der Schwäche. Vernichtet sollen die Daten über ihre Taten werden? In die Spree gekippt wie Schnee, einbetoniert wie der Reaktor von Tschernobyl?

In Polen gab es immer wieder Perioden des Aufatmens, Phasen der Befreiung. In der DDR nicht. Erst heute haben wir ihre ekelhafte, über die gesamte Gesellschaft gebreitete Konspiration, ihre «operativen Maßnahmen», die auch vom Geheimnis lebten, etwas enttarnt. Es sind große Verbrechen, keine kleinen Blockwartspitzeleien. Die gab es natürlich auch. Aber das ist nicht das, was in den Akten der bekämpften Opposition, in den «Operativen Vorgängen», hauptsächlich vorkommt. Wir waren weniger als ihr in Polen, das stimmt. Es gab außerdem eine direkte Rutsche über die deutsch-deutsche Grenze, für viele die Rettung vor jahrelanger Haft, manchmal sicher auch vor dem Verlust des Lebens: der Häftlingsfreikauf, der Menschenhandel, den das Regime erfolgreich und schäbig praktizierte. Wir waren wenige, das stimmt. Aber nach dieser Diktatur- und Tätervergangenheit ab 33 vielleicht nicht zu wenige. Ich möchte zuhören, auch andere begreifen, mit Adam Michnik diskutierte ich neulich Stunden. Aber ich möchte nicht belehrt werden. Und ich bitte darum, eine Information zur Kenntnis zu nehmen, offenbar ist noch viel Unkenntnis unterwegs über diese Akten und die Handlungen der Stasi: Ich fand in einem häßlichen blauen Ordner das Foto meiner Tochter Lili. Sie war ein Jahr alt, dieses Foto stand in meiner Zelle, am Glasziegelschacht. Andere fanden persönliche Briefe, die abgefangen wurden von der «M»-Kontrolle, der Postkontrolle, sie waren nie angekommen. Jetzt, erst am Tag dieser Aktenöffnung, trafen sie ein. Bündelweise nahmen Bürgerrechtler mit nach Hause, was ihnen gehörte, weggenommen bei konspirativen Wohnungsdurchsuchungen.

Den Grundriß unserer Wohnung in Westberlin, nach der Ausbürgerung, fand ich in den Kopien eines befreundeten Pfarrers. Darunter präzise vermerkt der Weg der Tochter zur Schule, wie sie geht, wie viele Minuten sie benötigt. In den Akten der Abschiedsbrief der Mutter meiner Frau, die nach einem Stasi-Verhör Suizid beging, in einem Umschlag die letzten Fotos, Originale.

Verstehen Sie, warum ich nicht will, daß etwas weggeschafft, weggemacht, zubetoniert oder in die Spree gekippt wird? Diese Vorschläge und Ratschläge sind vielleicht gut gemeint. Aber sie zeugen von Unkenntnis, sind fixiert auf die kleinen Spitzel, die oft selbst zerbrochenen «IMs». Ich bitte um Respekt. Ich bitte darum, an das Foto meiner Tochter Lili zu denken. Zehntausende von politisch Verfolgten werden solche Funde machen, wenn das Öffnen dieser Akten hoffentlich fortgesetzt wird. Ich ertrage die Abstraktheit dieser Diskussion nicht, nicht das Reißerische kleiner Boulevard-Blätter, nicht das Wohltönende sehr ferner Reden aus den Höhen des Parlaments oder den Chefetagen einer großen Volkspartei. Oder einer anderen. Ich bitte Sie, Andrzej Szczypiorski, weil Sie es wissen, weil Sie es in Ihren Büchern beschreiben und weil Sie es selbst erlebten, ich bitte Sie, zumindest die Entnahme der persönlichen Gegenstände, die bis heute eingepreßt in Akten lagern, richtig zu finden. Uns diese Qual und diese Rettung nach den Jahren der Diktatur (und nach den anderen Jahren der Diktatur über andere) zuzugestehen. Etwas wegzuschaffen und wegzumachen, das hatten wir doch schon. Das ist nicht die humane Orientierung. Das ist auch nicht die Milde, die wir dringend brauchen, der Wärmestrom, der uns verlorenging. Diese Akten sind ekelhaft, auch das soziale «Hinrichten» von kleinen Zuträgern ist es. Aber die Herren Generäle feixen noch, sitzen vor Fernsehkameras und sprechen von der «Notwendigkeit der Dienste». Wir sind ziemlich allein, Andrzej Szczypiorski, einsam und fröstelnd vor diesen Papierbergen, vielleicht eine winzige Gruppe. Ich weiß nicht, ob wir durchkommen, ob wir das perverse Geheimnis dieser Stasi-Gesellschaft lüften und so entmachten können.

Ich bitte Sie, an das Foto meiner Tochter zu denken, das ich in einem Band von etwa vierzig à 300 Seiten fand, in einem grauen Umschlag. Dafür wühle ich alle Regale durch. Dafür kämpfe ich gegen alle, die etwas anzünden oder wieder zuschließen wollen. Diese «per-

sönlichen Dinge», abzugeben bei den «Effekten», sind ein Teil von
uns. Sind unsere Würde, unsere Erinnerung, unser menschliches
Zucken «im Schein der Glühbirne». Sie herauszuholen aus den ekel-
haften neudeutschen Papierbergen der Täter ist ein Abschied von der
Diktatur. Auch eine Rettung. Auch eine Selbstrettung. Sie darf nicht
verwehrt werden.

2 Nicht die Macht, sondern die Angst

Adam Michnik argumentiert politisch. «Die Logik der Übergangspe-
riode von der Diktatur zur Demokratie»[1] wünscht er sich als «einen
Kompromiß der politischen Hauptkräfte. Es muß ein Pakt für die
Demokratie sein.» Und er warnt: «Ein Bruch dieses Paktes führt zur
Brutalisierung und Anarchisierung des öffentlichen Lebens und zum
Chaos. Und das Chaos läßt sich nicht reformieren. Das Chaos führt
zwangsläufig zur Diktatur.» Und er stellt eine Theorie auf, wonach
«jede Revolution, ob blutig oder unblutig, zwei Phasen hat. Die erste
Phase ist bestimmt vom Kampf um die Freiheit, die zweite vom
Kampf um die Macht und die Rache an den Anhängern des ancien
régime. Die Phase des Freiheitskampfes ist eine schöne Zeit. Jeder,
der an diesem Kampf teilgenommen hat, spürte geradezu körperlich,
wie all das an ihm freigesetzt wurde, was er für das Beste und das
Wertvollste hielt. Die Logik der Rache hat dagegen eine andere
Psychologie. Diese Logik ist unerbittlich. Zuerst kommt die Säube-
rung unter den Gegnern von gestern. Dann kommt die Reihe an die
gegenwärtigen Gegner der Racheakte, gestern noch Mitglieder der
Opposition... Eine Atmosphäre der Rache und des Hasses entsteht... Aus dem Zeitalter des Totalitarismus haben wir, wie einen
Aussatz, die Überzeugung mitgebracht, daß Klugheit mit permanen-
tem Argwohn gleichzusetzen sei.»
   Ich weiß nicht, ob im geteilten Deutschland der Jahre 89/90 eine
Revolution stattfand. Ich weiß nur, daß sich viel veränderte, auch in
anderen Ländern, fast zeitgleich. Die Demokratie hat an Boden ge-

[1] Adam Michnik, «Der lange Abschied vom Kommunismus», rororo-aktuell, 1992.

wonnen. Diese elende Mauer-Grenze fiel. Zuerst Massendemonstrationen, vorher die schwierige Arbeit der kleinen Menschenrechtsgruppen. Dann eine merkwürdige, etwas unverständliche Mitteilung in einer Pressekonferenz, bald strömten die Massen, geschossen wurde nicht. Danke, Gorbatschow-Administration! Von Rache und Gewalt der vielen Grenzgänger, immerhin mit wenigen privilegierten Ausnahmen Jahrzehnte interniert in einem kleinen diktatorischen Teilstaat, keine Spur. Eher Erleichterung, Freude, Hoffnung und Euphorie, auch überdrehte Erwartungen. Der Alltag kam bald. Auch wirtschaftliche Hilfe und die ganz-schnellen Geldhaie mit ihren Krawatten und smarten Sprüchen. Werbung ist nicht die Wirklichkeit, das wurde schnell klar. Und verarschen kann sich jeder selber. Vor allem, wenn man aus Jahren kommt, die niederdrückten, erschöpften und ungewiß waren in ihrem Ausgang. Viele Ängste, enorme Subalternität. Rasch wurde auch klar, daß «Behörden» kommen, wenn der Rechtsstaat kommt, Verwaltungen und Verwaltungsrhetorik. In Ämtern, in Chefetagen können altbekannte Gesichter sitzen und ganz neu tun. Die Sprache der Vorschriften und Erlasse ist meist schnell gelernt. Schneller als Gerechtigkeit kommt und wirkliche Hilfe, Rehabilitierung der Opfer, Entschädigung für Verjagte und Niedergehaltene. Schnell kommt dieser Blick wieder hervor, der den Bittsteller an der Tür stehen läßt, auch wenn dieser ein Recht hat, eine eigene Geschichte und nicht schlechte Gesetze hinter sich. Dann werden Akten transportiert vor einer Einsicht irgendwann, durchlaufen Zimmer und Gebäude, Hausmeister werden mächtig und das «technische Personal», welches übernommen wurde in milder Absicht.

Nach bewegten Wochen und Monaten: bald kam der Alltag. In deutschen Gefilden eher eine Ordnung, Adam Michnik, weniger das Chaos. Es gibt Traditionen. Diese «Ordnung» muß – leider – nicht gleich die gute, demokratische sein. Es geht auch anders, gerade wenn «Chaoten» und «extreme Elemente» ferngehalten werden sollen, «die es überall gibt». Bürgerrechtler können dann «die mit den Motiven sein», die «nicht objektiv» sind, nicht ruhig und gelassen wie ein deutscher Beamter eben sein muß. In der Revolutionstheorie müßte dann aufgepaßt werden, daß von der ersten Phase, der der Befreiung, noch ein wenig übrigbleibt. Jeder kann nun erfahren, daß unsere Ge-

16

genwart und unsere Zukunft sehr wahrscheinlich genau das sein wird, was Adam Michnik gleich zu Beginn der Veränderungen sagte: «... es wird eine unvollkommene Gesellschaft sein. Eine Gesellschaft von gewöhnlichen Menschen und gewöhnlichen Konflikten. Aber gerade deshalb», so fügt er hinzu, «sollte es eine Gesellschaft sein, die nicht im Namen politischer Traumschlösser auf die ethischen Normen verzichtet.»

Und welche meint Michnik? Wahrheit. Oder, wie er es genau nennt, «die Wahrheit unserer Wurzeln, die Ethik der Macht der Machtlosen, letztlich also – die zehn Gebote. Alles übrige», fügt er hinzu, «ist Lüge und hat den bitteren Geschmack der Heuchelei.» Einverstanden, Adam Michnik, sehr einverstanden! Ich sage das so nachdrücklich, weil Lüge und Heuchelei nicht verschwunden sind, im Gegenteil, sie behaupten sich ganz beachtlich. Hohe Stasi-Generäle verschweigen aggressiv-grinsend ihr Wissen über die von ihnen praktizierte Repression gegen viele Menschen. Alles waren normale Machttechniken, normale «Dienste». Sie berufen sich auch auf einen Eid, auf staatliche Verträge und wahrscheinlich auf die Treue, ihren ewigen Bund mit Erich Mielke und Erich Honecker. Es ist scheinbar kein Ankommen gegen sie. Ein einflußreicher Parlamentarier der Christlich Demokratischen Partei Deutschlands hält Spitzel der Ex-DDR für «Garanten des inneren Friedens». Ein Ministerpräsident plaudert über zwanzig Jahre lang in ungezählten konspirativen Treffs mit Geheimdienstleuten der MfS-Kirchenabteilung XX/4. Er tritt nicht zurück, er besteht darauf, nur Gutes gewollt und bewirkt zu haben. Wohl gemerkt: Es geht nicht um Ächtung, Weg-Machen von Menschen. Die Machthaber von gestern sollen nicht weiterherrschen, die stalinistische Nomenklatura soll einen Schritt zurück. Die ärgsten Spitzel und Führungsoffiziere sollen als die erkannt werden, die sie wirklich sind. Ich plädiere für das Anerkennen von «Brüchen» in Biografien, jeder ist willkommen, der aus alten unwürdigen Rollen heraustritt oder einmal Mitleid zeigte, ein Zögern, ein Zucken, eine kleine Solidarisierung! Nichts Gutes soll vergessen werden, schrecklich die totalitäre Vorstellung, alle Funktionäre, Amtsträger und Parteigänger seien gleich gewesen. Gerade die Unterschiede, das Differenzieren, «Aufweichen» starrer Fronten der Dogmatik hat das Ende der Gewalt gebracht! Und schrecklich auch das nachträgliche parteitaktische Instrumentalisieren in Wahlkämpfen oder bei «Personal-fragen», wenn nur an das eigene konkurrierende Abschneiden gedacht wird: o dieses Gewäsch von der «Aufarbeitung», o diese starren Blockparteiengesichter dazu!

Aber ist es ein Zeichen von Rache und Haß, von jenem totalitären «Aussatz», jenem «permanenten Argwohn», wenn Bürgerrechtler nachfragen und keine Ruhe geben, nach den Fakten bohren, parlamentarische Untersuchungsausschüsse fordern, auch juristische Untersuchungen, eigene Akteneinsicht wahrnehmen, Fakten und erkannte Strukturen veröffentlichen und weitere Recherchen anstellen? Ist das falsch, masochistisch, überflüssig? Ich denke nicht. Es ist auch ein Alltag, der des Eintretens für Bürger- und Menschenrechte. Oder im journalistischen Beispiel: der Alltag der Recherche in der *Gazeta Wyborcza* oder der Ostberliner *Anderen*. Daß es noch andere Dinge zwischen Morgen und Abend gibt, die angenehmeren darunter, weiß ich auch. Es muß im übrigen nicht eifernd und verbissen sein, was wir tun, um die jüngsten Beispiele der «Anatomie der menschlichen Destruktivität» (Fromm) zu analysieren.

Adam Michnik weist darauf hin, daß das moderne Europa Beispiele von Ländern kennt, «die es geschafft haben, bei der ersten Phase der antidiktatorischen Revolution stehenzubleiben und die gerade dieser Tatsache heute ihre demokratische Ordnung und ihren Wohlstand verdanken. Nehmen wir Spanien. Der spanische Weg von der Diktatur zur Demokratie beweist, daß man einen Staat aufbauen kann, in dem die politischen Gegner von gestern, oftmals Häftlinge, nicht ihre politische Identität verlieren, sondern – mit ihren Aufsehern – in einem gemeinsamen Staat zusammenleben wollen und können. Sie respektieren die Regeln des Pluralismus, der Toleranz und des ehrlichen politischen Wettstreites. Wenn wir nur in den Spiegel schauen oder tief in das eigene Herz, wird uns klar, wie sehr der totalitäre Kommunismus uns depraviert hat. Uns mangelt es an demokratischer Kultur, an demokratischen Institutionen. Wir haben keine Tradition der demokratischen Koexistenz nach den Regeln der demokratischen Ordnung. Jedes Land Zentral- und Mitteleuropas hat seine eigene Biografie und sein geheimes Wissen um die Gefährdung der demokratischen Ordnung...»

Ja, ich bin bereit, mit den ehemaligen Aufsehern der Haftanstalt

Hohenschönhausen in einem gemeinsamen Staat zusammenzuleben. Und ich respektiere die Regeln des Pluralismus, der Toleranz und des ehrlichen politischen Wettstreites. Aber diese Regeln erfordern, daß zum Beispiel die Aufseher und Vernehmer des jungen Jenaer Dissidenten Matthias Domaschk, der unter ungeklärten Umständen in der Stasi-Untersuchungshaftanstalt Gera zu Tode kam, in ihre Verantwortung gebracht werden, wenn sie schon nicht selbst bereit sind, zur Aufklärung dieses Verbrechens beizutragen. Diese Regeln erfordern, daß die Praktiken der Diktatur ans Licht kommen und das Offensichtliche ihrer Herrschaft nicht nachträglich verdeckt oder verklärt wird. Warum? Um Wiederholungen zu verhindern, die immer möglich sind. Um beizutragen, daß die Demokratie nicht auf «operativ-taktische» Geheimnisse gebaut wird, auf ungeklärte Datenverbrechen, auf millionenfache Verletzungen der informationellen Selbstbestimmung. Wenn wir das Treiben der HVA, der «Hauptverwaltung Aufklärung», in Ost und West nicht durchschauen, wird es weiterwirken: im Geheimnis der vernichteten Akten und «Datenträger», im sicheren Machtgefühl der «zuständigen Mitarbeiter» und Zuträger, daß ihnen nichts mehr passieren kann. Die Demokratie in den östlichen Diktaturstaaten ist noch wacklig. Sie soll aber durchkommen, zumindest ab heute und unter Nutzung der Erfahrungen, die zum Beispiel eine deutsche Bundesrepublik ab 45 sammelte. Auch mit der Qual der «Aufarbeitung» (eine schreckliche Wortgeburt wie Entnazifizierung, LTI läßt grüßen!) der Jahre und Verbrechen des Nationalsozialismus und der folgenden Unfähigkeit zu trauern und der enormen Fähigkeit, schnelle «Schlußstriche» zu ziehen, wegzuflippen ins Aktive des «Aufbaus», des Nach-vorn-Sehens, des Vermeidens einer Schuld- und «Fehlerdiskussion».

Ja, wir sind beschädigt von den Jahrzehnten nationalsozialistischer und kommunistischer Diktatur. Ein Blick in den Spiegel, oder, falls das gelingt im Lärm und den Ablenkungsritualen unserer Zeit, tief in das eigene Herz, bringt Gewißheit: Gelähmt sind wir, gezeichnet von jener tückischen organisierten Mutlosigkeit, auf die sich jede Diktatur sehr gut versteht: «Hat ja doch alles keinen Sinn... die Großen kommen immer davon... es gibt keine Gerechtigkeit, keine Wahrheit, sieh dir doch bloß die Boulevardzeitungen an... was redet der von Kultur und Toleranz, von Pluralismus und ehrlichem Wettstreit... alles Phrasen... Auflehnen ist sinnlos... wenn man sich auflehnt oder was Unpassendes sagt, wird man gefeuert und arbeitslos» und so weiter und so fort. Das steckt in uns, Adam Michnik, das ist eine Variation der «zweiten Phase»: Die fortgesetzte Herrschaft und Gewalt der nicht überwundenen sozialen und politischen Depression. Die Abwesenheit von Zivilcourage und die Anwesenheit von Kusch-Verhalten, Unterordnung und Rückzug ins Private. Das Inhumane der erneut einsetzenden und seit 33 gut geübten Gleichgültigkeit gegenüber den Leiden und den Schmerzen anderer. Die Fähigkeit der Koexistenz mit der Lüge, der Ungerechtigkeit und dem stumpfsinnigen Ventil der Entwertung alles «Fremden», Anderen. Die Bereitschaft, Ein- und Ausgrenzungen erneut zu akzeptieren, ja sogar herbeizuwünschen, wenn es «unübersichtlich» wird. Sogar die Gewalt, die dazu nötig wäre, subaltern hinzunehmen, auszuführen oder gar wieder mit verdrehten Augen in Märsche, Rufe und «Bewegungen» umzusetzen im «Weltmaßstab». Demokratie, Parlament, Öffentlichkeit, Menschenrechte, das wird dann verlacht, verhöhnt, ist erfolglose «westlich-liberale Scheiße».

Die neue Rechte der Einheitsparteistalinisten und Offiziere für Staatssicherheit und Nationale Verteidigung sind durchaus in der Lage, «ewige Werte» von «Gemeinschaft, Sauberkeit, Ordnung und Disziplin» hochzuhalten, wie es die alte Rechte auch getan hat (und wieder ein wenig lauter propagiert, nicht nur in Deutschland). Nein, wir glauben nicht mehr an politische Utopien, an die «neue Gesellschaft», an das Paradies der Werktätigen auf Erden, organisiert von wildgewordenen Parteifeldwebeln oder zur Macht gelangten ehemaligen Opfern, die ihre Leiderfahrung mit einer neuen Diktatur an andere weitergaben. Demokratie ist für uns vor allem das Erkennen und gemeinsame Abwehren von Gefahren, wie es Glucksman formulierte. Oder die Fähigkeit, mit vereinbarten Regeln des Zusammenlebens unfähige Regierungen unblutig loszuwerden, wie es Popper sagte. Falls es sich bei unseren deutsch-deutschen Veränderungen doch um eine Revolution handelt und falls sie in zwei Phasen verläuft, dann sage ich: Auf Phase zwei, auf Rache und Haß, kann verzichtet werden. Auf Wahrheitssuche, auf Durchsetzen der Menschenrechte, auf öffentliche Entlarvung von hartnäckiger Lüge und die Entmachtung konspirativer Abhängigkeits- und Gewaltstrukturen nicht.

Und wenn wir heute, 1992, durchaus ungeduldig werden, weil spürbar ist, daß das Gefühl der Angst und des Drucks nicht nachlassen will bei vielen in den «neuen Bundesländern», dann nicht, weil etwa eine «Beschleunigung der Abrechnung» den demokratischen Anfang hinwegfegen soll, in Rußland ist das 1917 demagogisch und geschickt von Lenin und seinen Leuten inszeniert worden. Wir sind ungeduldig, weil, wie es die Friedensnobelpreisträgerin Aung San Suu Kyi aus Birma sagt (noch immer muß sie im schikanösen Hausarrest leben am anderen Ende der Welt), «eine Nation die Angstfreiheit im Gemüte» benötigt, um eine offene demokratische Gesellschaft zu organisieren. Darum geht es, nicht um Rache, Argwohn oder Abrechnung.

3 «Mißbrauch der Lyrik» – einige Fakten

Freilich: Aufmerksam, vielleicht sogar auf der Hut, müssen wir sein. Eugen Kogon, der sozialdemokratische KZ-Häftling und Verfasser des «SS-Staates», sagte es so: «Sofort müssen wir auf die Barrikaden gehen, wenn Unmenschliches, auch in kleiner Form, geschieht.» Und woher kommt die Orientierung, der Kompaß der humanen Position? Auch und vor allem aus dem Erinnern. Nichts wird vergessen von all dem Morden, Quälen, Drücken. Kogon: «Damit man sich aber richtig erinnert, muß man die Fakten präsentieren.» Aus diesem Grunde einige Fakten, einige Auszüge aus Stasi-Akten. Ich möchte ihre Sprache zeigen, ihre deutsche Sprache. Eines ihrer «Feindobjekte» war ich selbst, «bearbeitet» in «Operativen Vorgängen», «OVs» sagten sie, oder «ZOVs», «Zentrale Operative Vorgänge». Auf die Aktendeckel schrieben sie Namen wie «Pegasus», «Revisionist», «Spinne» oder «Opponent». Ich wurde «laufend geführt», also von etwa 1968, da war ich noch Schüler, bis Ende 1989. Ohne Unterbrechung, nur «Teilvorgänge» wurden «archiviert», also in besonderen Magazinen und Hebelschubanlagen abgestellt. Es waren wohl zu viele Leitz-Ordner geworden. In der Ostberliner Behrenstraße, bei der «Gauck-Behörde», saß ich in diesem Frühjahr vor etwa 30 Bänden à 300 Seiten. Vieles ist verschwunden und muß mühsam rekonstruiert werden. Es gab keine Grenze für dieses MfS, keine für ihre «Maßnahmepläne» und Praktiken, auch keine Staatsgrenze. Nach der Haft und der Ausbürgerung 1977, ich wurde Bundesbürger und lebte in Westberlin, ging es erst richtig los. Der Westen war für SED und Stasi «OG», «Operationsgebiet». Die unheilvolle und längere Geschichte der versuchten Unterwerfung anderer Menschen und Territorien wurde fortgesetzt.

*

Jena, den 27.01.1975
Eröffnungsbericht zum op. Vorgang «Pegasus»,
Reg.-Nr. X/66/75

1. Es ist vorgesehen, im op. Vorgang u. a. Fuchs, Jürgen... operativ zu bearbeiten.
2. Bekanntwerden und Begründung der Bearbeitungsrichtung:
   ... Es besteht der Verdacht, daß strafrechtlich relevante Handlungen im Sinne des § 106 (Staatsfeindliche Hetze) Abs. 1 Ziffer 1 und 3 des StGB begangen werden. Durch inoffizielle Berichte und Einschätzungen wurde bekannt, daß dieser Führungskern Verbindungen zu negativen Personen, wie Biermann, Kunze u. a. besitzen, deren Gedankengut im Zirkel sowie in internem Kreis verbreiten und selbst auf dieser Linie sich bewegende Lyrik-Arbeiten verfassen...
3. op. Situation: ... durch eine offensive und konzentrierte op. Bearbeitung des Vorgangs mit spezifischen tschekistischen und gesellschaftswirksamen Mitteln und Methoden erfolgt eine zielgerichtete Einflußnahme auf die Entwicklung dieses gesellschaftlichen Teilbereichs. Entsprechend der Bearbeitungskonzeption werden alle Maßnahmen durch koordinierten Kräfteeinsatz der KD Jena und der Abt. XX der BV Gera durchgeführt.

Leiter der KD Jena   Schmidt, Leutnant
Erhardt, Major

*

Jena, 31. 1. 1975
Konzeption zur zielstrebigen Bearbeitung des OV «Pegasus»:
– Offensiv-dynamische Bearbeitung... als ein möglicher Schwerpunkt im Schwerpunktbereich «Mißbrauch der Lyrik» unter Beachtung zu erwartender Verletzungen von Strafrechtsnormen...
– Organisierung einer schwerpunktmäßigen personengebundenen Vorgangsbearbeitung bei gleichzeitiger weiterer operativen Durchdringung des Schwerpunktbereiches...
– Herausarbeitung der örtlichen, bezirklichen und überterritorialen Verbindungen der Vorgangspersonen zwecks Beweisführung verletzter Rechtsnormen und Fehlverhaltensweisen...
– Personengebundene Herausarbeitung anteiliger Aktivitäten und Formen der Feindtätigkeit und anderer Formen der Kriminalität zur Vorbereitung eines differenzierten Vorgangsabschlusses (Haft-Einschränkung ihrer Aktivitäten-Verunsicherung-Auflösung-Kontaktierungen und IM-Werbungen).
– Erhöhung der Informationstätigkeit an Partei- und Staatsführung zur nachhaltigen Unterstützung einer gesellschaftswirksamen Zurückdrängung / Einschränkung / Verhinderung der Verbreitung hetzerischer bzw. negativ wirkender Aktivitäten und Verhaltensweisen.
– **Konzentrierte** Bearbeitung und **umgehende Liquidierung / Zurückdrängung / Zersetzung /** Verunsicherung aller negativen Einflüsse der Vorgangspersonen.
– Prüfung und Organisierung des differenzierten Einsatzes folgender IM:

IMS «Regina»	KD Jena	Ltn. Schmidt
IMV «Peter»	KD Jena	Ltn. Schmidt
IMV «Buchholz»	XX/Gera	Ofw. Zelt
IMS «Tietz»	XX/Gera	Ltn. Schiffel
IMV «Elke Knoll»	XX/Karl-Marx-Stadt	Oltn. Meinhold

– **Erweiterung der IM-Basis** durch qualifizierte Neuwerbungen während der Bearbeitung und im Prozeß der Liquidierung.

*

Jena, 9. 2. 1977
Gründe für das Einstellen des OV «Pegasus»: Im Zusammenhang mit
den Ereignissen am 18. 11. 1976 (Ausweisung BIERMANNS) wurden
die Inspiratoren und Exponenten der Gruppierung inhaftiert und E-
Verfahren eingeleitet. Weitere operative und gesellschaftliche Maß-
nahmen gegen andere Mitglieder der Gruppierung sind bzw. werden
eingeleitet... Anzahl der im Vorgang registrierten Personen: 4
Davon:
im Ermittlungsverfahren mit Haft erfaßt: 3
Vorbeugende, erzieherische u. a. operative Maßnahmen: 1
Vorgang ist gesperrt abzulegen.
Inhalt der Akte: Akte 1: 293 Blatt
                 Akte 2: 318 Blatt
                 Akte 3: 317 Blatt
                 Akte 4: 253 Blatt
Lippoldt, U. Ltn.   Nowack, Major
                                                       stll. Leiter der DE

                              *

Gera, 23. Juli 1975   IM-Bericht
Abt. II, Quelle: IMK «Wally», Abt. II/3, am 18. 6. 1975
erhalten. Tonbandabschrift. Wörtlich:
... Mir fällt auf, daß z. B. bei einem Gedicht von Jürgen Fuchs kann
ich das verdeutlichen, vom Bild her und auch rein technisch schon so
viele Fehler aufgetreten sind, daß ich mir nicht erklären kann, mit
welcher Wirklichkeit und bzw. weshalb Leute überhaupt darauf kommen, so etwas zu drucken. Wie z. B.:

JÜRGEN FUCHS   IHR BLUMEN
               In den Schießbuden
               Verwelkt nicht
               Sonst
               Werden auf den blühenden Wiesen
               Die lebenden
               Abgeschossen

24

Das ist im Grunde ein Satz, ein Gedicht, ein sonstetwas, daß schon inhaltlich von den Bildern her anzugreifen ist und vollkommen verzerrt eine Situation darstellt, die nicht der Realität entspricht. Weiter ein ähnliches:

BESICHTIGUNG
Hinter
Den Klarsichtscheiben
Der Gasmaske
Sehen Sie
Zwei Augen
Im Inneren
Herzkammern
Keine Gaskammer

Der Anspruch dieser Leute vor allen Dingen der des Jürgen Fuchs ist so groß, es ist eine Art von Arroganz, die sich in einem Gedicht ganz deutlich zeigt:

DIESE ANGST
Auf halber Zeile:
Daß mein Stift
Zerbricht
Bevor alles gesagt
Und
Wer hört mich
Wenn ich schweige

Einzelne Sachen von ihm raus genommen aus seiner komplexen Arbeit, können im Grunde durch sein Einwirken auf das Publikum die Wirkung haben, die er sich vorstellt, die er sich wünscht, da sie jegliches Engagement im einzelnen eigentlich offen lassen.

Gera, 7. 8. 1975 Bezirksverwaltung
für Staatssicherheit, Abt. XX
Überprüfung von Handschriften / Ihr Schreiben vom 1. 4. 1975,
Tgb. Nr. 1117 / 75
... Die Überprüfung im Schriftenklassifizierungsschrank ergab, daß
zwischen den übersandten Vergleichsschriften und den gespeicherten
Schriftstücken keine Identität besteht. Von dem übersandten Schrift-
material wurden Kopien angefertigt, die klassifiziert und gespeichert
wurden.

Anlage: 10 Blatt   Leiter der Abt. XX
                                          Müller
                                          Oberstleutnant

*

Berlin, den 20. 11. 1976
Haftbefehl
Fuchs, Jürgen, geb. am 19. 12. 50... ist in Untersuchungshaft zu
nehmen. Er wird beschuldigt, staatsfeindliche Hetze begangen zu haben... mit dem Ziel, die sozialistische Staats- und Gesellschaftsordnung der DDR zu schädigen und gegen sie aufzuwiegeln...

                               Stadtbezirksgericht Berlin-Mitte
                               Sattler
                               Richter

Berlin, den 20. 11. 1976
Zur Sache stellt der Beschuldigte fest: Den Vorwurf, der mir im Haftbefehl gemacht wird, weise ich entschieden zurück. Ich möchte gegen
diesen Haftbefehl Beschwerde einlegen und mich an meinen Rechtsanwalt wenden.
Den Untersuchungsvorgang hat das MfS übernommen:

                                                  Gabbe
                                                  Major

*

Berlin, den 23. 11. 1976
Der 3. Strafsenat des Stadtgerichts von Groß-Berlin hat beschlossen:
Die Beschwerde gegen den Haftbefehl wird als unbegründet zurück-
gewiesen.

*

Berlin, den 20. 11. 1975   U-Haft Hohenschönhausen
Vernehmungsprotokoll
Frage: Es wird Ihnen Gelegenheit gegeben, sich zu dem gegen Sie
erhobenen strafrechtlichen Vorwurf der staatsfeindlichen Hetze zu
äußern. Welche Aussagen können Sie machen?
Antwort: Ich habe lediglich drei Aussagen zu treffen:
1. Ich protestiere gegen meine Festnahme!
2. Ich fordere meine sofortige Freilassung!
3. Ich führe keine Gespräche mit Menschen, die einen unbequemen
   Literaten ohne Angaben von Gründen inhaftieren!
Frage: Sie werden darauf hingewiesen, daß im Rahmen der Bearbeitung des gegen Sie eingeleiteten Ermittlungsverfahrens mit Ihnen
keine Gespräche sondern Vernehmungen geführt werden.

*

Berlin, den 7. 1. 1977   U-Haft Hohenschönhausen
Aktenvermerk
Im Verlaufe der seit dem 30. 12. 1976 geführten Vernehmungen legte
der Beschuldigte Fuchs demonstrativ ein desinteressiertes, geistige
Abwesenheit vortäuschendes Verhalten an den Tag, das darin zum
Ausdruck kommt, daß er teilweise nicht mehr auf die seitens des Un-
terzeichners gestellten Fragen eingeht und mittels seines Fingers
Buchstaben und Wortverbindungen imaginär im freien Raum oder
auf die Tischplatte malt. Auf Aufforderungen, dieses Tun zu unter-
lassen, reagierte Fuchs nicht, sondern verstärkte diese Handlungen.

Anding
Oberleutnant

*

Berlin, den 4. 3. 1977   U-Haft Hohenschönhausen
Aktenvermerk
In der heutigen Vernehmung über die von ihm hergestellten und
verbreiteten Schriften verweigerte der Beschuldigte Jürgen Fuchs
ohne Angabe irgendwelcher Gründe dafür passiv jegliche Antwort...
er zeichnete schweigend nach den ihm gestellten Fragen Schriftzei-
chen auf die Tischplatte, gab sein provozierendes Verhalten jedoch
nicht auf. In vorangegangenen Vernehmungen hatte Fuchs dem Unterzeichner gegenüber mehrfach geäußert, ihn durch sein Verhalten
in den Vernehmungen zu einer unkontrollierten, spontanen Äuße-
rung provozieren zu wollen, damit er «endlich sein wahres Gesicht
zeigt». Die dem Beschuldigten gestellten Fragen wurden protokol-
liert, er verweigerte aber deren Kenntnisnahme.

                                                        Groth
                                                        Oberfeldwebel
                                    *

Brief an das MfS v. 31. 3. 1977
betr.: Veröffentlichungen des Schriftstellers Jürgen Fuchs in der
    Zeitschrift der Akademie der Künste «Sinn und Form»
Wir erklären auf Anforderung, daß der Schriftsteller Jürgen Fuchs in
den letzten Jahren lediglich mit einer Veröffentlichung in Heft 5 des
Jahrgangs 1974 beteiligt war... Mehrfach hat jedoch Jürgen Fuchs in
den Jahren 74, 75 und 76 der Redaktion Gedichte bzw. Prosastücke
zur Veröffentlichung angeboten. Er tat das jeweils auf schriftlichem
Wege, ohne jemals persönlich in der Redaktion gewesen zu sein. Den
Mitarbeitern der Redaktion ist deshalb Herr Fuchs persönlich nicht
bekannt. Die eingesandten Arbeiten waren zumeist wegen politischer
Bedenken... für die Veröffentlichung in der Zeitschrift «Sinn und
Form» ungeeignet... Die letzte Einsendung von Jürgen Fuchs er-
folgte am 11. 10. 1976 und wurde durch die Redaktion am 3. 11. 76
zurückgegeben. Es handelte sich hierbei um Beiträge aus dem Manu-
skript «Gedächtnisprotokolle»... Für diesen Fall fügen wir in der
Abschrift den Schriftwechsel bei...
Heinz Schnabel   Dr. Armin Zeißler
Generaldirektor   stellv. Chefredakteur
                    Akademie der Künste der DDR

Brief an das MfS v. 18. 3. 1977
Sehr geehrte Genossen!
Die Zeitschrift «Neue Deutsche Literatur» hat von Herrn Jürgen
Fuchs zweimal – und zwar Ende 1972 und im Dezember 1974 – Gedichte zum Abdruck angeboten erhalten. Während die Redaktion aus
der ersten Einsendung zunächst einige Gedichte zum Abdruck aus-
wählte, sie dann aber doch nicht in der Zeitschrift veröffentlichte,
schickte sie die im Dezember eingereichten neuen Gedichte wegen
ihres pessimistischen Grundgehalts nach Prüfung sofort zurück. In
der NDL wurden also keine Gedichte von Jürgen Fuchs gedruckt.
Gerhard Henniger   Walter Nowojski
1. Sekretär   Chefredakteur

*

Berlin, den 1. 4. 1977
Stellungnahme mit handschriftlichem Zusatz: Erarbeitet durch HA
IX (MfS-Hauptabteilung «Untersuchungsorgan») und Abt. Agita-
tion anläßlich Wahlversammlung des Berliner Schriftstellerverbandes am 1. 4. 1977...
[Auszug:] Fuchs gehört nicht zu den Leuten, die von sich behaupten
können, es ginge ihnen um die Kritik und die Verbesserung des sozialistischen Lebens, sondern er ist seit Jahren ein Mensch, der haßerfüllt
darauf aus ist, das Ansehen der DDR zu schädigen... Bei jeder dem
Gegner passenden Gelegenheit, von außen auf uns einzuwirken und
Unruhe zu schaffen, konnte er sich voll und ganz auf Fuchs stützen...
Aus der Analyse westlicher Massenmedien geht unzweideutig hervor,
daß er aus durchsichtigen Gründen zu einem «Schriftsteller» hochstilisiert werden soll. Fuchs war außerdem bestrebt, andere Personen in
seine subversiven Handlungen einzubeziehen. Aufgrund dringender
Verdachtsgründe wurde gegen ihn ein Ermittlungsverfahren eingeleitet und Haftbefehl erlassen. Da es sich um ein noch schwebendes
Verfahren handelt, können keine weiteren Einzelheiten mitgeteilt
werden. Zu gegebener Zeit werden die Justizorgane der DDR über die
strafrechtliche Verantwortlichkeit des Fuchs befinden...

Berlin, den 5. 4. 1977

GUTACHTEN über die Texte von Jürgen Fuchs [18 Seiten]
[Auszüge:] Dem Gutachten liegen 63 literarische Texte zugrunde,
die in der Anlage im einzelnen enthalten sind. Die Texte wurden
fortlaufend nummeriert, was bei der Anführung von Textstellen Be-
rücksichtigung fand. Für die Gutachter war einzuschätzen, inwieweit
in diesen Texten unter dem Deckmantel der Literatur Auffassungen
und Konzeptionen vertreten werden, die gegen die Staats- und Gesellschaftsordnung der DDR gerichtet sind. Die Schriften von Jürgen
Fuchs sind zum großen Teil inhaltlich offen, recht oft demagogisch
verbrämt, gelegentlich weniger deutlich erkennbar – weil nichtig in
der Aussage – gegen die sozialistische Staats- und Gesellschaftsordnung in der DDR gerichtet. Die Art der Niederschriften läßt erkennen, daß der systematische Aufbau einer Gegenposition vorausge-
gangen sein muß... Sein Ausgangspunkt ist die totale Negation der
bestehenden gesellschaftlichen Organisationsformen in der DDR...
Die Bürokraten, der Apparat, die Funktionäre – das sind die immer
wiederkehrenden Worte, die in Verbindung mit Bezeichnungen wie
Seelenlosigkeit, Unmenschlichkeit, Heuchelei, Brutalität usw. zur
Diffamierung der gesellschaftlichen und staatlichen Organe... benutzt werden... Ganz komprimiert werden die genannten Angriffe
in dem Gedicht «Das Erwachen» vorgestellt... Es wird unterstellt,
daß angesichts dieser bedrohlichen und allgewaltigen Apparatur der
Mensch entweder zum Kriecher, Heuchler werden muß, der angst-
voll seine Tage verlebt, oder, wenn er das nicht will, in eine Art innerer, mit Protest und Widerstand verbundener Emigration gehen muß
– wenn er nicht der Vernichtung anheimfallen will... Fuchs überant-
wortet der Kunst eine messianische Funktion. Sie allein vertrete, so
versucht er den Ton zu treffen, die Wahrheit inmitten eines Meeres
der Lüge... Die Kehrseite dessen ist, daß die Kunst bzw. all das, was
sich als Kunst ausgibt, von vornherein absolute Autonomie für sich
zu beanspruchen habe... Zu beachten ist der Tatbestand... der
grundsätzliche geistige Gehalt... Folgende Texte können als un-
erheblich aus der Betrachtung ausgenommen werden: «Das Minde-
ste», «Das Fenster», «Die Fahne»... Eine weitere Gruppe von Texten... wird im Folgenden wegen deutlich zutage tretender Beson-
derheit im Bezug auf die Aussagefähigkeit der Fuchs'schen Position

genannt: «Die Vorladung», «Der Unterricht», «An der Universität», «Die Lüge»... Die dritte Gruppe von Texten hat schwerwiegende, im wesentlichen auf Verleumdung und Diffamierung bzw. auf Aufwiegelung zum Widerstand gegen den Staat und gegen gesellschaftliche Organe ideelle Grundlagen: «Das Erwachen», «Die Ankunft», «Der Stuhl», «Die Wende», «Der Auftakt», «Das Interesse», «Ihr Blumen»...

Direktor des Instituts für
Literatur «Johannes R. Becher»
Prof. Max Schulz

Sektion Germanistik /
Literaturwissenschaft
der Humboldt-Universität
Prof. Dr. Anneliese Löffler

Cheflektor des Aufbau-Verlages
Berlin und Weimar
Ruth Glatzer

Berlin, den 13. 12. 1976
Durch die von der Hauptabteilung IX / 2 in Ermittlungsverfahren wegen staatsfeindlicher Hetze bearbeiteten Beschuldigten... wurde am 17. 10. 1976 in Leipzig mit dem Ziel der Verbreitung einer Tonbandaufzeichnung mit hetzerischen Texten gefertigt, die bisherigen Feststellungen zufolge am 24. 11. 1976 vom Hessischen Rundfunk gesendet wurde... Es wird um die Erstattung eines Sachverständigengutachtens... gebeten: 1. Welche Texte enthalten die beiden als Beweismittel vorliegenden Tonbänder und wurden die Aufzeichnungen von ein und demselben Geschehen gefertigt...

Leiter der HA IX
Liebewirth
Oberstleutnant

*

Gebührenrechnung, Aktenzeichen 761.709
1. Lohnkosten für Gutachter   3 324,– M
2. Lohnkosten für wissenschaftlich-   808,– M
   technisches Personal
3. Gemeinkosten (300 %)   12 396,– M
4. Schreibgebühren   30,– M
                          Kosten der Expertise: 16 558,– M
Ministerrat der DDR
MfS
Techn. Untersuchungsstelle

Berlin, den 15. 2. 1978
Stellungnahme der HA IX / 2 des MfS zu der von Jürgen Fuchs verfaßten und vom BRD-Nachrichtenmagazin «Der Spiegel» publizierten
Artikelserie «Du sollst zerbrechen»,
[Auszug:] ... Zu den vorliegenden publizierten Artikeln... kann
eingeschätzt werden, daß es sich hierbei um eine ähnliche scheindo-
kumentarische Methode der Darstellung von angeblichen Ereignissen handelt, wie dies von ihm bereits in seinen sogenannten Gedächt-
nisprotokollen praktiziert wurde, die unter anderem den Gegenstand
seines Ermittlungsverfahrens bildeten... Diskriminierung und Verleumdung der Organe des MfS... durch das Hochspielen und Auf-
bauschen von Geringfügigkeiten... das Ansehen der DDR zu schädigen... und feindliche Zentren und Einrichtungen in der BRD und
Westberlin zu unterstützen.

                                                        Eberl
                                                        Hauptmann

Verteiler
1. Expl. Genosse Minister
2. Expl. Gen. Generalleutnant Beater
3. Expl. Gen. Generalmajor Mittig

32

Vermerk
Fuchs macht in seiner publizierten Artikelserie... bezugnehmend
auf seine Unterbringung in der UHA des MfS mehrmals Angaben
über einen angeblichen «Spion» sowie über «Abhöranlagen». Es entspricht den Tatsachen, daß Fuchs während des gegen ihn durchgeführten Ermittlungsverfahrens unter operativer Kontrolle durch
Technik und ZI (Zelleninformator/Haft-IM) stand. Auf diese Weise
gelang es von Dezember 1976 bis 30. 3. 1977 eine Reihe wertvoller
Hinweise... zu erarbeiten. Begünstigt durch vernehmungstaktische
Fehler des Untersuchungsführers entstand zum vorgenannten Zeitpunkt bei Fuchs der Verdacht, daß er «abgehört» wird. Eine eindeutige Dekonspiration des ZI konnte jedoch nicht festgestellt werden.
Beim ZI handelt es sich (Angaben zur Person)... der mehrfach überprüft eine zuverlässige und gewissenhafte Arbeit leistete und durch
die HA VIII für eine inoffizielle Nutzung im Operationsgebiet (Berlin
West und Bundesrepublik) vorgesehen ist...

Eberl
Hauptmann

Berlin, den 4. 5. 1982
An den Leiter der HA XX, Generalmajor Kienberg
Persönlich!
Streng Geheim!
Zur Unterstützung der operativen Bearbeitung von Eppelmann über-
sende ich Ihnen als Anlage eine Zusammenfassung der bei der HVA
vorliegenden Erkenntnisse über... Kontaktpartner des Fuchs, Jürgen, in der BRD – vermutlicher Agent eines BRD-Geheimdienstes...
seit ca. Ende 1981... Organisierung einer Pseudofriedensbewegung
in der BRD mit antisowjetischer Stoßrichtung...

Stellvertreter des Ministers
Wolf
Generaloberst

Berlin, den 6. 5. 1982
Haftbefehl
Fuchs, Jürgen, geb. am 19. 12. 50, wohnhaft in 1000 Berlin (West)
42 . . . ist in Untersuchungshaft zu nehmen. Er wird beschuldigt, sich
der landesverräterischen Nachrichtenübermittlung und der staatsfeindlichen Hetze schuldig gemacht zu haben . . .

Stadtbezirksgericht Berlin-Mitte
Mielich
Richter

*

Berlin, den 26. 5. 82
FAHNDUNG
Nachgenannte Person ist im Fahndungsbuch zur Festnahme auszu-
schreiben . . . Fuchs, Jürgen . . . Welche Dienststelle ist bei Festnahme
oder Ermittlung der Person zu benachrichtigen? HA IX / 2, Oltn.
Groth, Tel. 5 24 40 oder OdH, Tel. 5 24 50.
bestätigt:
Mielke   Liebwirth
Unterschrift   Leiter HA IX / 2

*

Berlin, den 29. 9. 82
Zwischenbericht der HA XX / 5
über die Feindtätigkeit des Jürgen Fuchs
[Auszug:] . . . Im Vergleich zu den ersten Monaten des Jahres
1982 . . . haben sich die Schwerpunkte der feindlichen Tätigkeit etwas
verlagert . . . Dabei ist zu berücksichtigen, daß sich die Aktivitäten zu
bestimmten Anlässen, wie die Popularisierung des «Berliner Appells», der Rummel um HAVEMANN anläßlich seines Todes und die
Friedensdemonstration am 10. 6. 1982 immer massiv verstärkten und
auch zukünftig verstärken können . . . Im Zeitraum von Ende August
bis Ende September 1982 wurden in konzentrierter Form spezielle
Maßnahmen realisiert, Fuchs zu verunsichern und in seinem Handlungsspielraum zu beeinträchtigen. Das betraf unter anderem:

34

- Fuchs wurde kontinuierlich, vor allem in den Nachtstunden, in seiner Wohnung angerufen, ohne daß sich der Anrufer meldete. Gleichzeitig wurde jeweils der Fernsprechanschluß zeitweilig blockiert.
- Im Namen von Fuchs wurde eine Vielzahl von Bestellungen von Zeitungen, Zeitschriften, Prospekten, Offerten u. dgl. aufgegeben, darunter Bestellungen, die zur Kompromittierung des Fuchs geeignet sind.
- Mehrfach wurden Taxis und Notdienste (Schlüsselnotdienst, Abflußnotdienst, Abschleppdienst) vorwiegend nachts zur Wohnung des Fuchs bestellt.
- Mit einer Vielzahl von Dienstleistungsunternehmen und anderen Einrichtungen wurden zu unterschiedlichen Tageszeiten, einschließlich der Wochenenden, Besuche bei Fuchs vereinbart (Beratung zur Wohnungs- und Kücheneinrichtung sowie zur Badausstattung; Polstermöbelaufarbeitung, Polstermöbelreinigung; Wohnungsreinigung; Fensterputzer; Abholung von Schmutzwäsche; Wohnungsauflösung; Abholung von Autowracks; Ungezieferbekämpfung; Bereitstellung von Mietautos mit Fahrer; Massage; Beratung in Versicherungsabschlüssen; Buchung von Reisen; Bestellung von Menüs).

Die dazu durchgeführten Überprüfungen ergaben, daß sich Fuchs angesichts der... veranlaßten Aktivitäten, der wiederholten Störungen und des massiven Eintreffens von Materialien unterschiedlichster Art belästigt fühlt und darüber verärgert ist. Bisher wurden seinerseits keine Bemerkungen bekannt, wonach er die eigentlichen Urheber für diese Belästigungen in Maßnahmen des MfS sieht. Zwischenzeitlich wurde mit der Schwiegermutter des Fuchs eine Aussprache durchgeführt. Wesentliche operative Erkenntnisse wurden dabei nicht gewonnen. Unter Nutzung persönlicher Interessen wurde die Schwiegermutter aufgefordert, auf ihre Tochter und ihren Schwiegersohn dahingehend einzuwirken, daß sie zukünftig von feindlichen Angriffen auf die DDR Abstand nehmen...

*

Gera, den 25.5.83, Bezirksverwaltung des MfS
Auskunftsbericht
[Auszug:] ... Ein besonders enges Verhältnis hat Fuchs zu Kräften, die in der «Charta 77» vereint sind... Über Havel wurde... die von Fuchs abgeforderte und in der Westpresse publizierte Solidaritätsbekundung der «Charta 77» für die «DDR-Friedensbewegung» organisiert... Diese Beziehungen dienen dem Vorhaben, eine Internationalisierung dieser «Bewegung» in den sozialistischen Ländern zu erlangen... So unterhält Fuchs des weiteren einen engen Kontakt mit dem konterrevolutionären polnischen Literaten Zagajewski, Adam und beteiligte sich an der Organisierung einer Solidaritätssammlung für «Solidarnosc»... Ansatzpunke für das Eindringen und die Zersetzung der Fuchs-Bande: Unter Nutzung der Angst des Fuchs vor dem MfS und seines Mißtrauens können sich aus seinen verwandtschaftlichen Rückverbindungen günstige Möglichkeiten für die Einführung von IM mit anschließender Übersiedlung ergeben... Spaltung der Agenten-Bande durch Gerüchteverbreitung über Bevorteilung, persönliche Bereicherung, Abwälzung der Gefahren und Belastungen auf andere sowie die Verletzung der Konspiration durch Veröffentlichungen in der Presse, u.a. durch die konspirative Beschaffung und Nutzung der schriftlichen Nachrichten, Informationen usw., welche Fuchs in einem Ordner in seiner Wohnung aufbewahrt...

Anlage
Übersicht über die direkten und indirekten Verbindungen und Kontakte des Fuchs, Jürgen ins Operationsgebiet:
... Biermann, Wolf (Dissident)... Böll, Heinrich (Schriftsteller BRD)... Faust, Siegmar (Dissident)... Rachowski, Utz (Angehöriger von Feindorganisationen)... Reiprich, Christine und Siegfried (AOV «Opponent»)... Serke, Jürgen («Stern»-Reporter)... Corino, Karl («Hessischer Rundfunk»)... In der DDR u.a. Jahn, Rub, Bohley, Katja Havemann...

*

April 1988
Diplomarbeit zum Thema: «Die Widerspiegelung politischer Feind-
schaft gegenüber der DDR in literarischen Angriffen gegen die
Grenztruppen der DDR am Beispiel des Buches ‹Fassonschnitt› von
Jürgen Fuchs»
Betreuer: Oberst F. Oettel

[Auszug:] ...Die imperialistischen Konfrontationsideologen machen sich für das Erreichen der Ziele der ideologischen Diversion ehemalige DDR-Schriftsteller, die ihr Land verraten haben, zu nutze.
Einer von diesen Verrätern ist... Jürgen Fuchs, der den Roman «Fassonschnitt», welcher die Grundlage für diese Arbeit bildet, im Jahr
1984 herausbrachte... Der Roman ist als besonders gefährlich einzuschätzen, da er geeignet ist, das sozialistische Wehrmotiv der Angehörigen der Grenztruppen der DDR zu untergraben... «Spitzel-
wahn, chronische DDR-Krankheit, Seuche aller Diktaturen... das
Gewollte, Unsoziale dieser... Lage ist besonders daran zu merken,
daß sich sofort das Mißtrauen meldet» («Fassonschnitt» S. 100)...
Auch hier geht es Fuchs um nichts anderes, als den real existierenden
Sozialismus in seinem Kernbestand, der Stabilität und Funktions-
tüchtigkeit der politischen Macht zu treffen... Auf Seite 243 schreibt
Fuchs: «Dieser Druck soll weg, diese Kasernenwelt, die auch in mir
alles regieren und gleichschalten will...»

Offiziersschüler U. Rennicke

*

Berlin, den 12.12.1989, ANS (Amt für Nationale Sicherheit)
Beschluß über die Archivierung des Vorgangs ZOV «Opponent»
wegen
Wegfall von Voraussetzungen für eine Strafverfolgung.
HA XX/5 Vogel   Buhl
Hptm.   Oberst

37

Bärbel Bohley

Die Macht wird entzaubert

Das Für und Wider der Akteneinsicht wird noch viele Jahre die Gemüter erregen, denn die Büchse der Pandora ist geöffnet worden. Sie läßt sich nicht mehr schließen, selbst wenn wir es wollten, ein Teil ihres Inhalts, wenn auch der winzigste, ist uns bekannt geworden. Gerade dieser Teil sieht in dem hellen Licht der Öffentlichkeit und des Januarmorgens, an dem ich zum erstenmal in meine Akten sehe, so schäbig aus, daß ich mich seitdem frage: Lohnen sich deshalb die heftigen Kontroversen, die uns erschüttern?

Die Abgründe, die sich in der Debatte nach Einsicht in die Stasi-Akten aufgetan haben, die zerbrochenen Beziehungen, die bitteren Wahrheiten der Bespitzelten und die rohen Lügen der Spitzel, dazwischen diejenigen, die glaubten, sich jetzt für jahrelanges Wegsehen durch besonders hartes Urteilen rechtfertigen zu müssen und damit die Diskussion nur gnadenloser werden ließen, bis hin zum sinnlosen Freitod einiger für das Unrecht mitverantwortlicher Menschen – wodurch ist das alles gerechtfertigt? Meine Zweifel wurden um so heftiger, je klarer ich all die anderen Probleme sah, die sich aus der überstürzten Wiedervereinigung zweier sich fremder Gesellschaften ergaben. Auf der Liste der lebenswichtigen Aufgaben steht die Bewältigung der Stasi-Problematik eigentlich ziemlich weit hinten. Wer heute keine Arbeit mehr hat, um das Dach über seinem Kopf zittert, sich in das neue unbekannte Leben hineinfinden muß, der hat oft kein Verständnis für den Kraftaufwand, mit dem wir immer wieder das Stasi-Thema in die Öffentlichkeit zerren. Nicht um zu verdammen, sondern um zu klären, dürfen wir nicht schweigen. Was wir heute nicht sehen wollen, wird morgen für uns eine neue, unüberwindliche Mauer sein.

Die Stasi – was war sie wirklich in meinem Leben? Sie hat mein Leben begleitet, solange ich denken kann. Damals hatte sie kein eigenes Gesicht. Ich kannte sie nur aus den ängstlichen, vorsorglich flüsternden Gesichtern meiner Eltern, als sie erörterten, ob sie in den Westen gehen sollten, weil mein Vater arbeitslos geworden war. Damals war ich acht Jahre alt, und mein Vater hatte seine geliebte Arbeit als Lehrer aufgeben müssen, weil er nicht in die SED eintreten wollte.

Sehr früh hatte ich begriffen, was politische Witze waren und daß man sie sich nicht laut erzählt, sondern nur in kleiner Runde unter Freunden. Schon als Kind lernte man die Spielregeln, mit denen man ein guter DDR-Bürger wurde. Und die wichtigste war, nicht aufzufallen, möglichst das zu machen, was von einem verlangt wurde, die Partei und ihre Entscheidungen öffentlich zu loben und heimlich zu kritisieren.

Sonst konnte es einem wie Horst gehen. Er war der Sohn einer Freundin meiner Mutter, der an der Humboldt-Universität studierte und dort 1956 seine Sympathie für die aufständischen Ungarn bekundete. Bei Nacht und Nebel mußte er in den Westen fliehen, weil seine Verhaftung drohte. – Oder wie meinem Bruder, der 1968 den Einmarsch der Truppen des Warschauer Paktes in die CSSR kritisierte und zwei Jahre dafür absitzen mußte. – Oder wie meiner Schulfreundin Undine, die mit ihrer Schwester 1964 in den Westen flüchten wollte und von den Grenzpolizisten regelrecht in eine Falle gelockt worden war, aus der sie erst zweieinhalb Jahre später entlassen wurde.

Oder wie meiner Arbeitskollegin B. S., aus deren versuchter Republikflucht die Stasi einen Spionagefall konstruierte. Das Urteil lautete sechs Jahre Gefängnis, von denen sie vier in Hoheneck absitzen mußte, ehe sie in den Westen verkauft wurde...

Viele solcher Geschichten könnte ich erzählen, und in allen kommt die Staatssicherheit vor. Jeder in diesem Land kann Geschichten erzählen, in denen die Staatssicherheit eine Haupt- oder Nebenrolle spielt. Sie war ein Teil unseres Lebens und gehörte einfach dazu. Damals allerdings hatte sie kein klares Gesicht. Das hat sehr viel später Konturen bekommen durch die ersten Festnahmen, Hausdurchsuchungen und Vernehmungen. Doch erst durch die Akteneinsicht wurden die geheimen und kranken Gedanken dieses Monsters offenbar, die Sucht nach Macht durch totale Überwachung. Aber wodurch hat die Staatssicherheit, trotz mangelnder Akzeptanz in der Bevölkerung, so viele Menschen zur Mitarbeit bewegen können?

Als ich die ersten Berichte der «Inoffiziellen Mitarbeiter» las, drängte sich mir das Bild der Beichte auf. Sie ist für den Katholiken die Voraussetzung, um von Schuld freigesprochen zu werden und am kirchlichen Leben teilnehmen zu können. Durch die Beichte soll die Unterwerfung des einzelnen gegenüber Gott und der Kirche gezeigt werden. Und er unterwirft sich, weil ihm nur so verziehen werden kann. Für viele «Inoffizielle Mitarbeiter» hatten ihre Berichte den Charakter einer Beichte.

Indem sie der Stasi Freunde und Bekannte verrieten, berichteten sie auch über sich selbst und teilten sie ihre eigenen Gedanken und Gefühle mit. Sie wurden zu Verrätern an anderen und dadurch vor eventueller Verfolgung geschützt. Eine Frau, die mich bespitzelt hat, sagte zu mir, daß sie mich immer bewundert hätte, weil ich «ohne die schützende Hand der Stasi in der Opposition gearbeitet» hätte. Erst jetzt begreife ich die ganze Absurdität dieses Satzes. Damals erschien er mir nur durch den Versuch der Frau begründet, sich selbst entschuldigen zu wollen. Heute weiß ich, daß ein ganzer Apparat diesen wahnsinnigen Gedanken in den unterschiedlichsten Varianten in Hunderttausende Köpfe gehämmert hat, von Monika Haeger bis Manfred Stolpe.

Als ich die Berichte las, wurden vergessene Ereignisse der letzten Jahre wieder lebendig. Ein großer Teil der Dokumente über die Arbeit der «Frauen für den Frieden», der «Initiative Frieden und Menschenrechte», persönliche Briefe, Aufzeichnungen und Fotos war bei Hausdurchsuchungen beschlagnahmt worden. Etliches fand sich in den Akten wieder. Dazu seitenlange Tonbandaufzeichnungen abgehörter Telefongespräche. Plötzlich begegnete ich meiner damaligen tiefen Sprachlosigkeit am Telefon, die ich auch jetzt noch überwinden muß. Ob es mir wohl noch einmal gelingen wird, mich mit meinem Namen zu melden? Auch heute noch habe ich im Hinterkopf den Gedanken, daß jemand mithört.

Aber ich bin nicht die einzige, deren Mißtrauen gegen jede Art von Uniform groß ist, die nicht das geringste Vertrauen in Sicherheitsdienste und Machtapparate aufbringt. Wenn nur dieses Mißtrauen aus DDR-Zeiten bei uns allen übrigbleiben sollte, würden wir schon ein nicht zu unterschätzendes Stück Aufmerksamkeit in das neue politische Leben mitbringen. Die Diskussionen und Reaktionen im Fall Stolpe zeigen aber, daß dies wohl nur ein frommer Wunsch bleiben wird. Wie könnten sonst Ehrenerklärungen abgegeben werden, bevor der Untersuchungsausschuß seine Arbeit auch nur begonnen hat? Woher kommt die Bereitschaft, schon wieder blauäugig der Macht zu vertrauen? War die Bereitschaft gar nicht zerstört? Ist vielleicht noch nicht klar, wer die neue Macht ist? Jetzt wird sie erkennbar. Aus dem Nebel kommen meist nur die alten Gesichter mit neuen Hüten, beschützt und verteidigt von denen, die schon immer bereit waren, für einen Blechorden oder ein Schmalzbrot die Macht zu schützen. Genehmigt wird das alles von denen, die die Fußtritte der alten Macht ertragen haben und die der neuen spüren werden. In den Diskussionen sind die alten Töne zu hören. Und wenn die vertrauten Drohungen kommen, weiß man, daß es kein wirklicher Aufbruch war.

Bereits im Mai 1990 habe ich zum erstenmal Akteneinsicht beantragt. Ich wollte damals so schnell wie möglich für mich das Kapitel «Staatssicherheit» abschließen und deshalb einige Fragen, die mich beschäftigten, mit Hilfe der Akten klären. Fast zwei Jahre danach, am Morgen des 2. Januar 1992, habe ich mit einigen anderen in der Berliner Behrenstraße in die Akten sehen können. Diesen Termin hatte ich drei Wochen vorher erfahren. Erst in diesen drei Wochen merkte ich, daß ich mir während der letzten Jahre nachts das Träumen verboten hatte. Plötzlich träumte ich hundert Träume, wirr und bedrückend. Viele längst vergessene und verdrängte Erlebnisse und Ängste suchten mich heim. Menschengesichter, die ich einmal gesehen hatte, tauchten in den Träumen auf. Morgens wachte ich mit neuen Fragen auf: Wie war das damals, wer wußte eigentlich noch davon, wann war der oder die zum erstenmal aufgetaucht, und warum läßt sich der oder die seit dem Herbst '89 nicht mehr sehen?

An diesem grauen Januarmorgen bekam ich meine erste Lektion zum Thema: Wie macht man sich einen Staatsfeind? Als die Staatssicherheit 1982 beschlossen hat, über mich einen «Operativen Vorgang» anzulegen, hatte sie bereits entschieden, daß ich schuldig sei. Die fünfundzwanzig Aktenordner sind nicht angelegt worden, um meine Schuld oder Unschuld festzustellen, sondern sie enthalten Beobachtungen und Beurteilungen, die von vornherein davon ausgehen, daß ich ein Staatsfeind der DDR sei. Über Jahre sind für diese Feststellungen Beweise gesucht worden, und wenn es keine gab, hat sich die Stasi in langen Maßnahmeplänen Gedanken gemacht, wie sie zu schaffen sind.

Die Berichte der «Inoffiziellen Mitarbeiter» sind lang und ausführlich. Manch einer könnte auch ein Brief an Freunde sein, aber wenn ich an den Adressaten denke, weiß ich, daß es Dokumente des Verrates sind, in denen ich blättere. Mit großer Genauigkeit wird über Zusammenkünfte und Gespräche berichtet. Oft haben jene Frauen lange Berichte geliefert, die immer recht unauffällig und schweigsam in der Ecke gesessen haben. Damals dachte ich, daß sie Angst hätten vor ihrer eigenen Courage, in einer unabhängigen Frauengruppe mitzuarbeiten. Wenn ich jetzt die Berichte lese, weiß ich, daß sie Angst hatten, etwas Berichtenswertes zu verpassen. Zwischen den Zeilen schimmert die Vertrautheit von Verschworenen. Der Spitzel und sein Führungsoffizier, zwei Komplizen waren sie fast immer, denn widerwillig hat auf Dauer niemand berichtet, der sich zu diesen konspirativen Treffen bereit erklärt hat. Sicher hat es auch die Erpreßten gegeben. In meiner Akte aber hat mich die Freiwilligkeit der Zusammenarbeit überrascht. Der hauptamtliche Mitarbeiter war der Vertreter der Macht, und der inoffizielle wollte an der Macht partizipieren. Indem er zur Informationsfülle des MfS beitrug, stärkte er dessen Macht. Wissen ist Macht, das hatten wir in der Schule gelernt. Im Ministerium für Staatssicherheit wurde diese Losung konspirativ in die Tat umgesetzt. Der Führungsoffizier wußte oft als einziger von den Kontakten des «Geführten» zur Staatssicherheit. Auch das bedeutete Macht über den anderen. Dieses Zwielichtige in der Beziehung zwischen zwei Menschen, dokumentiert in hellblauen Aktenordnern, erzeugt einen tiefen Ekel. Hier fand eine Verschwörung der engen Köpfe gegen das Leben statt. Auf Dauer konnte das nicht gutgehen, denn das Lebendige erstickt unter Mißtrauen, Macht, Lügen, Feindbildern. Es braucht vor allem vertrauensvolle Beziehungen, Mut und einen klaren Kopf, den Dingen auf den Grund zu sehen und sich ihnen zu stellen.

Das war auch der Antrieb für uns, auf der Akteneinsicht zu bestehen. Allein die Tatsache, daß die Menschen, die bespitzelt wurden, die Berichte lesen können, die über sie angelegt wurden, zerstört den bösen Zauber der Stasi. Der Kaiser ist nackt, die Macht der Staatssicherheit gebrochen, ihre Pläne vereitelt. Licht dringt in das Dunkel gestörter menschlicher Beziehungen. Die Akteneinsicht hilft uns, alte Fragen neu zu stellen und vielleicht auch einmal neu zu beantworten.

In den Ordnern ist auch über die Methoden und Arbeitsweisen des MfS zu lesen. Wieviel Kraft und Geld ist dort verschleudert worden, wie vielen Menschen ist der Stempel des MfS in die Seele gedrückt worden? Wie viele sind über dem Doppelleben, das sie als Spitzel führten, wirklich schizophren geworden?

Am meisten erschüttert die Zerstörung und der Verschleiß menschlicher Gefühle. Hier sind Verrat, Lüge, Untreue, Heimlichkeit, Hochmut, Überheblichkeit, die Lust auf Macht und die Kriecherei, die Angst und die Feigheit belohnt worden. Die Staatssicherheit zeigte sich für die gute Zusammenarbeit zwischen offiziellen und inoffiziellen Mitarbeitern erkenntlich. Buchpreise für die Intellektuellen, kurze Urlaubsreisen für die Reiselustigen, geringe Geldbeträge für die Habgierigen, einen Schlag auf die Schulter für die Zweifelnden, ein Glas Champagner für die Karrieresüchtigen und ein vertrauliches Gespräch mit Handschlag unter «Gleichen» für die Machtgierigen. Die Staatssicherheit war der große, volkseigene Zauberer und machte aus Unrecht Recht, aus Verrat Liebe, aus Untreue Treue, aus Kriecherei Mitarbeit, aus Angst Mut, aus Lüge Wahrheit, aus Betrug Verantwortung, aus Egoismus Nächstenliebe.

Wer gibt schon gern seine Schwächen zu? Ist es nicht besser, wir decken über alles den Mantel der Amnestie? Und weiter geht's, genauso, nur diesmal heißt das Spiel: Soziale Marktwirtschaft und Kapitalismus... Oder sollten wir nicht doch aus dem Ende der DDR lernen, daß nichts so sicher zum Untergang führt wie der Selbstbetrug? Wir hatten uns fast alle auf Lebenszeit im real existierenden Sozialismus eingerichtet. Wer hat schon geglaubt, daß seine Berichte jemals von denen gelesen werden, über die er schrieb? Ist es Feigheit, wenn wir den alten Irrtümern nicht ins Gesicht sehen wollen, oder haben wir keine Zeit dazu, weil wir schon wieder neuen Irrtümern hinterherrennen?

Als Entschuldigung dient die angebliche Hexenjagd auf die ehemaligen Täter und ihre Zuträger. Doch wer heute noch von Hexenjagd spricht, ist nicht an Aufklärung interessiert. Wer Gaucks Recherchen als voreingenommen und inquisitorisch ablehnt und lieber ehemalige Führungsoffiziere zu Kronzeugen macht, weil er sie für unvoreingenommen hält, der ist nicht an der Wahrheit interessiert. Wer mitlügt, obwohl er es besser weiß, beteiligt sich an den neuen Machtstrukturen, die nicht besser sind als die alten. – Wem nützt es? Immer wieder wird diese abgedroschene Frage gestellt, wenn es darum geht, die Lügner, Heuchler und Mächtigen von gestern bloßzustellen, als hätten wir nicht vierzig Jahre Zeit gehabt, um zu lernen, daß es uns meistens nicht genutzt hat, wenn wir uns den Kopf der Regierenden zerbrochen und ihre Herrschaft unwidersprochen hingenommen haben.

Bisher hat noch kein Opfer gesagt, daß in den Akten nur Lügen stehen. Diese Behauptung ins Feld zu führen ist der letzte Schachzug derjenigen, die der Stasi-Mitarbeit beschuldigt werden. Damit wollen sie von ihrer Mitverantwortung ablenken. Wenn keine unehrlichen Verteidigungsreden mehr über die offenen Fragen hinwegschummeln können, werden die früheren Führungsoffiziere aus der Versenkung geholt. Die bezeugen dann unter Eid, daß sie ein Leben lang ihre Vorgesetzten betrogen haben, indem sie das Blaue vom Himmel herunterlogen. In den Akten sind angeblich nur zusammengetragene Ammenmärchen, die sich die Führungsoffiziere aus den Fingern gesogen haben. Diese Lügenbarone werden plötzlich zu den glaubwürdigsten Zeugen hochstilisiert. Wer wird sie wohl für ihren Lug und Trug belohnen?

Weder Gauck lügt, noch lügen die Akten. Sie waren die Arbeitsgrundlage von hunderttausend Mitarbeitern des MfS. Sicher sind die Berichte subjektiv gefärbt, sicher sind sie stellenweise vom vorauseilenden Gehorsam und den Wünschen des MfS-Mitarbeiters diktiert, denn auch er ist vom Lob seiner Vorgesetzten abhängig gewesen, wenn es um Gehaltserhöhung und Beförderung ging. Sicher gibt es punktuelle Unwahrheiten, doch nicht über einen längeren Zeitraum. In meiner Akte findet sich niemand, der gegen sein Wissen als IM geführt wurde.

In der Initiative «Frieden und Menschenrechte» gab es zwei Auffassungen darüber, ob man bei Festnahmen mit der Staatssicherheit spricht oder nicht. Die einen lehnten alle Gespräche mit dem MfS ab. Andere meinten, daß diese Gespräche eine Chance wären, die eigenen Gedanken selbst darzulegen und so vielleicht den Vorwurf der Staatsfeindlichkeit auszuräumen. Aber auch sie sind nicht als IM geführt worden, sondern waren für das MfS «operative Vorgänge», denn ihre «staatsfeindliche» Meinung war im Ministerium für Staatssicherheit nicht gefragt.

Im Herbst '89 glaubten wir, trotz jahrelanger Sprachlosigkeit untereinander, endlich eine gemeinsame Sprache gefunden zu haben. Wir dachten, daß genug gelogen worden ist. Wir wollten, wie Vaclav Havel, endlich in der Wahrheit leben. Aber die Wahrheit ist immer noch abwesend.

Lange habe ich geglaubt, daß die DDR zu reformieren gewesen wäre. Erst die Akteneinsicht hat mich endgültig von diesen Träumen befreit. Ein Staat, der in immer größerem Maße die schlechten Eigenschaften der Menschen als Grundlage seines Bestehens braucht, sie über Jahre züchtet und belohnt, kann sich nicht aus sich selbst heraus erneuern. Das trifft auf jeden Staat zu. Er ist zum Untergang verurteilt.

Jetzt werden unsere Verkrüppelungen sichtbar. Die uns regiert haben, waren vielleicht in ihrer Jugend Menschenfreunde, aber sie wurden zu Menschenverächtern. Auch unter den Masken der biederen DDR-Bürger kommen die wahren Gesichter zum Vorschein. Jetzt müssen wir endlich den Mut haben, mit uns selbst ins Gericht zu gehen. Was haben wir versäumt? Warum beginnt meine Akte erst 1982? Was habe ich bis dahin getan? Mich selbst belogen, mit Halbwahrheiten zufriedengegeben, meine Meinung nicht laut genug und öffentlich gesagt, geglaubt, daß die Herrschenden zur Einsicht fähig sind, gehofft auf Veränderungen von oben. Es hat lange gedauert, bis ich begriffen habe, daß es mit halbem Herzen keinen Ausweg aus der Sackgasse geben wird, in der wir uns befinden, bis ich begriffen habe, daß überall die oben sich nur bewegen, wenn wir sie von unten drängen.

Vielleicht werden wir auch erfahren, wer die wirklichen Realisten sind angesichts der ausweglosen Lage, in der wir am Ende des Jahrhunderts sind. Angeblich sind es die Pragmatiker, die versuchen, das aktuell Mögliche zu verwirklichen, auch wenn die Misere der bestehenden Kräfteverhältnisse dadurch stabilisiert wird – das ist der Preis, der durch das Ergebnis meist nicht gerechtfertigt wird. Vielleicht aber sind inzwischen diejenigen die Realisten, die die bisherigen Verhaltensmuster der gestalterischen Kräfte in der Gesellschaft grundsätzlich in Frage stellen, weil sie den Abgrund sehen, an den wir durch sie gebracht wurden.

Die Akteneinsicht ist der Super-GAU in der Politik, sagte neulich ein Journalist zu mir. Und er hat recht, denn kein Geheimdienst dieser Welt hat es bis dahin für möglich gehalten, daß seine mühsam gesammelten Informationen in allen Zeitungen zu lesen sind. Kein Politiker des Ostens oder des Westens hat bei seinen diplomatischen Spielchen daran gedacht, daß sie eines Tages in aller Öffentlichkeit bloßgestellt werden könnten. Durch die Akteneinsicht konnte endlich der Filz der Mächtigen etwas gelüftet und durchschaut werden. Noch lange wird ihnen der Schrecken in den Gliedern sitzen, weil wir uns die Akten zurückerobert haben. Die dadurch erworbenen Erkenntnisse über Zusammenhänge und Zusammenarbeit von politischer und ökonomischer Macht jenseits aller Ideologien werden mehr Spuren in der Politik hinterlassen, als wir heute glauben. Auch aus diesen Befürchtungen heraus gibt es starke Bestrebungen, die Akten zu schließen. Aber die dicksten Betondeckel werden die Ausstrahlung des gesamten Materials auf unser Zusammenleben nicht verhindern. Deshalb müssen die Akten geöffnet bleiben und schnell gelesen werden.

Günter Kunert

Meine Nachbarn

Lügen die Stasi-Akten, wie es manche Zeitgenossen, weil es sie in jeglicher Hinsicht *entlasten* würde, ständig behaupten? Doch wenn dem so wäre, wozu dann der ungeheure, ja, ungeheuerliche, ein Volksvermögen verschlingende Aufwand? Um den eigenen Dienstherrn, die Partei, zu desinformieren? Der Überwachungsapparat nur ein Instrument des Selbstbetruges?

Meine Nachbarn, das heißt: meine einstigen Nachbarn werden über derlei beweisloses Gerede vermutlich ganz anders urteilen. Ich habe sie alle in meinen Akten wiedergefunden, und diese Begegnung war tatsächlich die einzige, die mich beim Studium des gebündelten Irrsinns erschüttert hat.

Nachdem mich die Helfershelfer des Big Brother zu einem *Operativen Vorgang* mit dem einfallsreichen Decknamen «Zyniker» ernannt hatten, entschlossen sie sich zu weiteren besonderen Maßnahmen. Über die «normale» Observierung hinaus, also neben dem Einsatz «Informeller Mitarbeiter», neben Briefzensur, telefonischen Lauschangriffen und der Benutzung «zuverlässiger Quellen» wie von «Kontaktpersonen», sollte nahe unserem Einfamilienhaus in Berlin-Buch ein ständiger «Stützpunkt» zwecks Dauerbeobachtung eingerichtet werden. Wie das Material erkennen läßt, wurde der Plan sorgfältig, nämlich «generalstabsmäßig» vorbereitet. In einem den Akten beigefügten Umschlag als erstes: Fotos von unserem Domizil. Diesen folgte eine Skizze: Der Lageplan des Anwesens, kleiner Maßstab, nur drei, vier umgebende Straßen roh angedeutet. Danach eine ausführlichere Zeichnung, größerer Maßstab, mit den unseren

47

Wohnbereich einschließenden Häusern und dem Straßenraster. Endlich eine gedruckte Generalstabskarte des gesamten Bezirks. Auf jeder der drei Karten rot markiert: die Unterkunft «des Kunert», wie man von der Sprache des Unmenschen tituliert wurde. Oder noch abwertender, durch die Wahl der Bezeichnung die fatale Verbindung zur finstersten deutschen Vergangenheit herstellend: als «Objekt». Und, als hätten die Beamten in Mielkes Schloß eifrig Kafka studiert: als «K».

Weiterblätternd, nach der topographischen Einleitung, Aufzeichnungen über meine sämtlichen Nachbarn. Formblätter des MfS mit Notizen, Bewertungen, Anweisungen. Die Widerwärtigkeit eines Systems, das seinen Bürgern nicht nur in die Töpfe, sondern auch in die Schlafzimmer zu lugen pflegte, taucht aus den Papieren auf. Wie diese Menschen da in die Mühle gerieten, die doch *nur* mich zermahlen sollte – das ist an sich schon ein Akt aus dem Narrenparadies namens DDR. Ich immerhin war mir der Überwachung bewußt gewesen, mal bedrückter, mal wurstiger. Nun sah ich, wie diese harmlosen Durchschnittsbürger «erfaßt» worden waren, unter die Lupe genommen wie Insekten, ausgeforscht und «behandelt»: Mitglieder der sogenannten «Nischengesellschaft», in der es, entgegen einem häufig gehörten Beteuern, keinen Schlupfwinkel gegeben hat, wenn ein «höheres Interesse» sich regte. In diesem Lande gab es nie und nirgendwo eine Zuflucht vor den Augen des Apparates, und es fällt einem, obgleich es anders gemeint gewesen ist, Brechts Gedicht ein, in welchem es heißt: «Die Partei hat tausend Augen...» Bei unserem Edelklassiker war das noch positiv gemeint gewesen und keineswegs auf die Realität bezogen, wie sie mir aus den Akten entgegentrit.

Über alle dokumentierten Fakten hinaus, bei deren Kenntnisnahme, wie ich gestehen und mit einem Anflug von Pathos sagen muß, mir schwer ums Herz wurde, machte ich dennoch eine trostreiche, ja, ermutigende Erfahrung: Keiner meiner Nachbarn scheint eingewilligt zu haben, seine Wohnung, sein Haus als «Stützpunkt» zur Verfügung zu stellen. Den Beweis für den menschlichen Anstand der Umwohnenden meine ich darin zu entdecken, daß erst mehrere Häuser von dem unseren entfernt sich ein einziger zur Mitarbeit verstand, und der war noch dazu Offizier der «Zivilverteidigung», ergo sowieso eine Stütze von Thron und Altar des real existierenden

Sozialismus. Eifrig berichtete er den Werbern, er sei sogar schon in unserem Haus gewesen – als er uns die Kohlenkarten gebracht habe! Dazu kann man bloß sagen: Ein Staat, der dreißig Jahre nach dem Zweiten Weltkrieg Kohlenkarten verteilen läßt, als sei dieser Krieg noch im Gange, hat sehr, aber auch sehr sehr viele Geheimpolizisten nötig.

Eigentlich müßte ich mich jetzt und hier und alsogleich bei meinen Nachbarn entschuldigen, von denen ich, selber von der Seuche des allgemeinen Mißtrauens infiziert, einige für Informanten gehalten habe: Gerade sie waren es nicht. Auch das ist eine durch die Akten vermittelte Wahrheit, derentwegen man sie liest und lesen sollte. Sie belasten nicht bloß Mitbürger, sie rehabilitieren sie auch. Wir haben in dem untergegangenen System unter deformierten zwischenmenschlichen Beziehungen und Bedingungen gelebt: Wir waren unfrei selbst in unserem beiläufigen Benehmen gegenüber Dritten – wie eben den Nachbarn. Wir blockierten selber automatisch unsere Empfindungen, wir schränkten unsere Kontaktfreudigkeit ein, sobald uns ein Blick zu neugierig vorkam, eine Frage zu forschend, ein Interesse an unserer Person nicht ausreichend begründet. Wir führten weithin ein Austerndasein.

Denn: Zu oft hatten wir ja mit unseren Verdächten recht. Das bestätigten ebenfalls die Akten. Jener junge Lyriker, der mich einst aufsuchte, um mit mir über Gedichte zu palavern – ein Abgesandter von Major Tischendorf, in Wirklichkeit ein IM «Imans», der stolz meldete, ich hätte mich fünf Stunden lang mit ihm unterhalten. Lektoren meiner DDR-Verlage haben über mich Auskunft gegeben, über meine Pläne, mein Befinden, meine politischen Ansichten, über meine Frau, die permanent als böser Geist im Spiel klassifiziert wird, weil sie «den Kunert in seiner feindlich-negativen Einstellung bestärkt». Auch Zunftgenossen haben mich fleißig ausgehorcht, gar Gutachten über meine Gedichte geschrieben, aus denen, wie sie unwiderlegbar schlußfolgerten, meine parteifeindliche, sozialismusverneinende, pessimistische, nihilistische, untergrabende, gegnerische Gesinnung eindeutig hervorginge. Wie nicht anders zu erwarten, hat auch der Expräsident des Ex-Schriftstellerverbandes der Ex-DDR in einem Gespräch mit einem MfS-Offizier manches über mich anzumerken gehabt, wobei ihm die Fantasie, die seinen Büchern fehlt, in die Quere kam, da er zu Protokoll gibt: Kunerts, beide, hätten tagelang geweint, weil sie die DDR verlassen würden... Ach ja, immer zu Späßen aufgelegt, der Hermann Kant. Gar ein Verleger reiht sich in die Schar der geheimen Informanten ein, Deckname «Hans», doch leicht identifizierbar, da er uns sowohl 1980 wie 1988 in Schleswig-Holstein aufsuchte, und viele Freireisende kamen ja nicht zu uns. Eine Selbstenttarnung ersten Ranges.

Und die Lehre aus solch obskurer Lektüre? Was nimmt der OV «Zyniker» an immateriellem Gewinn mit nach Hause? Wieder und wie stets die Gewißheit, daß die Intellektuellen (prozentual) anfälliger sind für das Zusammenwirken mit der Macht, und sei sie noch so geheim: Etwas davon kräftigt das eigene schwache Ego, richtet die mühselige und beladene Psyche auf. Dazu im Gegensatz die erstaunliche Resistenz des «Common man», der im Grunde mehr zu verlieren und mehr zu befürchten hatte als ein Verlagsleiter, als ein Lektor, als ein Regisseur, als ein Autor. Aber gerade sie sind der Verlockung anheimgefallen, da sie vermutlich meinten, im Bunde mit der Macht würden sie selber mächtiger, einflußreicher, überhaupt: bedeutender. Sind jedoch einzig Jämmerlinge geworden und bleiben es für den Rest ihres Lebens.

Ein Resümee? Möglicherweise sind die Menschen doch nicht ganz so mies, wie man sonst anzunehmen gezwungen ist. Jedenfalls die meisten meiner Nachbarn sind es nicht. Das jedenfalls war das Studium der Akten eines Gesellschaftssystems wert, das, unter anderem, an seinem zum Verfolgungswahn, und zwar Verfolgungswahn in zwiefacher Hinsicht, entarteten Sicherheitsbedürfnis zugrunde ging. Nicht zuletzt ist das eine wichtige Wahrheit, welche man den Dossiers entnehmen kann.

Wolf Biermann

Aktenkundig

Es geht kein Schwein was an, daß der wunderbare Brechtschauspieler Martin Flörchinger an die zehn Jahre in Ostberlin mein Nachbar gewesen ist. Wir bewohnten eine zweigeteilte Wohnung in der Chausseestraße 131 und waren ein Herz und ein Frühstücksei. 1975 ging er in Rente, leider! Denn Flörchinger verließ damals nicht nur das Berliner Ensemble, sondern gleich die ganze DDR. Der Schauspieler ging zurück nach Bayern, um dort im Land seiner Jugend die Rente zu genießen. Seine Wohnungshälfte war frei geworden und brauchte einen neuen Mieter.

Eines schönen Tages rückte denn auch ein ungewisser Klaus-Peter Gerhardt an. Der Mann war schwer bewaffnet mit einem Einweisungsschein vom Wohnungsamt. Er stellte sich als mein neuer Nachbar vor und zog, nachdem seine Wohnung renoviert worden war, mit einer hübschen Frau ein.

Eineinhalb Jahre lang, bis zu meiner Ausbürgerung 1976, lebte ich mit diesem Ehepaar Tür an Tür und Wand an Wand. Mein alter Freund Robert Havemann knallte den neuen Mitbewohner bei irgendeiner Gelegenheit unverblümt an, er sagte ihm auf den Kopf zu, was wir alle dachten, aber ja nicht sicher wissen konnten. Und weil ich vor haltlosen Verdächtigungen noch viel mehr Angst hatte als vor der Stasi, beschimpfte ich damals meinen lieben argwöhnischen Freund Robert und erinnerte ihn an unsere Grundregel. Wir wollten uns durch nichts und niemanden in eine allgemeine Stasi-Paranoia treiben lassen.

Nun, nach so langer Zeit, schrieb dieser Nachbar mir einen Brief nach Hamburg, man muß schon sagen: eine Art Bittbrief. Ich schrieb ihm denn auch prompt zurück. Unsere beiden Briefe wären wahrscheinlich längst im Postordner abgeheftet und vergessen, hätte ich nicht zufällig einen knappen Monat später Gelegenheit gehabt, in der Gauckbehörde meinen Aktenberg (ZOV «Lyriker») zu besteigen.

Aktenkundig – ein hübscher Titel. Aber wem erst anhand der Akten ein Licht aufgeht, der muß ja ein Armleuchter sein. Gewiß sind die Akten wahre Wundertüten, man wundert sich im Guten wie im Bösen, sie liefern Überraschungen in allen Variationen. Aber im großen und ganzen wußte das Kaninchen ja, in welchem Bestiarium es hoppelt.

In dem Aktenordner Nr. 19 fand ich Mitte Januar eine ganze Serie von Spitzelberichten eines inoffiziellen Mitarbeiters der Staatssicherheit mit dem Decknamen «Lorenz». Es handelte sich, wie der Leser schon dunkel ahnt, um meinen Nachbarn, Herrn Gerhardt.

Und das zeigen die Akten auch: ich war nicht sein erstes Opfer. Er war damals von seinem Führungsoffizier, dem berüchtigten Oberst Reuter, systematisch mit einer ausgeklügelten Legende in die Wohnung Chausseestraße 131 gesetzt worden. Und weil Flörchingers Wohnung im Grunde für einen hochangesetzten Spitzel und Chefredakteur und Verlagsleiter der Ost-CDU nicht gut genug war, ist er offenbar nach getaner Arbeit auch mit einer Bleibe im schönen Berlin-Karow belohnt worden, die seinem Verdienst und seinen Verdiensten besser entsprach. Dort sitzt er nun, umgeben von Weltliteratur, arbeitslos nach einem arbeitsreichen Leben, und schreibt einen Hilferuf an sein Opfer von damals.

Soweit ich sehe, geht es bei all dem um keine justitiablen Verbrechen. Der Mann hat auch keine spektakuläre Karriere gemacht wie der Waffenschieber Schalck, nicht wie der Gefangenengroßhändler Vogel, nicht wie der Menschenverschaukler Rechtsanwalt Schnur, er spreizt sich auch nicht im Parlament wie Diestel, er steht nicht im Rampenlicht wie Gysi und Böhme und de Maizière.

Es ist lustig, aber wahr: Hätte dieser Mensch sich nicht so plump im richtigen falschen Moment bemerkbar gemacht, dann hätte ich ihn wohl kaum in den 40000 Seiten meiner Stasi-Akten gefunden. Ich hätte seine IM-Berichte glatt überblättert. Er wäre unerkannt geblieben wie viele andere kleine Denunzianten und wäre heil davongekommen. Aber was rede ich! Er kommt ja heil davon, auch wenn ich ihn hier an den Pranger stelle.

Heute ist Ostern. Hier unten am Elbestrand von Altona brennen die heidnischen Osterfeuer, die Kinder haben Tannenbäume und Treibholz gesammelt, sie haben mit wahrem Feuereifer alte Kisten und Bretter aufgestapelt und haben sogar eine Strohpuppe an einem Galgen ins Feuer gehängt. Die Kleinen kokeln, die Halbwüchsigen werfen leere Bierflaschen und Cola-Dosen in die Glut, und die Alten glotzen tiefsinnig in die Flammen. Oben in der schönen alten Christianskirche predigt die junge Pastorin von Jesus Christus und feiert die Auferstehung des Gottessohnes.

Aber was schert mich die brennende Puppe, und was gehn mich Gottes uneheliche Kinder an. Ich denke heute an einen Menschensohn, der mir näher ist: mein armer Bruder Judas Ischarioth. Als der nämlich sah, was er angerichtet hatte, wandte er sich verzweifelt an die Hohenpriester, die ihn ja für 30 Silberlinge angeworben hatten. Der IM Judas (so steht es beim Evangelisten Matthäus geschrieben) sagte damals zu seinen Führungsoffizieren:

> Ich habe übel getan, daß ich
> unschuldig Blut verraten habe.
> Sie sprachen: Was geht uns das an?
> Da siehe du zu!
> Und er warf die Silberlinge in den
> Tempel, hob sich davon, ging hin und
> erhängte sich selbst.

Ich will meinem zynischen Nachbarn von damals keine zynischen Vorschläge machen. Wenn aber so ein zeitgenössischer Judas im vereinigten Deutschland partout weiterleben will, sollte auch er, zumindest für sich selbst, eine Frage beantworten: Wie sind die Konditionen sine qua non für einen Neuanfang?

Soll er die 30 Silberlinge für sich behalten, oder soll er das Nummerkonto in der Schweiz und die Villa am Müggelsee in Ostberlin an die Treuhand zurückgeben? Soll er zu seinen Freunden gehn, die er jahrelang bespitzelt hat, und sich die Maske vom Gesicht reißen? Soll er sich auf den Marktplatz der Medien stellen und vorbehaltlos seine Schuld eingestehn, so wie Judas Ischarioth es tat? Soll er sich durchschwindeln und sich die Würmer von findigen Journalisten widerstrebend aus der Nase ziehen lassen? Soll er, trotz erdrückender Beweise, frech alle Schuld leugnen, damit er unbehelligt weiter leben kann? Ich weiß es nicht. Ich merke nur, daß ich allmählich mürbe werde und müde und böse von all den dummdreisten Lügen, mit denen uns die Kreaturen des gestürzten Regimes langweilen und aufregen. Für sie ist nicht nur Christus umsonst gestorben, sondern auch Judas Ischarioth. Sie sind verlorener und elender als dieser arme Hund, der immerhin den Mut zur Wahrheit hatte.

Es geht bei all dem nicht um abstrakte Moralnormen, sondern um die praktische Gestaltung unseres Gemeinwesens. Daß ein Genie wie Schalck im Lande der CSU Unterschlupf fand, daß ein Christenmensch wie de Maizière von seiner CDU geschützt wird und ein Ehrenmann wie Stolpe von der SPD, das verpestet die Luft der Demokratie und treibt also noch mehr Wähler in die braunen Sümpfe.

Ich lege dem Leser drei Texte vor. Jeder einzelne wäre nichts Besonderes. Aber wenn nun ihr gespenstisches Zusammenspiel zur Erscheinung kommt, verschlägt es mir doch die Sprache. Das ist kein Unglück, denn die Dokumente sprechen für sich.

———————

Klaus-Peter Gerhardt
1123 Berlin-Karow

Berlin, am 23. November 1991

Lieber Wolf Biermann,

sicher haben Sie in diesen bewegten Tagen, da der Stasi-Sumpf nun auch die Literaturszene der ehem. DDR endgültig eingeholt hat, anderes zu tun, als sich mit den persönlichen Sorgen Ihres einstigen Wohnungsnachbarn zu beschäftigen. Ich bitte Sie jedoch sehr herzlich darum, diesen Brief zu lesen und darauf zu reagieren.

Nachdem der Union Verlag Berlin, den ich seit 1982 geleitet habe, durch neue Eigentümer mit einem neuen und vornehmlich nichtbelletristischen Programm weitergeführt wird, habe ich mich um eine andere Tätigkeit bemüht, die an meine frühere Zeitungsarbeit bei der NEUEN ZEIT anknüpft, und mich um eine Mitarbeit bei der F. A. Z. beworben. Nach ersten und durchaus hoffnungsvollen Arbeitskontakten ist mir nun mitgeteilt worden, daß meine weitere Mitarbeit fraglich sei, daß es aus Berlin Anschuldigungen gibt, ich sei im Zusammenhang mit meiner Wohnungsnähe zu Wolf Biermann auf diesen angesetzt gewesen und habe für die Stasi gearbeitet.

Noch gut erinnern sich meine Frau und ich an unser erstes nachbarliches Gespräch in Ihrer damals berühmten Küche, in dem Sie uns zwar Ihren Unmut mitteilten, daß wir und nicht Sie Wohnungsnachfolger von Martin Flörchinger werden, daß Sie sich aber damit abfinden, denn Sie hätten sich sehr genau erkundigt, Ihre neuen Nachbarn würden nicht für die Stasi arbeiten – und das sei ja beruhigend, schon wegen der «körperlichen Hygiene».

Und auf dieser für uns sehr angenehmen Verständigungsbasis haben wir dann, wenn auch nur ein Jahr, Tür an Tür gewohnt, die vielfältigen Belästigungen der Rothosen und Schielaugen tapfer gemeinsam getragen und uns, wenn nötig, gemeinsam Mut gemacht. Das ging bis zu Ihrer Abreise zum berüchtigten Konzert, zu der meine Frau Ihnen noch zugeraten hat, denn die DDR müsse sich doch einen Biermann leisten können. Die schlimmen Folgen Ihrer Ausbürgerung besonders auch für Ihre Frau und Benjamin haben wir versucht mitzutragen u. a. durch Telefongespräche, wenn nicht gerade unser Anschluß wie schon häufig vordem abgeklemmt war.

Sie, Tine und besonders Emma erinnern sich sicher noch der Zusammenkünfte mit uns und der kleinen Hilfeleistungen in schlimmen und angstvollen Zeiten. Ihre gerade noch vor der Ausbürgerung erschienene LP «Es gibt ein Leben vor dem Tod» haben Sie uns mit den vielsagenden Worten «...und unserem gesunden Nachbarn auch» im Juni 1976 gewidmet. Sie war uns in immer kränker werdenden Zeiten so etwas wie ein heimlicher Trost.

Und nun soll dies alles mit dem widerlichen Krakensumpf überschüttet werden. Offenbar genügt schon die gemeinsame Adresse und die Tatsache, daß Ihre und später auch unsere Wohnungsnachfolger in Ausübung des «Objektschutzes» der Ständigen Vertretung gegenüber eindeutig im Solde der Firma waren. Meine Frau und ich konnten uns schon gegenüber Robert Havemann nicht mit derartigen, vielleicht sogar von der Stasi selbst inszenierten Unterstellungen abfinden. Sie haben damals am Telefon sehr eindeutig und entschieden reagiert. Nun die zweite und existenzbedrohende Anschuldigung. Natürlich werde ich gemäß der Gesetzeslage nach dem 1. 1. 1992 bei der Gauck-Behörde eine Untersuchung beantragen. Es würde mir und auch meiner zwangsläufig mitbetroffenen Frau aber sehr helfen, wenn Sie Ihre mehrfach geäußerte gute Meinung wiederholen würden, ob an die Redaktion der F. A. Z. (Bereich Theater, Herrn Dr. Gerhard Stadelmaier, Hellerhofstraße 2–4, 6000 Frankfurt am Main 1) oder an mich, das bleibt ganz Ihnen überlassen. Bitte lassen Sie sich in einer so entscheidenden Situation nicht umsonst gebeten haben.

In der Hoffnung, daß wir nach der Trockenlegung des Sumpfes wieder unbeschwerter an die gemeinsame Zeit in der Chausseestraße denken können, verbleiben meine Frau und ich

mit sehr herzlichen Grüßen!
Ihr Klaus-Peter Gerhardt

Lieber Klaus-Peter Gerhardt

– tja, die Vergangenheiten vermasseln uns die Zukunft.

Lieber Nachbar, Sie sollen wissen, daß ich niemals mit irgend jemandem über Sie gesprochen habe, geschweige denn den Verdacht geäußert, daß Sie Spitzel der Staatssicherheit sind oder waren oder gewesen sein könnten. Es hat mich, wie Sie sich wohl denken können, auch kein Mensch danach gefragt. Schon gar nicht kann ich wissen, wer in Berlin gegen Sie diesen Verdacht geäußert und offenbar an die F. A. Z. weitergegeben hat.

Alles, was Sie über unsere gutnachbarlichen Beziehungen in diesem einen Jahr in der Chausseestraße 131 schreiben, ist wahr. Mein Verhalten Ihnen gegenüber war offenherzig, es war nicht vom Verdacht vergiftet, Sie könnten mir als Spitzel in die Wohnung hineingesetzt worden sein.

Allerdings kann es Sie nicht wundern, daß solch ein Verdacht naheliegt. Immerhin waren Sie Chef in einer blockparteigebundenen Zeitung – und zwar nicht in der kuddelmuddeligen Gründerzeit der DDR, sondern im historischen Zenit des Regimes, als die Herrschenden eigentlich alle Medien unter Kontrolle hatten. Außerdem müssen Sie bedenken, daß ich jahrelang von der Staatssicherheit scharf bewacht wurde. Nicht nur Post und Telefon, nicht nur die auffällig unauffälligen jungen Männer auf der Straße. Meine gesamte Wohnung war von unten her, wo ja die Büroräume des großen Kraftfahrzeug-Ersatzteile-Ladens lagen, mit Abhörwanzen durchdrungen. Die netten Arbeiter, die übern Hinterhof die Autoteile schleppten, haben es mir gelegentlich gesteckt, wenn nachts wieder mal unter meinen drei Zimmern von den Technikern der Stasi ein hochgeheimer Arbeitseinsatz lief. Diese kleinen Transportarbeiter waren eben helle und mir in all den Jahren freundlich, die merkten mehr, als sie sollten. Es liegt also nahe, daß die Stasi die günstige Gelegenheit nutzte, als mein Freund Flörchinger seine Wohnung neben mir aufgab.

Über einen Punkt in Ihrem Brief wundere ich mich. Ich hatte, logischerweise, keine einzige Stelle, bei der ich mich hätte erkundigen können, ob meine neuen Nachbarn für die Stasi arbeiten oder nicht. Also kann ich Ihnen keinen Persilschein ausstellen. Ich kann nur sagen: ich hatte den Eindruck, daß Klaus-Peter Gerhardt und seine Frau keine Spitzel sind.

Zudem ist es klar, daß Sie trotz aller Bedenklichkeiten ein grundehrlicher Mensch sein können. Es gab immer auch erfreuliche Ausnahmen, die die Regel bestätigten. Auch deshalb, weil ich nicht in eine Stasi-Paranoia geraten durfte, machte ich mich mit haltlosen Verdächtigungen nicht verrückt.

Ich erinnere mich sehr wohl daran, daß Sie in den bedrohlichen Wochen nach meiner Ausbürgerung sich meinen «Hinterbliebenen» gegenüber normal verhielten. Auch Eva-Maria Hagen, mit der ich

grade sprach, erinnert sich daran, daß Sie und Ihre Frau freundschaft-
lich blieben, als Hetze und Hysterie hochkochten. Als unser Telefon
von der Firma gestört war, konnte ich gelegentlich mit Günter Wall-
raffs Telefon von Köln aus bei Ihnen anrufen und so meine Frau Tine
oder Robert Havemanns Tochter Sibylle sprechen. Das war eine
große Hilfe in all den Nöten und Ängsten dieser Tage.

Auch in den finstersten Zeiten lief ich nicht durch den DDR-Wald
und vermutete hinter jedem Strauch einen Strauchdieb und schon gar
nicht hinter jedem Baum einen Mörder. Sie wissen es ja, ich pfiff
sogar lustige Lieder, halb aus Angst, halb aus Lebenslust.

Dennoch blieb es in diesen Jahren nicht aus, daß wir manchen
Spitzel für einen Freund und vielleicht sogar mal einen Freund für
einen Spitzel hielten. Kommt hinzu, daß die Staatssicherheit das Gift
des Mißtrauens spritzte. Über den Fall Siegfried Reiprich schrieb Jürgen Fuchs jetzt im Spiegel. Gegen Fuchsens Freund Reiprich war in
Jena systematisch von der Stasi der Spitzelverdacht verbreitet worden. Nun hat sich anhand der Dokumente alles aufgeklärt.

Ich finde es gut, daß Sie sich so bald wie möglich an die Gauck-
Behörde wenden wollen. Vielleicht sind Ihre Akten ja noch auffindbar.

Zum Schluß eine Nebenbemerkung. Falls Sie doch beim MfS angestellt waren, wie und wann und warum auch immer – dann wären
Sie für mich noch lange nicht gestorben. Ich lebte lange genug in der
DDR und weiß sehr wohl, wie leicht und sogar mit welchen grundan-
ständigen Motiven ein Mensch in diese Firma geraten konnte. Was
uns im Streit dieser Tage empört, ist die dummfreche Verlogenheit
solcher Spitzel wie Ibrahim Böhme, der sogar angesichts der gefundenen Spitzelberichte von seiner Hand alles leugnet oder ins ichweiß-
nichtwassollesbedeuten romanhaft Romantische zieht. Wie aber
kann man Menschen verzeihn und ihnen beim Neuanfang helfen,
solange sie munter weiterlügen.

Sie verstehen: Falls Sie, lieber Klaus-Peter, doch so was wie ein
«Informeller Mitarbeiter» oder ein OibE waren, würde ich mich trotz
alledem für Sie bei der F. A. Z. oder sonstwo verwenden, wenn ich den
Eindruck hätte, daß Sie sich wirklich ins Offne gerettet haben. Ich
glaube, an solch einem guten Bruch zerbricht keiner so leicht. Im
Gegenteil, es wachsen einem neue Kräfte zu. Sobald wir einander

endlich wieder im Lichte der Wahrhaftigkeit gegenüberstehen, hat keiner das Recht, den anderen aus der Menschheit auszuschließen.

Grüßen Sie herzlich Ihre Frau. Sagen Sie ihr, daß aus meinen Berlin-Plänen nichts wurde. Ich hätte gern nach dem Zusammenbruch der DDR wenigstens wieder in meiner alten Wohnung gewohnt. Aber auch eine andere Wohnung in Ostberlin fand sich für meine große Familie nicht. Und als man uns, wir waren nach langem Suchen schon allzu bescheiden geworden, eine schäbige, dunkle und zudem asbestverseuchte 4-Zimmer-Wohnung im Prenzlauer Berg angeboten hatte, ging eine infame Kampagne in Berliner Zeitungen los, die es mir unmöglich macht, in dieser Stadt wieder zu leben.

Aber das ist kein wirkliches Unglück. Wir leben sehr gut und oft sogar glücklich im schönen Hamburg.

Altona, 3. 12. '91
Wolf Biermann

nb. Eine Kopie dieses Briefes, das wird Ihnen recht sein, schicke ich an die F. A. Z., Herrn Dr. Stadelmaier.

Quelle des Gen. Reuter

Am 2. September kam es nach seinem Urlaub zu einer ersten Begegnung mit meinem künftigen Wohnungsnachbarn W. B. Ich stellte mich und meine Frau vor und sagte ihm, daß ich eine Einweisung für die Wohnung (...) habe und nach den wichtigsten Renovierungsarbeiten am 20. Oktober einzuziehen gedenke.

W. B. war über den Umstand und auch über Einzelheiten aus der Biographie der neuen Mieter bestens informiert (Quelle u. a. [...]). Er sagte mir auch, er habe sich genau erkundigt, wer ihm da ins Haus komme. Er wisse, daß ich «noch nicht bei der Staatssicherheit sei», was ihm nur recht ist. Nicht, daß er was gegen die Leute hätte. Aber es gehöre zur «persönlichen Hygiene», diese Leute «nicht zu nahe am Körper zu haben».

Er sagte weiter, daß er sich freue, daß ich diese Wohnung bekommen habe. Er wisse, wie gesagt, um wen es sich handelt und sei an einer guten Nachbarschaft interessiert.

Alle uns betreffenden Fragen, Elektrozähler auf seinem Gang, Restbestände der Einrichtung von (...) noch in unserer Wohnung, für deren Abtransport W. B. zu sorgen hat, etc. konnten schnell und unkompliziert mit ihm geregelt werden.

Ich machte W. B. darauf aufmerksam, daß es für mich sehr erfreulich sei, daß er uns als Wohnungsnachfolger (...) anerkenne, da ich wüßte, daß auch er sich um die Vergabe dieser Wohnung beworben habe und es ja im Bereich des Möglichen gelegen hätte, daß er nun, da wir die Wohnung bekommen haben, uns als lästige Eindringlinge betrachtet. Er erwiderte darauf, daß das nun keine Rolle mehr spiele. Wir hätten die Wohnung nun mal bekommen und es zeuge nur von der «undemokratischen Entscheidungsweise», daß eine Intervention von Gerald Götting dafür ausschlaggebend gewesen wäre.

Folgerungen:

1. W. B. scheint von der offiziellen Version der Wohnungsvergabe weitgehend überzeugt zu sein. Er benutzte den Namen Götting noch in einem anderen Sachzusammenhang, als er sich danach erkundigte, ob meine Frau als Schauspielerin schon feste Berufsaussichten in Berlin habe. Als sie ihm diese Frage verneinte, meinte er lakonisch, daß ihr in diesem Fall ja wohl kaum Götting helfen könne.

2. Es hat sich seit dem 2. Sept. ein sachliches und vernünftig distanziertes Verhältnis zu W. B. hergestellt. Wenn wir mit Handwerkern da sind, erkundigt er sich nach dem Fortgang der Ereignisse, ohne sich irgendwie einzumischen. Er bietet seine Hilfe an, die wir aber noch nicht in Anspruch genommen haben. Mir scheint diese Entwicklung günstig zu sein. Eine vorsichtige Intensivierung der Beziehungen scheint möglich, zumal mich im Laufe der Zeit auch Leute besuchen werden wie (...) und die Schauspielerin (...), die W. B. lange und gut kennen.

3. Die entstehenden nachbarschaftlichen Kontakte sollten gut abgestimmt und sehr vorsichtig vorgenommen werden.
4. Es ist gesichert, daß die offizielle Version unserer Wohnungsvergabe unter die Leute gekommen ist.

18. IX. 75   Lorenz

Lutz Rathenow

**Teile zu keinem Bild
oder
Das Puzzle von der geheimen Macht**

I

Seit vier Monaten existiert das gesetzlich verbriefte Recht auf Akteneinsicht, und die Öffentlichkeit scheint immer verwirrter auf die aus den MfS-Akten veröffentlichten Fakten zu reagieren. Eigentlich wollte ich, nach der ersten Aufregung, in aller Ruhe die Papiere durchlesen. Nacheinander, mit Pausen, damit ich den Rhythmus der Vergangenheit bestimmen kann – wenn ich ihr schon häufiger ausgeliefert war, als sie noch Gegenwart war.

Statt dessen ertappe ich mich immer wieder bei Kommentaren, bei Interviews, die helfen sollen, gröbste Dummheiten aufzuklären. Vielleicht notwendig, aber oft sinnlos.

Zwei Gruppen von Menschen arbeiten bewußt oder auch eher instinktiv gegen eine wirkliche Sachdiskussion über die Deutung der MfS-Papiere: die eine aus schlechtem Gewissen. Zu ein paar hunderttausend Menschen, die eine Öffnung der persönlichen Akten mit Grund fürchten, kommen noch jene hinzu, die aus Unkenntnis Angst haben. So stand in einer Zeitung der Leserbrief von einem Mann, der dreimal von Stasi-Mitarbeitern werbend angesprochen worden ist. Und der nun fürchtet, auch ihn habe das MfS als IM geführt.

Das sind Resultate des Verwirrspiels derer, die gern in der Öffentlichkeit die Vorstellung durchsetzen möchten, vor lauter Ungenauigkeiten seien die Akten ohne jeden historischen Wert. Als ob es jemals historische Dokumente gegeben hätte, die nicht einer Interpretation bedürften. Natürlich sind die Akten nur *ein* Schlüssel zur DDR-Geschichte, jedoch ein wesentlicher. Wer sie vor allem juristisch nutzen wollte, verkennt ihre Eigenart. In dieser Hinsicht verschweigen die Akten manches, was ihren Erzeugern zu peinlich schien.

Das in den Papieren notierte Abbild der Realität muß hinterfragt werden: Was steht nicht drin, weil es bewußt oder aus Routine verschwiegen worden ist? Denn zahlreiche Praktiken der Machtausübung werden nicht erwähnt, während andere kleinkrämerisch genau verzeichnet sind. Da, wo es heikel wird, läßt das MfS oft zahlreiche Informanten zu Wort kommen. Sie beschreiben den Eindruck einer Aktion, der «draußen» entsteht. Die Zahl der Berichte über ein Ereignis läßt die Bedeutung erahnen, die die Aktenführer ihm einräumten. Neben dem, was nicht drinsteht, sind auf der anderen Seite natürlich Übertreibungen zu berücksichtigen. In den Planungen mutete sich das MfS manchmal mehr Erfolge zu, als zu erreichen waren. Und natürlich polarisiert der Blickwinkel, unter dem diese Papiere angelegt werden. Die für Feinde Gehaltenen wirken durch die Einschätzung ihrer Aktivitäten im Akten-Deutsch noch feindlicher, die anderen in ihrer Loyalität zum Staat noch DDR-freundlicher. Die Akten liefern Einblicke in die Planspiele der Macht, die interne Zusammenarbeit zwischen Partei/Staatsapparat und MfS. Sie lassen genaue Rückschlüsse auf die Art und Weise zu, in der Menschen Informationen lieferten und so zum Funktionieren des Apparates beitrugen.

Und die Akten geraten zu einer Chronologie zivilen Ungehorsams, wo sie die Verweigerung der Mitarbeit registrieren. Sie verzeichnen die Aktivitäten der Menschen, die Sand statt Öl im Getriebe des Staates sein wollten.

Und hier kommt die zweite Personengruppe ins zeitgenössische Stasi-Diskussionsabwehrspiel. Während die erste Gruppe wegen allmählich um sich greifender Sachkenntnis kleiner wird, wächst die zweite kontinuierlich an: Sie besteht aus jenen, die ihre Akte sehen wollen und erfahren müssen, daß über sie keine existiert. Oder nur eine sehr schmale. «Meine Frau glaubt mir nicht, daß ich oft auf den Staat geschimpft habe auf Arbeit. Sie müssen mir helfen. Da muß sich doch irgend etwas noch über mich finden. Einmal hatte ich drei Aussprachen in einer Woche. Ich bin mir sicher, daß da einer von der Stasi dabei war.» – So ein Mann kürzlich auf der Gauck-Behörde.

Keine Akte zu haben könnte auf lange Sicht zum größeren gesellschaftlichen Problem werden. Trostloser kann ein Bürger nicht vorgeführt bekommen, wie weit er unter den Möglichkeiten innerhalb des Staates blieb. Nicht vorhandene Akten sind zudem kaum interpretierbar, die Sache ist endgültig und nicht zu korrigieren. Solange die DDR existierte, konnte jeder für den nächsten Tag wenigstens sich selbst immer aufs neue Besserung geloben. Mit dem Verschwinden des Staates ist auch die Möglichkeit dahin, dessen Entwicklung zu verändern. Jeder Akteur ist ein für alle Male zur historischen Figur geworden, dessen Verhalten nur noch verschieden gedeutet werden kann. Etwas ist unwiederbringlich dahin, das erzeugt Schmerz und Scham. Und der Schmerz tarnt sich gern hinter Zynismen, nach dem Motto: Wie schlecht müssen die gearbeitet haben, wenn sie noch nicht einmal mich überwachten. Von den Millionen nicht erfaßter DDR-Bürger werden einige beharrlich an der Selbsttäuschung festhalten, daß eine eigene Akte existierte – und wegen ihrer Bedeutung vernichtet worden ist. Diese Haltung läßt sich um so leichter einnehmen, als in einigen (in punkto Qualität und Ausmaß noch nicht recherchierten) Fällen wirklich Akten vernichtet worden sind. Wahrscheinlich muß in das Vokabular der Psychologen künftig das Wort «Aktenneid» eingeführt werden. Aus dem resultiert verschiedenes Abwehrverhalten gegenüber jenen, die bändeweise verschriftet worden sind. Die Abwehr reicht von anbiederischer Hochachtung über Spott und Hohn bis hin zur Vernichtungssehnsucht.

Es sind auf Dauer nicht die Täter, die eine Vergangenheitsanalyse gefährden. Es sind die Nicht-Opfer, die kaum verkraften, nicht Opfer gewesen zu sein.

II

«Vermerk über eine mündliche Information des Genossen Generalmajor
Niebling, Leiter der ZKG, an Genossen Oberst Paroch.»

Gleich ist es fünfzehn Uhr. Jetzt schließt der Lesesaal, in dem ich seit
dem 2. Januar Akteneinsicht nehme. Alle Akten müssen in die silber-
nen Kisten zurückgelegt werden. In einem gut gesicherten Raum
warten sie auf den nächsten Tag ihrer Entschlüsselung. Und wie immer entdecke ich kurz vor Enthüllungsschluß noch etwas Besonderes. Was teilte der Genosse mit?

«Genosse Generalmajor Niebling teilte mit, daß Lutz Rathenow wegen Reiseangelegenheiten seiner Ehefrau bei Rechtsanwalt

Prof. Dr. **Vogel**

vorgesprochen hat.
Durch den Rechtsanwalt wurde Rathenow in dieser Angelegenheit nicht unterstützt.
Prof. Vogel teilte ihm mit, daß er in dieser Angelegenheit für ihn nichts tun
könne und er sich diesbezüglich an staatliche Stellen wenden könnte. Rathenow habe daraufhin zum Ausdruck gebracht, daß er von staatlicher Seite
keine Unterstützung in Reiseangelegenheiten erhält.
Nach möglichen Gründen befragt, äußerte er gegenüber Prof. Vogel, daß dies
vermutlich mit seiner Tätigkeit zusammenhängt, da er satirische Arbeiten
schreibt.
Durch den Rechtsanwalt wurde ihm gegenüber zum Ausdruck gebracht, daß
sicher auch Satire Grenzen hat.
Damit war das Gespräch abgeschlossen.»

Also der Vogel auch ein IM? Vorsicht, so klar geht das aus diesem
Schriftstück nicht hervor. Die Hauptabteilung XX/9 nahm den
Bericht entgegen. «Meine» Abteilung. Oberst Reuter, Major Heimann, allmählich vertraute Namen. Für die einen die Führungsoffiziere. Und für die anderen eine Art Lebensbegleiter. Unsere Lebens-
zersetzer, wenn alles so geklappt hätte, wie geplant. Doch zurück zu
Vogel, dem Doktor des Menschenverkaufs aus humanitären Erwä-
gungen. Was sagt so ein Bericht? Im für ihn günstigen Fall, daß er
abgehört worden ist. Nächste Frage: Mit oder ohne sein Wissen? Die
sichere Zuflucht, ein Hort der Geborgenheit vor den Häschern des

Staates war seine Anwaltskanzlei jedenfalls nicht. So wie unser Gespräch wurden andere bei Bedarf weitergemeldet. Ahnte er das? Wies Dr. Vogel seine Mandanten darauf hin? Oder erstattete er selbst den Kurzbericht? Nein, kein Deckname mit IM-Hinweis findet sich auf diesem Blatt vom 15. 10. 86. Aber es gab eben auch andere Formen der regelmäßigen Informationsübermittlung.

Und was bedeutet ZKG?

«Zentrale Koordinierungsgruppe.»

Ach ja, das Alphabet des MfS. AG G.

«Arbeitsgruppe Geheimnisschutz.»

AG AuE.

«Arbeitsgruppe Aktionen und Einsätze.»

AKG.

«Auswertungs- und Kontrollgruppe.»

Ein Alphabet, das scheinbar nicht von der Stelle kommt. Es scheint so sinnlos wie viele Maßnahmen seiner Urheber. Und hat doch so perfekt funktioniert.

Dr. Wolfgang Vogel sah ich gelegentlich auf Empfängen der bundesdeutschen Vertretung in Ostberlin. Meist kündigte sich sein Erscheinen durch einen Journalisten- und Diplomatenpulk an, der Vogel einen Satz zu entlocken hoffte, welcher aktuelle Nuancen im Verhältnis der DDR zum deutsch-deutschen Verhältnis andeutete. Einmal sprach ich ihn in seiner Kanzlei. Meiner Frau war die bereits in Aussicht gestellte Reise zu einem bundesdeutschen Verwandtenbesuch trotz genehmigungsüblicher Gründe abgelehnt worden. Ich fühlte mich mitverantwortlich und wollte etwas für sie tun. Für einen öffentlichen Protest schien mir die Sache zu unbedeutend. Ein Schriftsteller riet mir zum Ausreisedoktor. Das freundliche Gespräch blieb ergebnislos, auch wenn ich von Anbeginn des Reisebegehren meiner Frau strikt von meinem Reiseverbot zu trennen versuchte. Doch Dr. Vogel durfte sich – laut Dr. Vogel – nur um Ausreisefragen kümmern, nicht um Reisefragen. Das Politbüro habe ihm jegliche Intervention in Reisefragen untersagt.

Im zwölften der mir bisher vorliegenden fünfzehn MfS-Aktenbände lese ich auf Seite 294 den von Oberst Reuter unterzeichneten «Vermerk über eine mündliche Information des Genossen Generalmajor Niebling, Leiter der ZKG, an Genossen Oberst Paroch» vom 15. Oktober 1986. Er ist kein normaler Spitzelbericht.

Dr. Vogel wurde zum Fall, so ein Zufallsfund bekommt plötzlich ein anderes Gewicht. Wie bei meinem Anwalt Dr. Gysi. Mit ihm hatte ich mehrfach zu tun. Kein Hinweis, außer 1980 im Gerichtsverfahren, findet sich. Was bedeutet das, wenn am Ende aller Akten ein Vernichtungsprotokoll über (wahrscheinlich) Tausende von Seiten steht? Als ein Journalist in Bonn mit Gregor Gysi sprach, wehrte dieser Vorwürfe einer MfS-Mitarbeit auch mit dem Argument ab, in meinen Akten hätte sich ja auch nichts gefunden, ihn betreffend. Woher wußte er das? Aber ertappt habe ich GG damit auch nicht, denn ich erzählte natürlich einigen Fragern, daß ich in Richtung Gysi nichts entdeckte. Und so etwas spricht sich ja rasch weiter.

Was lehrt uns das? Wo nur einzelne Blätter vorhanden sind, kann deren Deutung schwierig werden. Aber auch ohne eindeutige Zuordnung sagen die Schriftstücke etwas aus. Deshalb noch einmal zu der halben Seite über Dr. Vogel und mich zurück. Eine zwangsläufig auftauchende Frage stellte ich schon: Hat der Anwalt Mandanten auf die Möglichkeit des Abgehörtwerdens hingewiesen, wenn ihm diese Dinge erzählten, die bei Staatssicherheitskenntnis eine Gefahr für sie darstellten? Gerade die Aufwertung der Sonderrolle Vogels durch Westmedien hätte DDR-Bürger dazu verführen können, seiner Sonderrolle mehr zu vertrauen, als bei den Abhörrealitäten dienlich war.

Doch damit sind nicht alle Fragen ausgelotet. Sicher ist: Die halbe Seite läßt nicht erkennen, ob sie durch Abhören oder durch ein Gespräch zwischen Dr. Vogel und einem Offizier erarbeitet worden ist. Doch der Bericht verrät etwas über seine Ziele: Es wurde eindeutig der Besucher des Anwalt ausgespitzelt, nicht der Anwalt selbst. Der Bericht gibt den Inhalt des Gespräches nicht korrekt wieder und läßt die Argumentation von Dr. Vogel staatstreuer erscheinen, als diese auf mich wirkte. Während unseres Gespräches kritisierte er vorsichtig die Reiseeinschränkungen und hoffte, daß die Führung da bald klüger agiere. Er kam kurz auf gemeinsame Bekannte in der amerikanischen und schwedischen Botschaft zu sprechen. Keine uninteressanten Fakten für das MfS. Sie müssen Vogel sehr getraut haben, wenn sie so etwas gar nicht mehr erwähnen.

Nun könnte jemand einwenden, in Vogels potentieller Akte sähe der Vermerk anders aus als in meiner. Trotzdem bleibt eine Merkwürdigkeit: Wenn ein MfS-Mitarbeiter über das Gespräch von zwei nicht mit dem MfS zusammenarbeitenden Menschen berichtet, versucht er auf irgendeine Weise das Verhältnis zwischen diesen beiden zu beschreiben. Denn Informationen oder Mutmaßungen darüber, wie deren Beziehung fortgesetzt wird, sind für künftige Maßnahmen wichtig. Als mögliches Abhörresultat bietet der Vermerk eine verzerrte Wiedergabe des Gespräches: eine klare Zurückweisung meines Begehrens durch Dr. Vogel. Eine Fortsetzung der Kontakte ist nach diesem Text nicht zu erwarten. In unserem Gespräch gab sich Dr. Vogel aber so, als ob ich mich jederzeit wieder hätte an ihn wenden können. Selbst die Grenzen der Satire sprach er mit ironischem Unterton an.

Nur wer Dr. Vogel vollständig vertraute, durfte in unserem Gespräch keinerlei Gefahr für ein verstecktes Einverständnis zwischen uns wittern. Deshalb scheint es mir möglich, daß Dr. Vogel selbst eine mündliche Information an einen Offizier der Staatssicherheit gab, die dann sinngemäß zum hier zitierten Vermerk wurde. Es wäre ein hinreichend korrekter Bericht über eine absolvierte Pflichtübung (Abweisung meines Begehrens) gewesen, gleichzeitig hätte er mir gegenüber mehr Individualität demonstriert, als dem MfS zu berichten ihm dienlich schien. Deshalb wird diese Notiz zu einem Indiz für die persönliche Weitergabe von Informationen. Allerdings nicht zu einem Beweis.

III

Zwischen der Tintenzeit und der Zukunft perfekter Kommunikationssysteme siedelten die Ritter von der Sicherheit ihre Verfahrensweisen an. Schlecht lesbare Kopien, sogar handschriftlich eingeheftete Berichte verweisen auf den DDR-bekannten Mangel an

Vervielfältigungstechnik. Andererseits sind sie immer dabei, wenn es ums Abhören, Mitschneiden, Auswerten oder um das Verhindern von telefonischen Kontakten geht.

Information
über eine Provokation des Lutz Rathenow im Zusammenwirken mit dem Westberliner Rundfunksender RIAS I am 4. 10. 1986
Im Zusammenhang mit seiner weiteren Profilierung und Popularisierung durch westliche Massenmedien nutzt Rathenow vorliegenden inoffiziellen Hinweisen zufolge seine Beziehungen zu dem verantwortlichen Kultur-Redakteur des Westberliner Rundfunksenders RIAS,
   Soldat, Hans-Georg
   erf. HA II,
aus.

Wir hätten sie fast vergessen, unsere gesammelten Provokationen. Hier finde ich sie alle wieder. Bis auf ein paar besonders erhebliche, doch läßt ein Vernichtungsprotokoll Raum für Vermutungen. Die Interviews mit dem RIAS oder Deutschlandfunk sind alle da, ordentlich abgeschrieben. Hier spielte die Stasi ihren Eckermann brav. Aber manchmal – weiter im Protokoll vom 9. 10. 86:

«Internen Hinweisen zufolge vereinbarten Rathenow und Soldat für den 4. 10. 1986 die Durchführung eines Telefoninterviews. Durch eingeleitete Kontroll- und Überprüfungsmaßnahmen konnte erarbeitet werden, daß Soldat bzw. dessen Kollege Schiller, Jürgen am 4. 10. 86 gegen 14.00 Uhr im Rahmen der Sendung «Berlin-Boulevard», RIAS I, das Interview mit Rathenow zu
– der geplanten Veröffentlichung des Buches «Ostberlin die andere Seite einer Stadt» im Piper-Verlag München sowie
– Fragen im Zusammenhang mit der Ablehnung seiner Reise zur Frankfurter Buchmesse
senden wollten.
Rathenow sicherte seine Anwesenheit zum genannten Zeitpunkt in der Wohnung zu.
Am 4. 10. 1986 wurde ein Mitschnitt des Beitrages gewährleistet. Gegen 14.20 Uhr wurde folgender Sachverhalt mitgeschnitten:

Die Kontrolleure und Überprüfer waren bereit. Und was kontrollierten sie? Die geplante Gesprächsverhinderung?

Meine Leitung war an jenem Tag wieder einmal tot. Und sagte keinen einzigen «Piep»... Ich klopfte beim Besitzer des Zweitanschlusses an der Wohnungstür. Auch heute muß Otto Normalbürger seinen Telefonanschluß teilen. Mein «Teilhaber» schlief manchmal über dem abgehobenen Hörer ein. Das erzeugte dann Stille in meiner Leitung – und der Anrufer von außerhalb hörte das Besetztzeichen. Doch diesmal war der eifrige Telefonierer aus dem Hinterhaus nicht da. Eine jener seltsamen Störungen hatte also den Apparat erfaßt, die pünktlich am Morgen begannen und mit einem Berichtszeitraum endeten. Nach einem Tag oder zwei. Jedenfalls dann, wenn der Störungsbedarf aufgehoben worden war. An diesem Tag gab es kein Interview, statt dessen die Bitten der Moderatoren, es nicht zu verhindern, hilflos, ehrlich – MfS-Mitschnitt:

«Ja, also ich, ich verstehe das beim besten Willen nicht, warum man eingreifen muß und ich meine, es hört ja jetzt jemand mit, es muß ja jemand mitgekriegt haben, daß wir mit ihm telefonieren wollten, und vielleicht ist man doch so nett und geht aus der Leitung. Also ich bin der Meinung, dieser Staat DDR müßte in der Zwischenzeit wirklich so souverän sein.»

Und dann erklärt Hans-Georg Soldat mögliche Hintergründe in bezug auf Autor und Buch. Und Jürgen Schiller liest aus dem Buch. Und die Moderatorin blendet mehrfach das Besetztzeichen ein.

«So hört sich das an, wenn man einen Autor mundtot macht.»

Und mit dem Verstummen der Moderatorin endet der Mitschnitt. Und dann folgt in dem MfS-Dokument der Satz:

«Überprüfungen zum vorliegenden Sachverhalt haben ergeben, daß keine Hinweise auf technische Störungen bei der Deutschen Post der DDR vorlagen bzw. ein absichtliches Stören der Verbindung durch Rathenow ausgeschlossen werden kann.»

Unterzeichnet vom Leutnant Klein. Natürlich merke ich beim Lesen der MfS-Akten auch eins – sie wollten in den Akten weitgehend als «korrekt arbeitend» erscheinen. Sie rechneten zwar nicht mit dem Ende der DDR, nichts deutete darauf hin, aber das MfS rechnete jederzeit mit Kurskorrekturen der Partei. Und die hätten zumindest eine Überprüfung der Arbeitsweise der Staatssicherheit bedeuten können. Insofern waren sie vorsichtig. Kein Klartext über Maßnahmen, die selbst in der DDR formal einen Verstoß gegen Gesetze bedeuteten:

«Überprüfungen zum vorliegenden Sachverhalt haben ergeben, daß keine Hinweise auf technische Störungen bei der Deutschen Post der DDR vorlagen bzw. ein absichtliches Stören der Verbindung durch Rathenow ausgeschlossen werden kann.»

Ein Satz, der besagt: Die protokollführende Abteilung wußte nicht, was los war. Ein technischer Defekt lag nicht vor. Auch Rathenow fummelte nicht am Telefon herum. Aber das wären die beiden einzigen Möglichkeiten einer normalen Störung. Aber sie wußten: Ich habe die Verbindung nicht gestört. Also können sie es nur selbst gewesen sein. Dieser Satz will ein Geständnis sein. Wir waren es, wahrscheinlich die Abteilung XX/8, für technische Manipulationen zuständig. Ich finde den Satz zu schön, durch zwei Ausschließungen etwas einzugestehen; das berufsmäßige Verbergen findet hier einmal die adäquate Form seiner Beschreibung. (Und wollte es wer genau untersuchen, so könnte die Störung immer noch einem anderen Geheimdienst angelastet werden.)

IV

Ich sitze nun seit drei Wochen vor meinen Akten oder ihren Resten. Fünfzehn Ordner mal 300–400 Seiten. Gestern brachte eine der hilfsbereiten Frauen ein neu aufgefundenes Stück. Aus der unsortierten Ablage, noch nicht archiviert, deshalb noch nicht in die laufenden Meter einsortiert. Auch in dieser: Sofort neue Belege für kleine Schikanen. Die mehrfach in Varianten wiederholte Anweisung, jede Bewegung auf meinem Konto zu melden. Und manchmal gibt es gehobenen Blödsinn.

«Information»
Durch einen Mitarbeiter unserer Diensteinheit wurde festgestellt, daß
Rathenow, Lutz
Deckname: «Assistent»
seine äußere Erscheinung verändert hat. Er trägt jetzt eine Kurzhaarfrisur.
Die Haarform ist glatt, mit angedeutetem Mittelscheitel.
Des weiteren hat er seinen Vollbart gestutzt.
Diese Feststellung wurde durch unseren Mitarbeiter am 22. Juli 1987 getroffen.»

Wann wird je wieder ein Geheimdienst dieser Welt die Veränderungen meiner Frisur beschreiben?

«In Zusammenarbeit mit der HA VIII wurde gesichert, daß alle äußerlichen Aktivitäten des R. im Wohnhaus inoffiziell unter Kontrolle stehen. Ein Zugang dieser inoffiziellen Kräfte in den Verbindungskreis und die Wohnung des R. konnte bisher nicht erreicht werden.»

Beruhigend. Viele der Berichte, auch jene von Spitzeln, zeigen an, was sie alles nicht wissen. Insofern kann sich jeder für eine skeptische oder eine optimistische Lesevariante seiner Akte entscheiden. 95 Prozent der Menschen, mit denen ich zu tun hatte, schrieben keine Berichte für die Staatssicherheit. Eine freilich nur bedingt aussagekräftige Zahl, denn nicht alle wurden ja angesprochen.

Die Spitzelberichte sind sozusagen das Nervensystem aller Akten. Buchgutachten, Kriminalisierungsvorhaben, Maßnahmepläne, Zersetzungsstrategien – was wären sie ohne den einzelnen Mann oder die Frau, die die vielen kleinen Informationen beschafft, aus denen die größeren Schikanen zusammengebastelt werden. Die Berichte unterscheiden sich stark voneinander. Die schönsten in meiner Akte verfaßte Ibrahim Böhme. Ein wenig altmodisch im Stil, deshalb aus dem allgemeinen Brei der gängigen Präsentation von Informationen hervorstechend.

«Lutz Rathenow ist mir bekannt seit 1974/75. Er war damals noch ein relativ junger Mensch, der sich mit Lyrik im Bezirk Gera einen Namen machte. Lutz Rathenow war einer von jenen jungen Heißspornen in Jena, die zu dem damaligen dissidenzverdächtigen Lyriker Jürgen Fuchs mit einer gewissen Hochachtung aufschauten.»

So beginnt ein vierseitiges, engbeschriebenes Porträt meiner Person. Da wir uns bis dahin nur zweimal im Leben begegnet waren, enthält es überwiegend Spekulationen:

«Wenn ich eine allgemeine Einschätzung Lutz Rathenows treffen sollte, so kann diese nur mehr als lückenhaft sein, da ich über die Vorgeschichte Lutz R. nichts weiß und auch mir von dem derzeitigen Lebensumfeld und Lebensumständen des Lutz R. wenig bekannt ist. Ich kann auch keinen echten und ehrlichen inneren Bezug zur Literatur von Lutz R. finden, muß aber auch da selbstkritisch einschätzen, daß ich von ihm damals in den 70er Jahren und auch jetzt relativ wenig gelesen habe, daß läßt sich also noch demnächst nachholen.»

Ein redseliger Mann, der Beinahekanzler aller Deutschen. Jedenfalls erfüllte Böhme seine Selbstverpflichtung:

> «Ich halte es aber für möglich, Lutz R. demnächst aufzusuchen, um sich wieder ins Gedächtnis zu bringen, zumal ich bereit bin, meine Persönlichkeit selbst unter den Scheffel zu stellen und Lutz R. mit seinen Schwachstellen zu hofieren. Seine Schwachstellen sind...»

Alles verrate ich nun nicht. Die Akten sind persönlich genug – wenn auch nicht so, wie das manche befürchten. Die Sprache der Bürokratie verhindert eine lebendige Intimität. Den Verfassern war ja auch weniger am Privaten um seiner selbst willen gelegen. Eher an dem Verhindern unerwünschter Öffentlichkeit. Also dem Organisieren einer DDR-Öffentlichkeit, die Lust an noch mehr Öffentlichkeit nehmen sollte:

> «Vermerk
> über Abstimmungen zum koordinierten Vorgehen gegen Rathenow
> Am 14. 1. 1987 wurde zwischen dem Referatsleiter der BV Erfurt, Abt. XX/8, Geno. Ehrsam, und dem Leiter der HA XX/9, Gen. Reuter folgendes abgestimmt und festgelegt:
> Durch den IMB «Viktoria» wird auf der Grundlage einer detaillierten Auftragserteilung und Instruierung Rathenow im März/April 87 zu einer Lesung in die ESG Erfurt eingeladen.
> Mit dem Ziel der ideologischen Auseinandersetzung und Herabwürdigung der literarischen Arbeiten von Rathenow kommt eine «Zersetzergruppe» der BV Erfurt zum Einsatz.
> Rathenow soll durch diese Maßnahme weiter verunsichert werden und eine Disziplinierung der ESG soll erfolgen.
> Die HA XX/9 hat zu gewährleisten, daß für die Vorbereitung des Einsatzes der «Zersetzergruppe» BV Erfurt, rechtzeitig die Texte von Rathenow, die er beabsichtigt zu lesen, zur Verfügung gestellt werden.»

Ich kann mich bis in das Jahr 1981 zurücklesen.

Mit Rissen im Schrift-Film: Zwischen 1981 und 1982 klafft plötzlich eine zehnmonatige Lücke. Vor meiner Verhaftung im November 80 fehlt alles.

«Glaubst Du mir oder der Akte?» fragte ein Freund, der kein Inoffizieller Mitarbeiter gewesen sein will. Ich glaube gar nichts. Ich betrachte sie, wie ich ein Auto betrachten würde, wenn ich von seinem Innenleben mehr verstünde. Wenn es fährt, funktioniert es. Und ich kann studieren, wie es funktioniert. Und so haben auch die Akten funktioniert, mit all ihren kleinen Zuliefererteilen. Und so funktionierte auch Sascha Anderson alias David Menzer alias Fritz Müller alias Peters. Natürlich hätte er noch gehässiger und ausführlicher berichten können. Er war eher sachlich und effizient. Das genaue Gegenteil seiner Gedichte. So berichtete er am 4. März 87 von der ersten Präsentation des gemeinsam mit Harald Hauswald gestalteten Foto-Text-Bandes «Ostberlin – die andere Seite einer Stadt» in einer Westberliner Galerie:

> «Es war auffällig, daß die zum diplomatischen Personal in der DDR gehörenden Vertreter der anwesenden Botschaften davon sprachen, von Lutz Rathenow persönlich eingeladen worden zu sein. Von ihnen wurden jeweils auch mehrere Exemplare der zum Verkauf angebotenen Bücher gekauft, während sich die anderen anwesenden Personen kaum am Kauf der Bücher beteiligten. Es liegt also auf der Hand, daß die Diplomaten diese Bücher in die DDR mitnahmen, um sie dort zu verteilen. Ich kann keine konkreten Aussagen treffen, ob die vorgenannten Diplomaten über persönliche Kontakte zu Rathenow verfügen und für ihn Post verbringen. Ich glaube aber, daß Matanowitsch, der eine sehr volkstümliche Art hat, im Gegensatz zu Girardet mit Rathenow sehr gut auskommt.»

Der Fotograf Harald Hauswald und ich durften nicht zur Eröffnung. Von mehreren Leuten wurde das Gerücht kolportiert, wir hätten die Reise gar nicht beantragt. Ein Bekannter (B.) erfuhr das von Sascha A. Und reagierte, wie der Informant es wünschte:

> «Der Juniorchef des Piper-Verlages betonte, daß beide Autoren eingeladen waren aber nicht reisen durften. In dem Zusammenhang äußerte B., daß Rathenow die Reise nicht angetreten habe, da er sich gar nicht um die Reisepapiere bemüht habe. Weitere Reaktionen darauf gab es nicht. Es wurden auch ansonsten keine Informationen von Bedeutung oder provokative Absichten bekundet.»

So provoziert ein Informant das, was er gern melden würde.

Zum Glück enthalten die Akten nicht nur Negativinformationen. Das Lyrikaktiv des Schriftstellerverbandes der DDR wollte am 2. 2. 89 eine Tagung mit 83 Lyrikern organisieren. Der Literaturabteilung des Verbandssekretariats wurde eine Namensliste eingereicht.

> «Unter diesen Namen befanden sich auch ehemalige DDR-Bürger und solche die mit längerfristigen Visum im NSW leben, wie
> Thomas Brasch
> Wolfgang [Name unleserlich, der Autor]

Sarah Kirsch
Günter Kunert
sowie der operativ bekannte Feind der DDR
Lutz RATHENOW.

In einer im Verbandssekretariat des SV der DDR geführten Ausseinandersetzung bestand Gosse auf der Einladung oben genannter Schriftsteller, da sie seiner Meinung nach Bestandteil der DDR-Literatur sind.
Er kündigte an, die genannte Tagung ausfallen zu lassen, wenn den Wünschen des Lyrikaktivs nicht entsprochen wird.
Wie inoffiziell bekannt wurde, hat die Literaturabteilung eine Vorlage für das Sekretariat des SV der DDR bezüglich dieser Tagung erarbeitet.
In dieser Vorlage sind die o. g. Schriftsteller nicht mehr aufgeführt.
Wie inoffiziell eingeschätzt wurde, wird Gosse dies zum Anlaß nehmen die Tagung abzusagen. Dabei werden ihn die Mehrzahl der Mitglieder des Lyrikaktivs unterstützen.»

Respekt vor Peter Gosse und dem Lyrikaktiv! Meines Wissens wurde die Tagung tatsächlich nicht mehr durchgeführt. Also waren auch die Lyriker nicht ganz in Apathie gefallen. Was mag in den restlichen Akten noch verborgen sein? Eines merke ich schon jetzt: Der Klartext des berühmten Zitates von Erich Mielke «Ich liebe Euch doch alle!» lautet: «Wir hatten Angst vor jedem!»

V

FEBRUAR 92, KONFLIKTE

1

Es war einmal einer, der wollte Dichter sein. Und er schrieb talentiert und frech. Und lebte in der DDR und kam wegen einer politischen Sache ins Gefängnis. Wieder draußen, verfaßte er ein Gedicht für die Staatssicherheit («Loblied auf einen MfS-Genossen»). Glaubte er an seine Worte? Später verwies er auf seine Angst. Nur aus dieser habe er das Gedicht geschrieben und öffentlich vorgetragen. Sie sollten ihn in Ruhe lassen. Aus Furcht vor dem MfS ein Loblied auf das MfS? Verrückte Zeiten. Über seine Angst schrieb er weitere Gedichte, die neugierig machten. Ein berühmter Schriftsteller besorgte einen Abdruck in einer renommierten Zeitschrift. Der Geförderte hatte keinen

Kontakt zum MfS mehr. Blieb die Angst vor der unerwarteten Rückkehr von ihnen. Blieben ihre ausgestreuten Gerüchte, er arbeite für sie. Jahrelang begleiteten sie ihn.

Um den Bekannten diese Furcht und sich selbst eine andere zu nehmen, schrieb er sich Mut und Wut an – die sollten beweisen, was er nicht war. Er organisierte wichtige Lesungen in seiner Wohnung, wich brisanten Themen und Diskussionen nicht aus. Fand neue Freunde und trotz des Geredes einen bundesdeutschen Verlag. Erneut verhaftet, sorgte die öffentliche Aufmerksamkeit für seine rasche Freilassung. Er übersiedelte in den Westen, neun Jahre, bevor ihm das Land folgte.

2

Natürlich könnte Frank-Wolf Matthies seine Geschichte besser erzählen.

Am gleichen Tag, als auf der Titelseite des *Neuen Deutschland* sein Loblied auf den MfS-Genossen erwähnt wurde, flogen vier Leute aus Jena in Schwerin aus einer Veranstaltung. Bernd Markowsky hatte zwei Kinderlieder von Biermann gesungen. Und Brechts Meisterschüler Heinz Kahlau, der nach eigenen Angaben bis 1964 für die Staatssicherheit arbeitete, sprang beunruhigt auf und redete auf bestimmte Männer ein. Die veranlaßten, daß mit uns vier Jenaern noch in der Nacht geredet worden ist. Das Schweriner Poetenseminar, eine Förderveranstaltung des staatlichen Jugendverbandes für literarischen Nachwuchs, hatte seinen Klassenkampf. Wir reisten ab.

Um ehrlich zu sein: ich bedauerte dies. Schon drei Jahre zuvor hatte die Bezirksleitung des Jugendverbandes ihre erste Einladung zurückgezogen – weil ich mir die fast schulterlangen Haare nicht schneiden ließ. Während der Armeezeit lud man mich nicht rechtzeitig oder energisch genug ein. Und das Jahr darauf reiste ich lieber mit einem Freund durch Rumänien und Bulgarien. Aber während der Armeezeit war ich zu jeder scheinlyrischen Schandtat bereit, nur um für Stunden aus dem Exerzierknast herauszukommen. Sicher hätte ich in jenem Jahr 72 auch meine drei Armeegedichte vorgetragen. Idiotische Verse, noch zu bieder vernünftelnd, um Satire zu sein. Während eines Wachdienstes geschrieben, um was für das Bezirkspoetenseminar zum Vorlesen zu haben. Während des Schreibens ertappt und bestraft, Ausgangssperre, so fiel wegen der drei Gedichte für das Seminar das Seminar flach.

Zu dieser Zeit existierte unser Arbeitskeis Literatur in Jena noch gar nicht. Und drei Jahre später existierte er nicht mehr. Und ein reichliches Jahr darauf debütierten Uwe Kolbe und Matthies in *Sinn und Form*. Wir kamen gerade von den Vernehmungen nach dem Biermann-Rausschmiß. Acht Freunde mußten im Knast bleiben. Gerade die Gedichte von Frank-Wolf verrieten einen Ähnlichgesinnten und machten Mut mit ihrer zugegebenen Angst.

3

FWM ist kein SaschaDavidFritz AndersonMenzerMüllerPeters. Frank verheimlichte seine staatsbejahende Lyrikphase nicht. Er war nie ein IM und stieg aus allen Kontakten rigoros aus. Etwas, das ich jedermann und jeder Frau hoch anrechne. Er sprach auch über diese Zeit, ein wenig allgemein, das Detail scheuend, aber so genau fragte kaum einer nach... Die berechtigte Angst vor dem Abgehörtwerden lieferte einen bequemen Vorwand, ganz heikle Fragen nicht zu stellen. Matthies spielte nicht den Oppositionellen, er war es. Vielleicht ein wenig verkrampft, um nicht mehr für ängstlich gehalten zu werden. Genauso verkrampft wütend wie einige Formulierungen in einem «Offenen Brief», in dem er jetzt die Art und Weise attackierte, in der Sascha Anderson von seinem Rom-Stipendium ausgeschlossen wurde. Fast jeder Satz stimmte und verfehlte seinen Gegenstand gleichzeitig. Ich versuchte zu antworten und merkte: Sobald die Distanz der Polemik verlassen wird, verschwimmen die Konturen auf merkwürdige Weise. Die Szene wird nun endlich erwachsen werden, meinte eine Erfurter Autorin in Reaktion auf all den lärmenden Nichtstreit. Zwölf Jahre hatte ich nicht mit Frank-Wolf Matthies gesprochen. Nun saß er wütend in meiner Wohnung und zerfetzte zu Recht drei oder vier ungenaue Sätze, die ich über ihn geschrieben hatte. Und bestätigte andere um so mehr. Die Mauer, all die nichtgeführten Gespräche, die aufgeblähten Mißverständnisse, die zu Problemen werden. Der Streit um Sascha Andersons Kollaboration führte uns wieder zusammen. Die aus der Vergangenheit mitgeschleppten Frustrationen, die nicht geführten Dialoge, verhinderten das Erwachsenwerden.

Was wußten die «draußen» von dem Kampf einiger um oder sogar schon gegen die DDR?

Was wußten wir «drinnen» von der Einsamkeit der West-Über-siedler in einem Land, das ihre Erfahrungen nicht haben wollte? Nein, FWM will nicht in seine Akten sehen. Und hat gute Gründe. Eine Art Nachlaßbesichtigung zu Lebzeiten, gegen die sich ein Instinkt wehrt: du bist ein lebendiger Leichnam dann. Gerade die Angst vor der Wucht der Vergangenheit erklärt oft die Heftigkeit der Abwehr. Die Angst, daß das ganze Leben im nachhinein wie von außen gesteuert erscheint. Ein völliges Unding, da selbst das MfS Pläne immer wieder in Konfrontation mit Realitäten korrigieren mußte.

DER GORDISCHE KNOTEN STAATSSICHERHEIT – und ihre Hinterlassenschaften. Können wir ihn ignorieren? Oder gibt es da nur eine Methode: IHN DURCHLESEN. Ich denke nach wie vor: Wir müssen da durch, ohne jede Illusion, da wirklich durchzukommen. Das Thema muß auf ein anderes Niveau hinaufdiskutiert werden. Eines, in dem es um Würde, Ich-Zerstörung, Chaos, Ordnung und die Literatur geht.

4

Tonbandmitschrift vom IMB Fritz Müller, aufgenommen am 17. 10. 84, angefertigt am 18. 10. 84:

«Information über Lutz Rathenow:
Rathenow hat am 8. Oktober 1984, abends, bei Anderson – Schönfließer Str. – 200 DM in 800,– Mark umgetauscht. Am 10. Oktober 1984 war Rathenow wieder bei Anderson und hat sich während eines Gespräches über Kulturpolitik Notizen gemacht u. a. über einen Vorfall, der den Dresdner Maler Göschel, Eberhard betraf. Göschel hat einen Brief von Willi Sitte erhalten, in dem ihm dieser mitteilte, daß er nicht mehr unterstützungswürdig sei... Die Notizen zu diesem Vorfall machte Rathenow in ein Notizbuch, in welches er bereits ähnliche Vorfälle aufgeschrieben hat. Über die Angelegenheit wurde Rathenow bereits von Elke Erb informiert und wollte Detailinformationen von Anderson erhalten.»

Oder aus einer anderen Information von Fritz Müller, am 9. 2. 83 entgegengenommen:

«Das Gespräch wurde durch einen Besuch von Adolf Endler unterbrochen. Er brachte für Rathenow ein Manuskript ca. 7–8 Seiten mit... Die Manuskripte waren in einen Briefumschlag, auf dem LITFASS oder Assen Assenov stand.

Ich habe dies nicht genau gesehen. Die Manuskripte hat Lutz Rathenow aus dem Umschlag herausgenommen. Den Umschlag hat er beim Anfeuern des Ofens mit verbrannt. Adolf Endler bat Lutz Rathenow, Assen Assenow auszurichten, daß er jetzt unbedingt darauf bestehen müsse, sein noch überfälliges Geld... zu erhalten.»

Und dann geht Endler. Und S. A. späht weiter: «Auf seinem Schreibtisch lag ein Stapel beschrifteter Umschläge, die für Visitenkarten bestimmt waren.» Ich zeige einen Artikel von mir. S. A.: «Er äußerte sich nicht dazu, wie sein Brief und seine Äußerungen nach Westdeutschland gelangt sind.» Ende. Nur ein paar durchschnittliche Zeilen aus den knapp 50 bislang gelesenen Berichten. In meiner Akte. In der von Ulrike und Gerd Poppe sind es genau so viele. Diese zwei Zitate sollen nur eins belegen: Es werden Dinge berichtet, die das beste Abhörgerät nicht hergibt. Schon Geldsummen nannten wir nie.

Zweitens wird der IM nicht «zufällig abgeschöpft», sondern begibt sich immer wieder in für das MfS interessante Situationen, um diese zu beschreiben. Drittens provoziert er kriminalisierbare Handlungen. Viertens übt er immer stärkeren Einfluß auf ausgewählte Diplomaten der Ständigen Vertretung und auf andere Bundesbürger aus. Fünftens ist er ein hervorragender Multiplikator von Desinformationen des MfS und wirkt unmittelbar auf die Profilierung anderer Künstler ein. Er baut einige auf, in ständiger Abhängigkeit zu ihm, und arbeitet gegen andere.

Deshalb muß eine Malerin wie Cornelia Schleime rasch Einsicht in ihre Akten erhalten, um vielleicht zu erfahren, ob das Verschwinden von zehn Jahren ihres Lebenswerkes wirklich nur einer Nachlässigkeit Andersons zuzuschreiben ist. Er wollte es in den Westen transportieren lassen, kein Problem bei seinen Kontakten. Ein kleines, lösbares Problem für einen Dissidenten, gar keins für einen «Peters» (sein letzter Deckname im Westen).

EINER, DER WIRKLICH ETWAS GETAN HAT, schrieb Frank-Wolf Matthies. Der Satz stimmt. Was, das wird noch genau und kühl zu analysieren sein. Auch im Vergleich zu Rainer Schedlinski, der genauso fleißig, aber weniger genau verraten hat. «Opportunismus und politische Anpassungsfähigkeit» wirft FWM Andersons Kritikern vor. Im günstigsten Fall hat dies SaschaDavidFritz AndersonMenzerMüllerPeters selbst exakt vorgeführt unter den Bedingungen der späten DDR. Im teuflischeren Fall versuchte er, die Stasi über ihre Ziele hinaus für eigene Machtambitionen zu benutzen – dann dürfte sein Leben wohl, frei nach Matthies, als «Gesamtkunstzerstörungswerk» betrachtet werden. Was erzählt Cornelia Schleime? Als sie einen Umweltfilm fertig hatte, der beim ersten Publikum starke Betroffenheit auslöste, auch wegen der in ihm enthaltenen politischen Brisanz, zerschnipselte Anderson ihn für die nächste und alle kommenden Aufführungen. Er stellte ein entpolitisiertes, viel beliebigeres Video-Clip zusammen und vermochte Cornelia Schleime seine Handlung nur ungenau zu erklären. Erlebte sie die selbstbewußte, freche Anmaßung eines Künstlers – oder die instinktive Vorsicht eines Berichterstatters, der genau spürt, wann die Kunst seine Genossen zu nerven beginnt?

5

All die verwickelten Geschichten erzählen Akten nicht. Sie versuchen, alles sehr linear zu gestalten, jede Ursache hat eine Wirkung – und die Ursache ist letztlich immer der Feind. Auf manche (aus MfS-Sicht vermuteten) Ursachen würde der Beobachter in purer Kenntnis der Wirkungen oft nicht kommen. So spiegeln sich in den Akten auch verdichtet die Ängste der DDR-Herrschenden um ihre Herrschaft wider. Zum Beispiel in dem folgenden Dokument:

Berlin, 20. November 1980

Bericht

Durch das Ministerium für Staatssicherheit wurden Beweise dafür erarbeitet, daß von feindlichen Einrichtungen und Personen in der BRD und Westberlin umfangreiche Aktivitäten durchgeführt wurden, um Personen mit feindlich-negativen und anderen gegen die sozialistische Staats- und Gesellschaftsordnung in der DDR gerichteten Verhaltensweisen zu formieren und zu aktivieren.

Unter Mißbrauch der Regelungen über den Besucherverkehr sowie unter Einbeziehung solcher Personen, wie

GRASS, Günter (53)
geb. am 16.10.1927 in Danzig
freiberuflicher Schriftsteller, Mitglied des Schriftstellerverbandes und des PEN-Zentrums der BRD

und

STRASSER, Johano (41)
geb. am 1.5.1939 in Leeuwarden
Hochschullehrer und Mitherausgeber der antisozialistischen Literaturzeitschrift «L'80»
beide wohnhaft: Westberlin, Niedstraße 13

sowie unter Mitwirkung von Robert HAVEMANN wurden Zusammenkünfte
derartiger Personenkreise organisiert.

Im Rahmen dieser Zusammenkünfte erfolgten sowohl seitens der aus der BRD
und Westberlin eingereisten feindlichen Kräfte als auch durch feindlich-negative
Personen aus der DDR sogenannte Lesungen aus von ihnen verfaßten Schriften
antisozialistischen Charakters. Darüber hinaus wurden dahingehende Forderungen gestellt, gemeinsame Anstrengungen zum «Erhalt der einheitlichen deutschen Kulturnation» sowie zur «Verteidigung des deutschen Bewußtseins» zu
unternehmen.

Gleichzeitig wurde propagiert, daß die Ereignisse in der Volksrepublik Polen auch
auf die DDR zu übertragen und die «in Polen erkämpften Erfolge als neues Bewußtsein auch für DDR-Bürger durchzusetzen seien».

Zur Unterbindung dieser Aktivitäten sowie zur Aufklärung der von ihnen began-
genen Straftaten wurden am 19.11.1980 durch das Ministerium für Staatssicherheit gegen die DDR-Bürger

MATTHIES, Frank-Wolf (29)
geb. am 4.10.1951 in Berlin
wohnhaft: 1054 Berlin, Lottumstraße 23

und

RATHENOW, Lutz (28)
geb. am 22.9.1952 in Jena
wohnhaft: 1034 Berlin, Thaerstraße 34,

die beide keinen Beruf erlernten, keine Arbeitsrechtsverhältnisse eingegangen
sind und sich als freiberufliche Schriftsteller ausgeben, Ermittlungsverfahren mit
Haft wegen ungesetzlicher Verbindungsaufnahme gemäß § 219 Absatz 2 Ziffer 2
StGB eingeleitet.

81

Die bisherigen Untersuchungen bestätigen die dargelegten Bestrebungen. MATTHIES und RATHENOW, die in der Vergangenheit zu BIERMANN Verbindung unterhielten und gegenwärtig mit HAVEMANN in Kontakt stehen, wurden unter unmittelbarer Einflußnahme solcher feindlichen Kräfte aus Westberlin, wie des Leiters des zum Springer-Konzern gehörenden Ullstein-Verlages Hans F. ERB sowie der in diesem Verlag als Lektorin tätigen Krista-Maria SCHÄDLICH und des sich als freiberuflicher Schriftsteller ausgebenden Jürgen FUCHS langfristig als feindlich wirkende Stützpunkte in der DDR aufgebaut.

Beide wurden veranlaßt, Texte antisozialistischen Charakters zu verfassen, die nach entsprechender Bearbeitung durch die vorgenannten Personen in der antisozialistischen sogenannten Literaturzeitschrift «L'80» und anderen Publikationsorganen veröffentlicht wurden.
Obwohl beide, die lediglich in der Vergangenheit in der DDR als Jugendliche einige belanglose Gedichte und Kurzprosa in Zeitschriften veröffentlicht haben, als «Schriftsteller» auch für die BRD bedeutungslos und uninteressant sind, erfolgte durch den Rowohlt-Verlag 1979 die Herausgabe eines «Gedichtbandes» von MATTHIES unter dem Titel «Morgen» und durch den Ullstein-Verlag 1980 die Veröffentlichung eines Buches von RATHENOW mit dem Titel «Mit dem Schlimmsten wurde schon gerechnet». Die erforderlichen Genehmigungen dafür wurden von den Beschuldigten nicht eingeholt. Weitere Veröffentlichungen wurden von ihnen gemeinsam mit den genannten Verlagseinrichtungen vorbereitet.

In den geführten Untersuchungen gegen die Beschuldigten, die sich bisher im Interesse der Organisierung einer politischen Untergrundtätigkeit gegen ein Verlassen der DDR aussprachen, wurde bisher darüber hinaus nachgewiesen, daß MATTHIES maßgeblich und im Zusammenhang mit den Ereignissen in der Volksrepublik Polen verstärkt Zusammenkünfte des bezeichneten Personenkreises organisierte. Neben einer am 31. 10. 1980 in Anwesenheit von GRASS und STRASSER in seiner Wohnung durchgeführten Zusammenkunft, an der ca. 35 Personen – darunter auch RATHENOW – teilnahmen, wurden von ihm weitere für den 21. 11. 1980 sowie den 5. 12. 1980 vorbereitet.

Zu RATHENOW wurde festgestellt, daß er im Rahmen seiner Verbindungen zu FUCHS und zu SCHÄDLICH zielstrebig Kontakte zu feindlich-negativen Personen in der DDR suchte und die Verbringung von diesen verfaßter Manuskripte nach Westberlin organisierte.

Während der Durchsuchung der Wohnungen der Beschuldigten wurde umfangreicher Schriftverkehr mit Verlagen und Publikationsorganen in der BRD, Westberlin, Österreich, der Schweiz und anderen kapitalistischen Staaten, Belegexemplare der von den Beschuldigten verfaßten Schriften sowie eine Vielzahl anderer, im nichtsozialistischen Ausland herausgegebener Bücher und Zeitschriften antisozialistischen Charakters beschlagnahmt.
Darüber hinaus wurden Visitenkarten von in der DDR akkreditierten Journali-

sten, Mitarbeitern der Ständigen Vertretung der BRD und umfangreiches Adressenmaterial sichergestellt, deren Auswertung noch nicht abgeschlossen ist.

Im Zusammenhang mit der Einleitung der Ermittlungsverfahren gegen MATTHIES und RATHENOW erfolgt auf der Grundlage der entsprechenden strafprozessualen und anderer Rechtsnormen die Zurückdrängung und Auflösung des feindlich-negativen Personenzusammenschlusses.
Die erforderlichen Maßnahmen zur Verhinderung einer erneuten Einreise der durch die dargelegten feindlichen Aktivitäten in Erscheinung getretenen Personen aus Westberlin und der BRD wurden eingeleitet.

VI

Die Debatte über die Staatssicherheit verkam von Anfang an zu sehr zu einer Debatte über die IM der Staatssicherheit. Die Überreizung dieses Themas, die Sucht nach neuen Namensenthüllungen, hatte Folgen – jetzt droht der Irrtum der Beliebigkeit. Als sei IM gewesen zu sein die Einordnung in eine relativ belanglose, vielleicht sogar zufällige oder ohne eigenes Zutun geführte Kategorie.

Der Schriftsteller Schedlinski reagierte als einer der ersten öffentlich auf den Vorwurf, IM gewesen zu sein, nicht mit Abwehr oder Schweigen. Er gab einiges zu und nannte plausible Gründe für einen Stasi-Einstieg unter Zwang. Allerdings bestritt er in seinem langen Artikel für eine große Zeitung, jemals über Geld oder Verbindungsleute in den Westen gesprochen zu haben.

«Einen Tag vorher erfuhr ich von Bernd Wagner, daß für ihn von Blohm 50 DM hinterlegt wurden als Anzahlung auf die Anthologie, auch Opitz soll 50 DM erhalten haben. Blohm muß offensichtlich die letzten Wochen in Berlin gewesen sein.» (IMB «Gerhard» am 13. 8. 1985 an Major Heimann)

Auch bei der Analyse der IM-Arbeit solle ein nüchtern interessierter Forscherblick versucht werden, der alles für möglich hält. Und der eine Debatte der Ergebnisse erst nach ihrer Ermittlung führen will.

Einerseits sind die Akten Ausfluß eines Systems zur Machterhaltung, aus anderer Perspektive betrachtet, dokumentieren sie ein in sich selbst funktionierendes System, in dem jeder Spitzel seine eigene, mindestens in Nuancen unverwechselbare Aufgabe erfüllte.

«Zum Kurierdienst Rathenow's meinte G. M., daß es ein Mann vom Evangelischen Pressedienst sei. Rathenow erzählte zu diesem Mann, daß er in Westberlin eine Wohnung hat, aber auch bei uns in der Nähe des Kissingenplatz eine Wohnung hätte.»

So Reiner Schedlinski alias «Gerhard» am 19. 12. 86, wie meist auf Band gesprochen. Major Heimann stellte die Zwischenfragen und faßte dann zusammen. In diesem Fall war der Bericht nicht so schrecklich wichtig, Weihnachten verging, am 29. 12. 86 wurde er dann abgetippt und vervielfältigt. Wer erhielt ein Exemplar? Mindestens die Aktenführer der in den Berichten erwähnten Personen; anderes wurde zentral ausgewertet.

Das interne und externe Informationsstreuungsprinzip ist ein Thema für sich. Eine generelle Analyse der Spitzelberichte auch. Sie differieren hinsichtlich Länge und Verschlüsselungsgrad beträchtlich. Die meisten IM in meiner Akte haben auf Band gesprochen, da fallen auch Hemmungen weg, die der Berichterstatter beim Selber-Schreiben noch spürt. Vom Originalton der denunzierenden Person (Ich-Form) über einen stilistischen Mischmasch aus Erzeugersprache und wertendem Stasi-Jargon bis zu (meist kürzeren) stark abstrahierenden Berichten, die nichts mehr von der Individualität des Berichterstatters erkennen lassen, weist auch die Spitzelprosa Reiner Schedlinskis die ganze Breite und Vielfalt dieses MfS-Genres auf. Nicht in jedem unter seinem Decknamen «Gerhard» wiedergegebenen Bericht würde ich Schedlinski vermuten, bei einigen ergäbe sich die Urheberschaft eindeutig durch die geschilderte Situation. R. S. gibt vorwiegend Fakten wieder. Wer wo war. Wer wem was sagte. Wer welche Veröffentlichung vorbereitet. Was ich über welches Thema im Westen zu veröffentlichen gedenke. Er scheut sich aber nicht, auch Vermutungen weiterzutragen. Zum Beispiel habe ich meine Bücher und Manuskripte nicht über den erwähnten Korrespondenten des Evangelischen Pressedienstes in den Westen geschmuggelt oder von dort bekommen. C. M., eine Freundin Schedlinskis, irrt sich. (Was für Folgen kann so ein Irrtum haben? Vielleicht eine konspirative Hausdurchsuchung bei jenem Korrespondenten zur Vergewisserung? Ich fand die Resultate einer solchen heimlichen Wohnungskontrolle bei einem anderen Korrespondenten in den Akten, protokollarisch zusammengefaßt. Sie suchen noch nicht abgeschickte Briefe, Manuskripte, Eingaben, Informationen von dritten Personen, die auf so einem Weg eine Beschwerde an *amnesty international* oder ihren Ausreiseantrag an die Bundesregierung übermitteln wollten. Vor Ort kopiert kann solches Material die Verhaftung gerade von entfernten Bekannten bewirken, die sich wundern, woher das MfS alles weiß. Und aus Angst lieber abschwächend einiges zugeben. Und dann sind ihre Geständnisse die Beweise zur Verurteilung.)

«Gerhard» liefert jede Menge Hinweise auf alle möglichen Personen – schon in meinen Berichten – und vergißt kaum ein Detail, das der Staatssicherheit helfen könnte, den persönlichen Bewegungs- und Kommunikationsraum des Bespitzelten umfassend unter Kontrolle zu bringen.

> «Rathenow hat nach wie vor die Schlüssel zu seiner Wohnung in der Thaerstraße. Als ich ihn besuchte, brachte er gerade einen großen Stoß Post, die nach wie vor an die alte Adresse geht. Im Hause habe er eine Person beauftragt, auf die Post zu achten.» (R. S. am 22. 10. 86)

Eine enge Beziehung bestand zwischen Schedlinski und mir nie. Ich wundere mich, was er alles erfahren hat. In diesem Sinne ist das Aktenstudium eine hervorragende Möglichkeit, das eigene Verhalten kritisch zu überprüfen und entsprechende Schlußfolgerungen für das Leben in der nächsten Diktatur zu ziehen. Es bleibt ein gewisses Rätsel, daß gerade Sascha Anderson und Reiner Schedlinski die Menschen waren, die der Staatssicherheit das effektivste Material für die permanente Kriminalisierung einerseits und für die «Zersetzungsmaßnahmen» im privaten Bereich andererseits zuspielten. IMB «Gerhard» am 21. 5. 86:

«In der ersten Maiwoche war G. M. bei Rathenow's. Sie berichtete, daß Bettina Rathenow sie eingeladen hätte, ein persönliches Problem mit ihr zu besprechen. Es ging dabei um die Schwangerschaft der Bettina und darum, daß sie das Kind haben möchte, Lutz aber nicht. Lutz Rathenow benutzte als Argument, das Kind nicht haben zu wollen, die Katastrophe im Kernkraftwerk Tschernobyl und die damit verbundenen Strahlenwerte, die er täglich mit ironischem Ton Bettina zur Kenntnis gab.»

Und er mutmaßt fleißig weiter über den Streit: Daß ich mich wohl häufiger nicht zu Hause aufhalte. Dies kombiniert er dann mit der Tatsache, mich am 3. Mai bei einem bestimmten Fest gesehen zu haben. Schedlinski mag Klatsch. Und vergißt aber auch am Schluß dieses Berichtes nicht, wieder die (illegale) Übergabe von Presseberichten aus dem Westen zu erwähnen:

«Bei dem letzten Besuch übergab Rathenow eine Sammlung westlicher Zeitungsmeldungen unter dem Titel «Dialog 86» – Ausschnitte.»

Daß «Gerhard» hier eine Freundin informell mißbraucht, «abschöpft», um im Geheimdienstslang zu bleiben, verrät die Abwesenheit von Schamgefühl. Offenbar ist der Ich-Verlust als Folge der regelmäßigen Zuträgertätigkeit so weit vorangeschritten, daß S. die Menschen um sich herum als beliebig nutzbare Objekte sieht. Die kann man sogar irgendwie gern haben, wie Knud Wollenberger seine Frau, das ändert nichts an der Praxis, sie bei (Stasi-)Bedarf wie eine Informationsmaschine abzuzocken. Reiner Schedlinski sagt, in einem ausführlichen Statement in der *FAZ*, daß er nicht alles mitgeteilt habe. Statt des Fragezeichens hinter diesem Satz ein weiteres Zitat:

«Rathenow war noch anschließend bei der Feier von Anderson und hat zu später Stunde mit einer mir nicht bekannten Frau, die er dort kennengelernt hat, die Veranstaltung verlassen. Es war schon verwunderlich, daß Rathenow ohne seine Ehefrau kam.» (1. 7. 86)

Erstens falsch beobachtet, und zweitens haben die Ungenauigkeiten dieses Berichts wohl weniger mit einem Stasi-Verweigerungswillen, sondern eher mit dem Zustand fortgeschrittener Alkoholisierung des Beobachters zu tun. Kurz danach begann eine neue Phase von privaten «Zersetzungsmaßnahmen», anonyme Anrufe, ein Brief, gestreute Gerüchte; Ulrike und Gert Poppe dokumentierten ja solche

Maßnahmepläne, die auf die Zerstörung einer Ehe abzielten. Ich notiere dies, um zu zeigen, daß jemand wie Schedlinski auf jeder Ebene Informationen lieferte. In der Regel aber ging es um Westverbindungen. In angespannten Zeiten mußte er des öfteren ran. Nach der Verhaftungswelle gegen Bärbel Bohley, Freya Klier und andere im Januar 1988 war eine solche Zeit. Ich wollte eine Protesterklärung von Autoren veröffentlichen. Fünf Personen hörten sich meinen Vorschlag an. Der Bericht – offenbar in zahlreiche Nachbarakten wandernd – ist so verschlüsselt, daß jeder der fünf der Berichterstatter sein könnte. Die Person des Informanten agiert in solchen Berichten selbst:

«Rathenow hat sich als Verfasser dieses Textes nicht ausgewiesen, wie er sagte, um gegen ihn bestehende Vorbehalte nicht zum Tragen kommen zu lassen... Von den anwesenden Personen erhielt R. nur eine Unterschrift von dem operativ bekannten Opitz, Detlef... Die anwesenden operativ bekannten Rickhardt, Stefan und Mehlhorn, Ludwig befürworteten dieses Vorhaben Rathenows, unterschrieben jedoch nicht, weil sie keine Schriftsteller sind... Durch Schedlinski wurde geäußert, daß Rathenow so den Sicherheitsorganen zuarbeiten werde.» (28. 1. 88)

Da hatte der Reiner recht. Aber wenigstens unterschrieben später ein paar tollkühne Jungautoren. Und der Text wurde bei einer Solidaritätsveranstaltung verlesen und in der *FAZ* gedruckt. Und in der DDR-Presse tauchten die Namen von Freunden als «feindliche Agenten» auf. Ich hatte Angst vor einer Verhaftung und leugnete am Telefon die Urheberschaft an dieser Erklärung – ganz dem Abgehörtwerden vertrauend.
Und richtig, sie schrieben mein Dementi mit. «Gerhard» mußte wieder ran.

«Nach nochmaliger Rücksprache mit dem IMB «Gerhard», dem der Text aus der FAZ vom 1. 2. 88 vorgelegt wurde, bestätigte der IM eindeutig, daß der Text mit dem als Protestbrief junger Autoren, den Rathenow ihm u. a. Personen zur Unterschrift vorlegte, übereinstimmt. Damit ist eindeutig, daß Rathenow in dem Gespräch mit Jahn von sich ablenken wollte und die Aussage eine Schutzfunktion darstellte. Aus Gesprächen mit Jahn und Fuchs ist ersichtlich, daß Rathenow wegen des offensichtlich niedrigen Bekanntheitsgrades der Unterzeichner vor einer Bekanntgabe zurückschreckte, da er sich nicht blamieren wollte.» (9. 2. 88)

Auch meine Verhaftung war im Januar 1988 vorbereitet worden. Es kam dann nur zu einer Rechtsbelehrung mit Strafandrohung. Warum eigentlich? Die zahlreichen Seiten auf ein paar plausible Erklärungen zurückzustutzen fällt gar nicht so leicht. Wenn ich vereinfachend die Gründe in einem Satz zu bündeln versuche: Weil meine Präsenz in der Westöffentlichkeit schneller zunahm, als die Maßnahmen zur Einschränkung dieser Präsenz griffen.

Ich lese Reiner Schedlinskis Text zu seiner MfS-Mitarbeit mit Unbehagen. Wahrscheinlich lügt er nicht einmal. Natürlich gibt es keine Wahrheit an sich, aber R. S. verlor teilweise die Fähigkeit, die Realität wahrnehmen und wiedergeben zu können. An einer Stelle in seinem Text dringt das unverstellt hervor:

> «Ich weiß nicht mehr, was ich an diesem Tage alles gesagt habe; ich weiß nur noch, daß ich mich hinterher fühlte, als hätte man mir das Gehirn abgesaugt.»

Deshalb weiß er wohl nicht mehr, daß er über Westhonorare, Schmuggelware und hergestellte Drucksachen geredet hat. Zum Beispiel über die zitierten 50,– DM von West-Herausgeber Frank Blohm. R. S. berichtet über dessen geplante Anthologie. Blohm erhält für die DDR eine Einreisesperre. 1988 zur Buchmesse in Leipzig darf er wieder rein. Aus «Gerhards» Bericht vom 14. 3. 88: «Der IM wurde beauftragt, am Stand des Rowohld-Verlages [Rechtschreibung wie im Original – d. V.] nach Blohm, Frank zu fragen und Kontakt herzustellen.» So geschah es dann.

Schedlinski erledigte also auch Aufträge für die Stasi. «Die Beschaffung der Texte wurde eingeleitet.» So liest sich die lakonische Notiz am Schluß seines Berichtes vom 1. 7. 88, in dem R. S. von meinen Texten berichtet, die ich seiner (?) Zeitschrift eingereicht hatte.

Ich finde auch komische oder beschwichtigende Beobachtungen: «Nach Einschätzung der Quelle beabsichtigt Rathenow selbst derzeit keinerlei demonstrative Handlungen in der Öffentlichkeit» (13. 3. 88). Korrekt, nur pflegte ich nie mit Bomben in der Tasche oder Plakaten in der Hand demonstrativ öffentlich zu wirken. Er hat also nichts bösartig erfunden, nur brav alles weitergemeldet, plus einiger heikler Mutmaßungen. Das verleiht ihm Glaubwürdigkeit und macht die Berichte brauchbar. Ein anderer IM, dem ich die Bösartigkeitsmedaille verleihen würde, verlangte dagegen nach psychiatrischer Behandlung meiner Person. Fazit: Das MfS schien ihn nicht ernst zu nehmen, man wollte Fakten und keine Haßtiraden. Man wollte ungefähr das, was «Gerhard» am 13. 3. 88 meldete.

«Corino traf im Pressekaffee u. a. mit Detlef Opitz (Berlin) und Rolf Schilling (Nordhausen) zusammen. In den frühen Abendstunden begab sich Corino mit Schilling in sein Stammquartier in Leipzig, um mit Schilling Tonbandaufzeichnungen für eine Rundfunksendung zu machen... Von Opitz wurde ein Text übergeben, der in einer der nächsten Kultursendungen gesendet werden soll.»

Die erwähnten Personen werden in ihren Akten sehen, was an Kriminalisierungsvarianten geplant worden ist. Karl Corino, dem Literaturredakteur des Hessischen Rundfunks, Texte zu übermitteln war illegal.

Ich sprach mit Detlef Opitz über Schedlinski. Innerhalb von Minuten erfuhr ich mehr über dessen MfS-Verstrickung als aus seinem Artikel. Warum ist er nicht in der Lage, die Tatsache mitzuteilen, daß er vor allem Stephan Bighardt, einen der Gründer von «Demokratie Jetzt», Detlef Opitz und mich bespitzeln sollte?

Opitz versucht seinen Freund Schedlinski zu verstehen und zu erklären. Dabei spüre ich eher, wie unerklärlich D. O. die Sache ist. Da er sich die Dimension dieser Selbstaufgabe eines Dichters kaum vorstellen kann (der Verrat anderer ist nur ein Element davon), versucht Opitz zu glauben, Schedlinski hätte nur das getan, was O. für die eigene Person an Versagen für möglich hält.

Schedlinskis Erinnerungsverweigerung verlängert das Leid seiner Freunde. Mich nervt es eigentlich, seitenlang Belege für seine Wahrnehmungsunfähigkeit heraussuchen zu müssen. Leute wie Schedlinski und Anderson verlängern die Existenz der DDR, sie binden Energien und blockieren damit eine Lektüre der MfS-Akten, die einer selbstkritischen Aufarbeitung der eigenen Geschichte dient. Zum Beispiel meiner.

Wenn ich von R. S. lese, er habe vor dem MfS keine andere Haltung zu seinem Umfeld gehabt als sonst, empfinde ich das als eine Verhöhnung. Er berichtet über viele Situationen und Personen abwertend. Entweder lügt er in den Berichten, oder er vergewaltigte sich in der Realität, indem er sich immer wieder verachteten Personen oder Situationen aussetzte, um über diese zu berichten. Schedlinski demonstriert, wie einer ohne jede Überzeugung im zunehmenden Maße funktioniert. Zur Stasi gibt er an, «wenn ich sie schon nicht los würde, könnte ich vielleicht noch das Beste daraus machen.»

Schedlinski und Anderson lachen im Sommer 1990 einen Fernsehjournalisten aus, als er sie nach Schwierigkeiten mit dem MfS fragt. Unsere Generation hat damit nichts mehr zu tun – lautet sinngemäß ihre Antwort. Es fragt sich, welcher Betrug am größten war: Der gegenüber der Öffentlichkeit? Der gegenüber der «eigenen Generation»? Oder der gegenüber sich selbst?

Freya Klier

Aktion «Störenfried»

Die Januar-Ereignisse von 1988 im Spiegel der Staatssicherheit

Vorbemerkungen

1. Im Januar 1988, nach Jahren des lähmenden Ringens um jeden Zentimeter Demokratie, blitzt unvermittelt der Ansatz einer Bürgerrechtsbewegung auf. Was auf der Staatsdemonstration um Luxemburg und Liebknecht eher harmlos begann, weitet sich rasch zu einem Eklat aus, der den Widerstand bündelt, die SED-Führung erschüttert und die Kirche aus ihrem vertrauten Arrangement reißt.

Der Ausgang der sogenannten «Januar-Ereignisse» ist bekannt, ihre Hintergründe liegen noch immer im dunkeln. Hat die Leitung der Ev. Kirche Berlins mit der staatlichen Macht gekungelt oder nicht? Hatte der Westen seine ‹Finger› drin – und wenn ja, wie weit? Gab es (wie ich Manfred Stolpe vorwerfe und dieser von sich weist) einen Deal zwischen ihm und Honecker, der die Inhaftierten letztlich zur Manövriermasse machte?

Fragen, über deren Antworten sich das beteiligte Krisenmanagement bis heute ausschweigt.

Wohl nicht ohne Grund: Der Drang zu vertuschen, was hinter den Kulissen ablief, war offenbar so groß, daß der gesamte Vorgang aus den Akten betroffener Bürgerrechtler herausgesäubert wurde – in meinen eigenen ist er akribisch bereinigt.

Doch wieder bewährt sich die Gründlichkeit der einst auf ‹endlos› ausgerichteten «Firma»: Mehr als 300 Aktenseiten für die heißen drei Wochen haben sich zu Forschungs- und Dokumentationszwecken zusammentragen lassen – Tagesprotokolle, IM-Berichte, Extrakte geheimer Gespräche. Die Gedächtnislücken der Verantwortlichen können aufgefüllt werden.

2. Zweck der folgenden Chronologie ist nicht die Suche nach IM's. Oder ketzerischer: Mich interessierte beim Studium der Dokumente nicht, ob Stolpe nun der «Sekretär» war (wovon ich persönlich überzeugt bin) oder nicht. Wichtiger scheint mir die politische Dimension seines Wirkens bzw. das der anderen Juristen und Kirchenoberen. Taktische Winkelzüge werden also nicht auf ihre unanfechtbare Moral hin abgeklopft (eine Kategorie, die ohnehin am Aussterben ist, auch in weniger geschlossenen Gesellschaften), sondern an der Frage gemessen: Was war bereits im Januar 88 an Demokratisierung in der DDR möglich? Was haben Männer wie Stolpe letztlich bewirkt, was verhindert – in einem Winter, der unter klaren, auch für Geheimdienstler erkennbaren politischen Prämissen stand:
   – Schon seit drei Jahren ringt die sowjetische Führung um einen Ausweg aus den Verkrustungen ihrer Gesellschaft.
   – Nicht nur die SU, auch die DDR ist moralisch bankrott; das Bedürfnis, diesem Land den Rücken zu kehren, ist – vor allem in der jungen Generation – sprunghaft gestiegen.
   – Ein Ende der DDR als Staat ist nicht in Sicht – und damit weder im Bewußtsein von Bürgerrechtlern noch Kirchenverantwortlichen noch Staatsorganen.
   Was also war unter diesen Bedingungen möglich, was verantwortbar?

3. Nicht nur von seiten des Kirchenapparates, auch unter Bürgerrechtlern werden die «Januar-Ereignisse» von 88 auffällig verdrängt. Doch auch für uns selbst bietet die umfangreiche Aktenlage die Chance, einen Kulminationspunkt der eigenen, nicht schmerzlosen Geschichte genauer zu beleuchten, das noch immer in den Köpfen wuchernde Gestrüpp von Mauerkrankheit und

persönlicher Courage, Verletzung und politischer Fehlsicht zu entwirren.

Ein Tip zur Gebrauchsanweisung:
Nun, da die Vorgänge aus Geheimdienstsicht erhellt werden, haben wir auch die Sprache seiner Informanten und Protokollanten hinzunehmen. Sie mag uns befremdlich anmuten – und was bei einem Mann wie Schnur pietistisch verquast daherkommt, faßt ein Hauptamtlicher vielleicht in tumben Klassenkampfjargon. Der Extrakt der obersten Kontrollgruppe wiederum liest sich schon beinahe sachlich.

Mögen also die Zitierten (einschließlich der Autorin) daran herummäkeln, es **so** nicht ausgedrückt zu haben – das Wesentliche der Aussagen dürfte einigermaßen präzise erfaßt sein... und nicht grundlos lobt beispielsweise ein Oberst Wiegand seinen Schützling Schnur (dessen Berichte er von Zeit zu Zeit mit seinen Abhörprotokollen vergleicht) für dessen Zuverlässigkeit.

SONNTAG, 17. JANUAR 1988

Am Morgen des alljährlichen Kampf- und Gedenktages wird das gefrorene Ritual um Rosa Luxemburg und Karl Liebknecht in einem Maße aufgesprengt, das Staatsapparat und Kirche für Wochen in Atem hält. Die nun folgenden Tage werden als «Januar-Ereignisse von 88» in die DDR-Geschichte eingehen und in die Stasi-Akten als «Aktion Störenfried».

Klein scheint zunächst der Protest und überschaubar: Ein paar «Störenfriede» haben sich auf den Weg gemacht, um mit unerlaubten Transparenten öffentlich Menschenrechte einzuklagen. Auf den meisten der bepinselten Laken finden sich Worte von Rosa Luxemburg.

Die Stasi ist voll im Bild und hat schon im Vorfeld des 17. Januar ihre Mannschaften in Alarmbereitschaft versetzt. Die «Störenfriede» kommen also nicht weit: Sie werden – wie Stephan Krawczyk – entweder an der nächsten Ecke festgenommen oder – wie Vera Wollenberger und Herbert Mißlitz – in greifbarer Nähe eines Marschblockes. Wolfgang Templin und Ralf Hirsch gelangen gar nicht erst vor die Tür, sie stehen seit dem Vorabend unter Hausarrest.

Einer Gruppe von etwa 30 Leuten gelingt es, am weitesten vorzudringen. Doch auch sie wird noch rechtzeitig umzingelt und so lange mit roten Fahnen zugewedelt, bis gestählte Kräfte die verhaßten «Kamerateams der BRD» aus dem Blickfeld gerempelt haben. Verladen und abtransportiert wird die Gruppe erst, nachdem die kampfliedsingende Führungsriege bereits die Gedenkstätte am Rande Berlins erreicht und Genosse Egon Krenz das Wort ergriffen hat.

Wer sind diese 30 Leute, deren Präsenz an diesem Januartag die Beteiligung anderer Bürgerrechtler an der Demo in so auffällig bescheidenen Grenzen hält (denn außer Wollenberger, Mißlitz und Krawczyk haben sich lediglich noch drei junge Mitarbeiter aus der Umweltbibliothek auf den Weg gemacht, und das offenbar nur aufgrund eines Übermittlungsfehlers)?

Auf den ersten Blick sind es DDR-Bürger «wie du und ich» – Angestellte, Arbeiter, Wissenschaftler. Auf den zweiten – den Staatsblick – Feinde «wie du und ich», Feinde wie alle Bürgerrechtler. Auf den dritten aber – und den werfen wir Bürgerrechtler – sind es Verräter, Egoisten, Schlaraffen. Ihnen haftet jenes Stigma an, das in der großen Schicksalsgemeinschaft DDR inzwischen als das übelriechendste gilt – das Stigma des Ausreiseantrags. Für die Kirche zu dieser Zeit ein Tabu mit Schulterschluß, treibt der «Ausreise-Verrat» zumindest eine säuerliche Miene auf das Gesicht jedes DDR-fixierten, tapfer kämpfenden Bürgerrechtlers. Als sich ein paar Ausreisewillige im Herbst 87 – unter Mithilfe der bleibewilligen Regina Templin – zur «AG Staatsbürgerschaftsrecht» zusammenschließen, scheint die staatliche Strategie ihrer gesellschaftlichen Isolation erstmals durchbrochen. Die Gruppe wird rasch zur Anlaufstelle für Gleichgesinnte und damit für die Staatsorgane zu einer bedrohlicheren Gefahr als die überschaubaren (und satt IM-besetzten) Gruppen der «operativ hinlänglich bekannten» Dissidenten. Die Stasi weiß bereits vor dem 17. Januar, was die Kirche in den folgenden Wochen nun schmerzhaft zu spüren bekommt: daß hier ein Tor geöffnet wurde, das sich geräuscharm nicht mehr schließen läßt. Daß bereits auf jeden tapferen, dem Staat zentimeterweise Demokratie abtrotzenden Bürgerrechtler etwa zwanzig Menschen kommen, die nur noch eines wollen – raus aus diesem erstarrten Land!

Ohne deren Ansturm auf die Kirchen (der sie nun rasch zu ‹dop-

pelten Störenfrieden› macht) sind die Januar-Ereignisse von 88 nicht
vorstellbar, hätten sie zumindest einen anderen Verlauf genommen:
Die Gruppe der Ausreisewilligen entpuppt sich schon bald als Hydra,
der anstelle jedes in den Westen entsorgten Kopfes zwei neue nach-
wachsen.

Ohne sie wäre alles anders gelaufen. Ich selbst hätte beispielsweise
an der Demo teilgenommen – so, wie im Herbst zuvor von Krawczyk
und mir geplant (und geplant ausschließlich für uns zwei). Im Herbst
schon hatten wir aus unserem Lieblingsaufsatz «Zur russischen Revolution» jene Luxemburg-Zitate rausgesucht, die am 17. Januar
dann unter anderen Pullovern verschwanden, um wenigstens für Se-
kunden zum Transparent zu werden.

Bereits im Dezember 87, als die «AG Staatsbürgerschaftsrecht»
beschließt, ebenfalls an der Luxemburg-Demo teilzunehmen, wird
mir mulmig. Ich akzeptiere diese Gruppe ohne Vorbehalt... doch
gemeinsam mit ihr zu Rosa? Nein, das muß nicht sein. So frei im
Kopf bin ich nicht wie die beiden Templins oder Krawczyk, der ihnen
großzügig unsere Losungen aufbereitet. Ein bißchen heilig ist mir
Rosa schon: Ich sage also sehr kurzfristig ab – und entgehe damit
meiner Verhaftung am 17. Januar, die für die Stasi bereits fest einge-
plant ist.

MONTAG, 18. JANUAR 1988

Der Beginn einer Woche kirchlicher Hilflosigkeit.

Gegen Mittag trifft Konsistorialpräsident Manfred Stolpe samt
Propst, Oberkirchenrat, Superintendent und Stadtjugendpfarrer im
Staatssekretariat für Kirchenfragen ein, um die staatliche Erwartungshaltung entgegenzunehmen. Stolpe bedauert die Aktionen vom
17. Januar, fordert jedoch Behutsamkeit von beiden Seiten – die staatliche Seite habe zu schnell reagiert, dadurch die Lage verschärft.
Stolpe sichert zu, mit den Basisgruppen zu diskutieren. (Die anderen
Würdenträger sind offenbar nur Beiwerk, über ihre Redebeiträge
verliert die Stasi kein Wort.)

Gegen 18 Uhr versammeln sich die Basisgruppen in der Galerie der
Umweltbibliothek, unter ihnen die Angehörigen der verhafteten
Ausreiseleute. Nicht erwünscht sind die «Vertreter westlicher Mas-

senmedien», sie werden vom verantwortlichen Pfarrer in den UB-Keller verbannt.

Ratlosigkeit schwingt über den Köpfen, als Anwalt Wolfgang Schnur über die Zahl der Verhafteten informiert, über eingeleitete Ermittlungsverfahren und Möglichkeiten des rechtlichen Beistands für Angehörige. Daß er schon hier herausstellt, es werde insbesondere gegen Stephan Krawczyk ermittelt, da bei ihm noch ein zusätzlicher Verdacht auf strafbare Handlungen bestünde, erfahre ich im nachhinein – ich selbst bin nicht am Ort, ich wohne gerade meiner Hausdurchsuchung bei.

Also entnehme ich den Akten: Schnur warnt dringend vor unüberlegten Aktionen – gegenwärtig sei eine Situation eingetreten, wie er sie noch nicht kenne, er schätze die Entschlossenheit der Organe für sehr hoch ein.

«Konsistorialpräsident Stolpe», so meldet dann der Stasi-Tagesbericht, «informierte über sein Gespräch beim Staatssekretär für Kirchenfragen und betonte, daß die Kirche sich mit jedem solidarisiere, der Menschenrechte vertritt. Jedoch wäre es ungeeignet, die Staatsmacht mit der Beteiligung von alternativen Gruppen an der Gedenkveranstaltung für Rosa Luxemburg und Karl Liebknecht zu provozieren. Stolpe orientierte die Anwesenden darauf, in geeigneten Formen von spontanen Bewegungen Abstand zu nehmen.» (1)

Seine Worte fallen auf fruchtbaren Boden. Doch in diesem offenen Raum beschränken sich die Gruppenvertreter lediglich auf Solidaritätserklärungen, den Frust redet man sich anschließend im internen Kreis vom Leibe:

«Nach anfänglichen Protesten von Regina Templin und Ralf Hirsch kam es zu einer fast einhelligen Ablehnung der Aktion am 17.1.88, die eindeutig von der ‹AG Staatsbürgerschaftsrecht› initiiert und getragen wurde.» (2)

Die Stimmung von Kirchenleitung und Basisgruppen liegt dicht beieinander – selbst im internen Kreis entscheidet sich die Basis-Mehrheit für ein Nein in bezug auf Mahnwachen. Man tendiert zu längerfristigen Aktionen, zu Blumengängen ans Grab von Luxemburg und Liebknecht.

Meine eigene Temperatur überschreitet schon an diesem Abend den Grad der Besonnenheit, ich erlebe eine tiefschwarze Stunde:

Während einer bis 19.15 Uhr dauernden Hausdurchsuchung wird ein großer Teil meines im Untergrund mühsam erarbeiteten Buchmanuskriptes beschlagnahmt. Später schreibe ich im «Abreiß-Kalender»: «Pedantisch blättert sich ein rotnasiger Staatsanwalt durch die Seiten, kommentiert ab und zu vernichtend, läßt einpacken. Kämpfe verzweifelt um jedes Blatt, versuche wenigstens Teile des ‹Drecks›, der ‹widerlichen Schmierereien› zu retten. Mit geringem Erfolg – der Staatsanwalt droht mir schon jetzt ein Ermittlungsverfahren an. Ich möchte schreien... das ist die Arbeit von anderthalb Jahren. Verliere die Nerven und renne ins Kinderzimmer, die Frau hinter mir her – scharf verbiete ich ihr, sich zu setzen...»

Ich schreie nicht, ich reiße mich zusammen: Genau 45 Minuten nach der Hausdurchsuchung beginnt meine Lesung «Kultur und Evangelium» – in jener Kirchgemeinde, in der zwei Stunden zuvor noch Schnur und Stolpe zur Besonnenheit gemahnt hatten. An der noch am gleichen Abend stattfindenden Hausdurchsuchung bei Stephan Krawczyk nimmt statt meiner der «operativ bekannte Reinhard Schult» teil.

Stephan wird nun wohl einen Verteidiger brauchen – völlig klar, daß dafür nur Wolfgang Schnur in Frage kommt, unser enger Vertrauter. Schnur verfügt bereits über unser gesamtes Vermögen, vom Lada bis zum Kinderstrumpf: Wir haben es ihm vor Wochen überschrieben, da wir mittlerweile mit 14 000 Mark Ordnungsstrafe für unsere Kirchenauftritte belastet sind und den Staatsorganen durchaus zutrauen, unser gesamtes Mobiliar zu pfänden.

Beinahe hätte Schnur ja auch zu unserer Familie gehört. Er hatte sich in Krawczyks geschiedene Frau verliebt – ein Pech, daß sie nicht wollte (wobei wir sie als Frau verstehen). Doch politisch sind wir herzeins: Vor Tagen erst bin ich mit dem Magdeburger Bürgerrechtler Jochen Tschiche zusammengetroffen – streng konspirativ, versteht sich! –, um erstmals über die Gründung einer Oppositionspartei in der DDR nachzudenken. Eingeweiht wurde ausschließlich RA Schnur, als juristischer Fuchs und Dritter im Bunde.

Gut, er ist etwas weich, etwas gebeutelt von der Sorge, die alltäglich auf ihm lastet. Doch das Wichtigste beim Verteidiger in einer Diktatur ist das Vertrauensverhältnis, und da fällt uns niemand anders ein als Wolfgang Schnur.

Wer ahnt zu dieser Zeit, was tatsächlich auf ihm lastet?

Heute lese ich in seiner IM-Akte, daß wir für IMB «Torsten» alias IMB «Dr. Ralf Schirmer» (sein zweiter Deckname ab Januar 88) nichts als «Feinde», «fanatische Gegner» sind, «die behaupten, in der DDR gäbe es keinen Sozialismus». (3)

Als Krawczyk verhaftet wird, hat Schnur längst und sehr detailliert an Oberst Wiegand durchgegeben, was wir so mühsam zu verbergen suchen. Schnur eifert. Und gibt in pietistisch-klassenkämpferischem Stil kleine Tips, wie wir am besten auszuschalten sind – meine Untersuchungsergebnisse für das geplante Erziehungsbuch hat er natürlich längst verpetzt (3 u. 4), doch die dürfte der Stasi-Oberst längst kennen.

DIENSTAG, 19. JANUAR 1988

Draußen im Land probt die Staatssicherheit den Ausnahmezustand: Freunde rufen aus Sachsen und Thüringen an – ihre Solidaritätstelegramme werden von der Post zurückgewiesen, da hier der Verdacht auf «Fernrottung» vorliege. Mein Telefon schrillt unaufhörlich, viele wollen helfen, doch wie? Der Briefkasten füllt sich mit Sympathiebekundungen und Geldspenden.

Am Abend, in der UB-Galerie, dann wieder ein «Treffen feindlich negativer Kräfte». Diesmal zählt die Stasi schon 150 Personen, darunter viele Ausreisewillige, den Pfarrer des Hauses, Konsistorialpräsident Stolpe und RA Schnur. Auf leisen Sohlen die West-Journalisten, sie schleichen vergebens. IMB «Martin» meldet: «Die BRD-Journalisten mischten sich unter das Volk und hielten sich gedeckt.»

Ich arbeite mich an Schnur heran. Der raunt mir zu, er habe Krawczyk noch nicht sprechen können, wisse aber, daß die Inhaftierten der «AG Staatsbürgerschaftsrecht» ihn in ihren Verhören schwer belasteten. Das Gift wirkt: Von nun an hat die Ausreise-Gruppe eine Sympathisantin weniger, mich.

Schärfer als am Tag zuvor fallen die Bewertungen der Demo-Aktion aus. Stolpe betont, daß «der Staat die Vorkommnisse vom 17.1.1988 sehr ernsthaft verfolge» (5), und auch Schnur weiß, daß «die jetzige Situation ernster sei als die im November 1987» (6) – damals stürmten Staatsorgane die Umwelt-Bibliothek.

Inzwischen sind auch die Ermittlungsverfahren eingeleitet: Sämtlichen «Störenfrieden» wurde der Paragraph 217 für «Zusammenrottung» verpaßt, für Krawczyk gibt es noch einen Paragraphen drauf. Ich habe dringenden Handlungsbedarf, die Solidaritätserklärungen wirken auf mich wie eingeschlafene Füße. Froh kann IMB «Martin» seiner Firma melden: «Anträge zur Aufnahme von Mahnwachen wurden nicht gestellt und auch diesbezüglich keine Entschlüsse gefaßt. Insgesamt war eine allgemeine vorsichtige Zurückhaltung vorhanden, wobei auch Personen, die sich für Power aussprachen, zurückgehalten wurden.» (7)

Ich werde gleich doppelt zurückgehalten. Zunächst erspäht mich ein IM auf dem Hof der Zionskirche, im Gespräch mit Stolpe und einem Journalisten. Ich bitte Stolpe um eine Drehgenehmigung für den nächsten Abend in der Elias-Kirche: Ich möchte ein Statement für Krawczyk abgeben, der hier, da er keiner Gruppe angehört, zwar Sympathien, aber keine seiner Lage angemessene Fürsprache findet.

Die Drehgenehmigung für eine offene Veranstaltung wird abgelehnt, eine bescheidenere Variante jedoch hält Stolpe für durchaus möglich – falls sich die Lage zuspitzt.

Der zweite «Korb» kommt von unerwarteter Seite. IMB «Martin»: «Es kam in der UB-Galerie zu einer Auseinandersetzung zwischen Freya Klier und Bohley und Fischer. Klier hatte eine Erklärung zur Forderung der sofortigen Freilassung von Krawczyk vorbereitet, die sie jedoch auf Betreiben von Bohley und Fischer nicht verlesen durfte. Daraufhin verließ sie wütend und zornig die Veranstaltung.» (8)

Tatsächlich klaffen die «strategischen Überlegungen» bereits weit auseinander. Das Gros der Basis-Gruppen (vor allem die kirchlich nicht geschützte «Initiative für Frieden und Menschenrechte») will jede Eskalation vermeiden, man fürchtet weitere gezielte Festnahmen. Für mich dagegen ist die Eskalation bereits erfolgt – ich fürchte, daß die Staatsorgane nun Krawczyks Paragraphen-Latte genau in dem Maße hinaufschrauben, wie «Besonnenheit» geübt wird. So verständlich mir die andere Position ist, auf mich wirkt sie wie die Doktrin eines selbsternannten Zentralkomitees.

Doch ich bin nicht die einzige, die gerüffelt wird: Im internen Gruppenzirkel wird Regina Templin in die Mangel genommen (wie gleich zwei IMs frohlocken). Man wirft den Templins vor, die «AG Staatsbürgerschaft» zur Demonstration aufgerufen und damit die eigene Gruppe gefährdet zu haben.

Was niemand ahnt: Die Anklageschriften für «Landesverräterei» sind schon seit dem frühen Dezember 87 gestrickt. Für die optimale Maschenkombination zeichnen (laut Aktenlage) die Sektion Kriminalistik der Humboldt-Universität sowie Verfassungsschutzüberläufer Hans-Joachim Tiedge verantwortlich.

Zur Nacht wenigstens noch ein Trostpflaster für die Basis-Gruppen: Die Chefs der «Kirche von unten» haben Stolpe für Donnerstag 15 Uhr eine Pressekonferenz abgetrotzt – in kirchlichen Räumen, unter Beteiligung von Vertretern der Basis-Gruppen.

MITTWOCH, 20. JANUAR 1988

Am Abend darauf rückt die Kirchenleitung bereits in größerer Besetzung an (zwar ohne Schnur heute, doch dafür mit Lothar de Maizière).

Etwa 250 Menschen drängen sich im Saal der Elias-Gemeinde – den fremden Gesichtern nach wohl mehrheitlich Ausreisewillige. Die Gesichter «westlicher Diplomaten und Korrespondenten» (deren KFZ-Kennzeichen eine halbe Aktenseite füllen) sind beinahe schon vertraut; ihr ‹Outfit›, bei aller Dezenz, zieht den Späherblick an und lenkt ihn unweigerlich auf ihre leicht geblähten Manteltaschen.

Manch einer ist frecher. IMB «Wolf» berichtet: «Vor dem Eingang des Gemeindehauses stand ein VW-Bus der Westmedien, während der Zusammenkunft schnitt eine männliche Person (vermutlich Korrespondent, unterhielt sich oft mit Hirsch) die Diskussion mit einem Tonbandgerät mit.» (9)

Die Rollenverteilung ist unverändert, die Stimmung gereizter. Ein neuer Propst wird eingeführt, danach läßt einer der tapfersten Pfarrer die Solidargemeinde an seinem politischen Blackout teilhaben: Er schwärmt von seinem heutigen Gespräch mit Redakteuren der FDJ-Zeitung «Junge Welt». Deutlich habe er da Kooperationsbereitschaft verspürt – nun sei es an der eigenen Seite, einen Schritt entgegenzugehen...

Die neue Nachricht für die erregten Gemüter: Die Inhaftierten hat man inzwischen aufgeteilt – die Bleibewilligen zu RA Schnur, die Ausreisewilligen zu RA Vogel bzw. Lothar de Maizière.

Kurz muß man sich heute fassen, noch eine andere Veranstaltung steht auf dem Programm von ‹Elias›. Bei der «Kirche von unten» zeigen sich erste Anzeichen von Mißmut. Geradezu wuchtig dagegen die Signale derer, die ihren Blick einzig auf das Nadelöhr Ost/West richten – sie haben nichts zu verlieren als ihren verhaßten blauen Personalausweis.

Mit einem geschickten Manöver wird die ausufernde Stimmung vom Stadtjugendpfarrer kanalisiert: Jede Gruppe möge nunmehr zwei Vertreter ernennen, mit denen anschließend im Stadtjugendpfarramt weiterdiskutiert werde. Die Absicht liegt auf der Hand: Ist die amorphe Masse von Ausreisewilligen erst einmal auf zwei Sprecher reduziert, fallen die unter zwei Dutzend anderen Delegierten nicht mehr ins Gewicht.

Am Spätabend kommen noch einmal knapp dreißig Vertreter «politisch feindlicher Gruppierungen» in der Wohnung von Bärbel Bohley zusammen. Nach Einspeisung aller Wanzen-Notate und Spitzelberichte bringt die Auswertungs- und Kontrollgruppe der Berliner Staatssicherheit dieses Treffen anschließend auf einen für mich noch heute nachvollziehbaren, realistischen Punkt:

«Durch die gegenwärtige Situation ist erneut zu verzeichnen, daß Widersprüche und Differenzen zwischen den Gruppen überspielt werden (Solidarisierungseffekt). Durch das von anderen Gruppen in der Republik entgegengebrachte Interesse, einschließlich der Teilnahme an Aktivitäten, fühlt man sich einem Erwartungsdruck ausgesetzt, ohne daß bisher Klarheit darüber herrscht, wie weiter vorgegangen werden soll.» (10)

An dieses halbnächtliche Treffen (ich habe es im «Abreiß-Kalender» bewußt ausgespart) erinnere ich mich in all seiner Bitterkeit. An diesen befremdlichen Ruch von ZK, der mich bisher wenig tangiert hatte. Ich kenne die meisten in dieser Runde, mit einigen bin ich befreundet. Doch zusammengearbeitet habe ich bisher mit Stephan Krawczyk, mit verschiedensten Einzelpersonen sowie den Gruppen «draußen in der Provinz», deren Vernetzung wir über unsere Kirchenauftritte seit einiger Zeit intensiv betreiben. Draußen begreift man nicht, was hier so stockt und bremst. An diesem Abend scheitere ich völlig:

«Freya Klier machte den Vorschlag, ‹linke› Künstler des Westens zu beeinflussen, die DDR zu boykottieren, um die DDR-Künstlerverbände unter Druck zu setzen. Dazu will sie bis zum 22.1.1988 ein Papier entwerfen. Weiterhin will sie die SPD auffordern, das Abkommen mit der SED vom August 87 bis zur Freilassung der Inhaftierten nicht zu verwirklichen.

Dieser Vorschlag fand kaum Zustimmung.» (10)

Ich bleibe, mühsam lächelnd, in der Runde sitzen und beschließe den absoluten Alleingang.

Die Abfuhr ist nicht persönlich gemeint, sie trifft auch andere:

Wolfgang Templin beispielsweise «setzte sich für die volle Einbeziehung der ‹AG Staatsbürgerschaftsrecht› in die ‹Initiative› ein, blieb aber mit seiner Meinung in der Minderheit und verließ deshalb vorzeitig die Versammlung.» (10)

Reinhard Lampe (ein Vikar, der sich am 13. August wie Christus ans Fensterkreuz seiner Wohnung gehängt hatte und der vom «Spiegel» anschließend unter Zusage völligen Stillschweigens aus dem Knast gedealt worden war) taucht mit einer gut durchdachten Idee auf, «... die aber von den Anwesenden abgelehnt wurde, da hiermit nur dem Staat eine erneute Handhabe geliefert werde.» (10)

Sorgfältig notiert Oberstleutnant Offenhaus (Leiter der Stasi-Auswertungs- und Kontrollgruppe) die an diesem Abend von der Mehrheit gesetzten Akzente:

«Der Vorschlag, ein Mahnwachen-Büro in einem Raum des Konsistoriums einzurichten, wurde abgelehnt. Man will lieber mit bescheideneren Mitteln improvisieren.

Die Durchführung einer ‹Pressekonferenz› wurde ebenfalls abgelehnt. Auch Stolpe sei dagegen. Lediglich Hirsch zeigte Interesse an einer stärkeren Einbeziehung der westlichen Medien.» (10)

Favorisiert wird alles, was zahm ist: «Durchführung eines Luxemburg-Seminars im Rahmen der Kirche; Anbringen von Luxemburg-Bildnissen in Kirchenräumen; regelmäßiges Blumenniederlegen am Karl-Liebknecht-Gedenkstein.» (10)

Doch wenigstens die erste Mahnwache wird festgelegt: Übermorgen, in der Auferstehungskirche, soll es losgehen – bis dahin aber der

Beschluß möglichst geheimgehalten werden. (Ein frommer Wunsch bzw. Witz aus dem Unterbewußtsein: Von den an diesem Abend Anwesenden erweist sich vier Jahre später ein Drittel als Stasi-Mitarbeiter).

Ein paar Notizen am Rande des Tages:
«Zur Gesamtsituation vertrat Eppelmann die Ansicht, daß profilierungssüchtige Personen am Werk sind, die persönliche Vorteile erhoffen. So habe er z. B. Krawczyk von dem geplanten Vorhaben abgeraten, aber kein Gehör gefunden. Da er vorher nicht hörte, könne er ihm hinterher auch nicht helfen.
Eine Bitte des operativ bekannten Martin-Michael Passauer zur Unterstützung der Inhaftierten lehnte Eppelmann kategorisch ab.» (10)
Was den mediensüchtigen Pfarrer allerdings nicht an einem Fernseh-Interview hindert.
Ibrahim (Manfred) Böhme hat an diesem Tag seinen blutigen Auftritt. Er sei auf nächtlichem Heimweg von zwei unbekannten Männern zusammengeschlagen worden und sieht tatsächlich böse aus. Ein (wie wir alle) ahnungsloser IM notiert: «So war sein Gesicht stark entstellt und an mehreren Stellen war die geschwollene Haut geplatzt. Darüber hinaus habe er Schmerzen im Brustkorb und Unterleib.» (11)
Ich bezweifle bis heute, daß das ein «Martyrium um der Sachen willen» war – die Folgewirkungen widersprechen der gesamten Stasi-Strategie in diesen drei Wochen: Böhmes Anblick steigert lediglich die Wut auf diesen Staat und seine Organe, sonst nichts. Böhme ist nicht der Mann für die brodelnde, hochkochende Stunde – er ist zu leise, auch besitzt er in diesen Tagen noch keinerlei Autorität. Die Schürf- und Platzwunden in seinem Gesicht bleiben auch nach Akteneinsicht rätselhaft.

Während ich meinen (in der Nacht verfaßten und unter der Bettdecke abgetippten) «Künstler-Appell» deponiere und Gruppen-Vertreter sich auf den Weg zu couragierten Berliner Gemeinden machen, um sie für ‹umlaufende› Mahnwachen zu gewinnen, führt Konsistorialpräsident Stolpe ein Gespräch mit Genossen Heinrich vom Amt für Kirchenfragen. Diesmal ganz ohne «Kirchenschleppe», redet er eher Fraktur. Genosse Heinrich (inzwischen als Stasi-Offizier im besonderen Einsatz enttarnt) an seine Firma:

«Nach Stolpes Meinung ist es offensichtlich, daß die abgelaufenen Aktionen generalstabsmäßig geplant, von außen gesteuert und mit logistischen Mitteln geführt wurden.» (12) Stolpes «ganzes Bemühen sei darauf gerichtet, für Beruhigung zu sorgen und ganz im Sinne der Linie vom 6. März 1978, an der er unbedingt festhalten wolle, weder weitere Störungen noch Belastungen zuzulassen. Das mache teilweise ungewohnte Maßnahmen gegenüber den Gruppen notwendig, die mancherorts Irritationen hervorrufen könnten.» (12)

Schon im vorhinein also bittet der Konsistorialpräsident um Verständnis, «wenn jetzt mit ungewohnter Rede auf diese Gruppen eingewirkt wird. Nicht alles lasse sich hier mit rationalen Mitteln erklären und klären. Krawczyk z. B. sei völlig außer Kontrolle geraten und wolle unbedingt und um jeden Preis zum Märtyrer werden» (12), (wobei Stolpe sich auf mich beruft).

Mahnwachen und Fasten werde er auf jeden Fall verhindern, doch ganz ohne staatliche Hilfe geht es nicht. Genosse Heinrich: «Für ihn seien die Westmedien das größte Problem. Es sei sein Wunsch, daß wir ihm wenigstens die elektronischen Medien vom Hals halten. Die Presse sei ja sowieso überall drin. Um sie draußen zu halten, müßte man Ausweiskontrollen einführen.» Und damit nichts im Raum stehenbleibt, «erklärte Stolpe, er habe in den Morgenstunden dem Deutschlandfunk ein kurzes Interview gewährt, das sei aber so gehalten, daß es unbedingt zur Beruhigung beitragen könne.» (12)

Alles, was der Konsistorialpräsident unternimmt, trägt zur «Beruhigung» bei. So ist die für heute nachmittag anberaumte Pressekonferenz beispielsweise zu einem Insiderplausch zusammengestutzt worden, in dem sich Reinhard Schult, Bärbel Bohley, Uwe Kulisch und Freya Klier über ihre derzeitigen ‹Bauchschmerzen› austauschen – nicht vor einer West-Kamera, versteht sich, sondern vor der Videolinse eines befreundeten Amateurs. Im Konsistorium, unter Aufsicht eines von Stolpe bestimmten Juristen.

Aus dem gefürchteten Strom ist ein Bächlein geworden.

Als ich jedoch anschließend meinen Appell aus der Tasche ziehe, wird der Jurist nervös, er holt Stolpe. Der entscheidet, der Appell darf aufgezeichnet werden – er entscheidet es freilich, ohne ihn durchgelesen zu haben.

Als er den Raum verlassen hat, presse ich die Wut der ganzen letzten Tage in meinen nun ausschließlich auf Krawczyk zugeschnittenen «Appell an bundesdeutsche Künstler und Schriftsteller». Obwohl ich weiß, daß der Text ans ‹Eingemachte› geht – immerhin rufe ich zum vorübergehenden Kulturboykott der DDR auf –, ist die Aufzeichnung für mich wie ein Befreiungsschlag. Unten, im Schatten des Konsistoriums, wartet Ralf Hirsch: Er leitet die Videokassette dorthin weiter, wo eine öffentliche Wirkung in Aussicht steht – an einen Korrespondenten der ARD. (Für Hirsch, wie die Akten zeigen, ein weiterer Baustein zur Besiegelung seines DDR-Daseins).

Abends, auf dem Gottesdienst der im Grenzgebiet liegenden Andreas-Markus-Gemeinde, zeichnet sich eine neue Qualität des Widerstandes ab. Geradezu unkontrolliert hoch geht es her, und diesmal auch von seiten der Bleibewilligen. Nach einer religiösen Einleitung verliest «eine weibliche Person eine gemeinsame Eingabe feindlicher Zusammenschlüsse an den Staatsrat der DDR, in der gegen das Vorgehen der Sicherheitsorgane am 17.1.88 protestiert sowie die Freilassung der Inhaftierten, die Einstellung der Ermittlungsverfahren und die Einstellung sämtlicher Repressalien gegen gesellschaftlich Engagierte gefordert wird.» (13)

Der Applaus ist gewaltig, die Reaktion von Wolfgang Schnur zumindest geistesgegenwärtig: Er habe ja mit all seinen Mandanten gesprochen. «... Wenn sie die Auswirkungen vorher erahnt hätten, wären sie nicht zur Demonstration gegangen. Laut Aussage von Schnur soll selbst Krawczyk geäußert haben, auf keinen Fall Mahnwachen durchzuführen, da diese alles kaputt machen würden. Aus seinen Gesprächen mit der Staatsanwaltschaft schätzte Schnur ein, daß von seiten des Staates keinerlei Repressivmaßnahmen geduldet werden würden. Sollten derartige Festlegungen für Aktionen getroffen werden, sehe er sich gezwungen, die Mandate niederzulegen.» (14)

Pfiffe, manche rufen «Erpressung» – doch niemand mißtraut dem Anwalt, man findet ihn allenfalls zu weich. Ich gehe, da ich Stephans Verhalten merkwürdig finde, davon aus, man habe ihm «etwas in den Kaffee» geschüttet.

Und wie läuft Stolpes Taktik an diesem Abend?

Mahnwachen und ähnliche Aktionen müsse er in seiner Position selbstverständlich ablehnen (er tut dies der Aktenlage nach ziemlich rigoros). Doch zugleich äußert er überzeugend sein Verständnis für die Erregtheit und versichert die Solidargemeinde erneut der Unterstützung der Kirchenleitung. Um diesen Willen zu unterstreichen, verliest er einen ermutigenden Brief von Bischof Forck, der seinen Urlaub abgebrochen hat und auf dem Weg nach Berlin ist.

In dieser Erklärung wird nun auch das geforderte Kontaktbüro zugebilligt – in den Räumen von Generalsuperintendent Krusche (der inzwischen seine «Nähe» zur Staatssicherheit eingestanden hat).

Während so der Konsistorialpräsident das Gefühl vermittelt, es ginge voran, bindet er zugleich mit einem geschickten Schachzug noch seine ‹Pappenheimer› ein: «Bezüglich der Besetzung des Kontaktbüros sprach Stolpe die ‹Initiative› direkt an, mit der Bemerkung, daß sie hierbei ihre Standhaftigkeit beweisen könne.» (14)

FREITAG, 22. JANUAR 1988

Der erste «Störenfried» sieht sich plötzlich auf freiem Fuß, sein Ermittlungsverfahren wurde eingestellt.

War alle Befürchtung umsonst? Mit starkem Beifall wird der Ex-Inhaftierte Mißlitz am Abend unter den ‹Freien› begrüßt. Noch vehementer allerdings applaudieren die 350 Frierenden in der kalten Auferstehungskirche dem Überbringer der frohen Botschaft: RA Schnur, dessen hartnäckige Sanftmut nun offenbar doch den ersten Gefangenen aus der Haft gebrochen hat. Er, der stille Kämpfer, will es auch bei den anderen schaffen:

«Für den 25.1.1988, 9.00 Uhr, habe Schnur einen weiteren Gesprächstermin mit dem Generalstaatsanwalt. Ferner erhielt Schnur die Zusage, Gespräche mit den noch in Haft befindlichen Personen Wollenberger, Krawczyk und Schlegel zu führen» (15), notiert die Hauptabteilung XX in ihrem Tagesbericht zur «Aktion Störenfried». Gedämpfte Euphorie breitet sich über die Gemeinde – eine Stimmung immerhin zum Überhören von Nebensätzen: «In seinen Ausführungen betonte Schnur, ohne jedoch näher darauf einzugehen, daß Krawczyk Schwierigkeiten hätte.» (15)

Die hat Krawczyk allerdings, denn bevor Schnur an diesem Abend zur Kirche eilt, hat er bereits ein strammes Zersetzungspensum hinter sich. Zunächst den «Sprecher» mit seinem Mandanten, bei dem Schnur volle Konzentration brauchte, um diesen auszuhorchen und geschickt zu desorientieren. Der Inhaftierte hat in aller Ahnungslosigkeit das Messer für den eigenen Rücken geschliffen: Um den Stasi-Wanzen kein Futter zu geben, schrieb Krawczyk dem befreundeten Anwalt politisch heikle Interna auf ein Blatt Papier, das Schnur schlußsicher in seinem Aktenkoffer verschwinden ließ. Mit diesem Aktenkoffer setzt er sich nun nach dem «Sprecher» in seinen Wagen und fährt weit hinaus nach Königs Wusterhausen. Unterwegs verwandelt er sich in «Torsten» bzw. «Dr. Ralf Schirmer», denn am Bahnhof Königs Wusterhausen erwartet ihn – wie schon am Tag zuvor – sein Führungsoffizier, Stasi-Oberst Wiegand. Schnur kann handfestes schriftliches Material liefern: Für Krawczyk bedeutet das den § 100 (Landesverräterische Agententätigkeit), den Wiegand sogleich mit einem dicken Ausrufezeichen versieht. (16)

Abends, in der Kirche, bricht die überraschende Entlassung des ersten Inhaftierten der für heute vorgesehenen Aktion die Spitze ab – die erste Mahnwache wird dem Prinzip Hoffnung geopfert.

Der Konsistorialpräsident ist optimistisch – «seiner Auffassung nach versuche der Staat ebenso wie 1987 einzulenken.» (15)

Stolpe informiert noch über ein Gespräch zwischen Bischof Werner Leich und dem Staatssekretariat für Kirchenfragen. Leichs Gesprächspartner nennt uns der Tagesbericht: Es ist wiederum der Genosse Heinrich. Doch was der als Essenz des Gesprächs herausstreicht, weicht deutlich von der Stolpeschen Interpretation ab. Für die Solidargemeinde faßt der Konsistorialpräsident zusammen:

«Dabei seien zwei neue Aspekte sichtbar geworden
– humanerer Umgang mit Ausreisewilligen

– neue Kultur des Streits werde im Land gebraucht.» (15)

Für seine «Firma» aber faßt Genosse Heinrich zusammen:

«Dabei wurde staatlicherseits die Erwartungshaltung deutlich zum Ausdruck gebracht, zu der Bischof Leich volles Verständnis zeigte und die Zusicherung tätigte, daß seitens des Bundes der Evangelischen Kirchen in der DDR keine Eskalation auf andere Landeskirchen zugelassen werde.» (15)

Die geplanten Initiativen des Abends lesen sich, als sei die «Firma» bereits die aktivste Kraft:

– Ein Bürgerrechtler (inzwischen als IM enttarnt), fordert zu weiteren Blumengaben am Liebknecht-Gedenkstein auf.

– Ein Pfarrer (inzwischen als IM enttarnt) meldet sich für die erste Soli-Andacht am Montag.

– Die «Initiative für Frieden und Menschenrechte» wird morgen ihr Gespräch mit der Kirchenleitung vorbereiten – in der Wohnung eines (inzwischen als IM enttarnten) Mitgliedes der Gruppe.

Außerhalb Berlins sporadische Versuche von Solidarität – eine Veranstaltung in einer Leipziger Kirche, eine Aktion von Freunden in Dresden.

SAMSTAG, 23. JANUAR 1988

Unter dem Motto «Gott ist treu» wohne ich (ohne dies zu wissen) meinem letzten DDR-Gottesdienst bei. Ein entmutigendes Finalerlebnis: 300 Menschen, immerhin, zählt die Stasi – in der 2000 fassenden Gethsemane-Kirche verlieren sie sich wie ein tapferes Häuflein.

Der Tagesbericht bündelt die Stimmung: «Während der Diskussion, die insgesamt zwar ruhig, aber internen Hinweisen zufolge teilweise von Interessenlosigkeit gekennzeichnet war und ‹trostlos› verlief, wurde auf das Nutzen der Möglichkeit verwiesen, auch weiterhin Blumen in der Gedenkstätte für Rosa Luxemburg in der Prenzlauer Allee niederzulegen... Es war die Tendenz erkennbar, die Andachten auf wöchentlich eine zu reduzieren.» (17)

Wenigstens Ordnung ist in die Solidarität gekommen. Inzwischen existiert ein «Aktionsstab» mit vier Untergruppen, man stellt sich auf Langfristigkeit ein. Die Ausreiseleute nicht, von ihnen geht noch immer die größte Motorik aus:

«Der vorgesehene Auftritt eines Mitglieds der Gruppe ‹Staatsbürgerschaftsrecht› wurde insbesondere durch das Eingreifen von Pfarrer… und weiteren Personen verhindert (gewaltsames Wegziehen von Mikrofonen und Aufforderung, derartige Propaganda zu unterlassen).» (17)

Dabei geht es der Gruppe weniger um Action – die Leute sind kopflos nach dem sogenannten «Enthauptungsschlag» (all ihre an der Luxemburg-Demo beteiligten Gruppenmitglieder sind inzwischen nach Gießen abgeschoben); sie brauchen neue Kontaktadressen, brauchen die Hilfe der Kirche für den ersehnten Landeswechsel.

Ich selbst verlasse Gethsemane an diesem Samstag restlos niedergeschlagen.

Aus der Sicht der führenden Genossen dürfte die Woche einigermaßen überstanden sein. Aus der Sicht der Kirchenleitung auch: Sie hatte – im engen Verbund mit Schnur und RA Vogel – zur Wochenmitte schon einmal versucht, Krawczyk zu einem ‹sanften Abtritt› in Richtung Westen zu bewegen (18). Noch hat es nicht geklappt, doch man wird sehen. Ekklesia geht nach all den Strapazen erst mal ins Wochenende.

Die Stasi nicht. Langsam zieht sie ein Netz um mich zusammen, vor allem aber konzentriert sie sich auf den Feind hinter der Mauer:

«Die Feindperson Roland Jahn / WB setzte auch im Berichtszeitraum ihre umfangreiche Wühl- und Zersetzungstätigkeit gegen die DDR fort und stimmte diese mit Vertretern westlicher Massenmedien und weiteren Kräften politischer Parteien ab.» (17)

Zu deutsch: Unser Freund (ein Bürgerrechtler aus Jena, der 1984 mit Handschellen in den Westen expediert wurde) versucht, wenigstens von West-Berlin aus ein paar Solidaritätsraketen steigen zu lassen. Gerade ihn aber hat die «Firma» scharf im Visier – in der großen Agenten-Farce, die ab kommenden Montag steigen soll, hat man ihm die Rolle des logistischen Führers, die Rolle eines westlichen Geheimdienstlers zugedacht.

MONTAG, 25. JANUAR 1988

Überraschend setzt in den frühen Morgenstunden eine zweite Verhaftungswelle ein: Aus den Betten geholt werden fünf Mitglieder der «Initiative für Frieden und Menschenrechte» und ich.

Die erste aus den Akten erkennbare Reaktion kommt aus der Kirche: Zwischen 13 und 14 Uhr tagt im Zimmer von Propst Hans-Otto Furian ein Krisenstab – mit Bischof Forck, RA Schnur, Konsistorialpräsident Stolpe, Präses Manfred Becker, dem Propst und dem Stadtjugendpfarrer.

Es geht darum, «wie die neue Situation zu beurteilen ist und wie abgesichert werden kann, daß auf keinen Fall in der gegenwärtigen Phase Mahnwachen oder andere Aktionen beginnen.» (19)

Der Bischof schlägt einen Bittgottesdienst vor – für nächsten Samstag, die Abendandachten bis dahin sollen verkürzt laufen. Stolpe wird seine Kontaktfäden ziehen, um kirchlicherseits «die Truppe» in Atem zu halten, staatlicherseits aber «vernünftige Entscheidungen» zu erreichen. Klar ist, die Runde will sich zu den Inhaftierten bekennen, nicht aber zu deren Inhalten, Aktionen und Handlungen.

Fein säuberlich werden bereits an diesem Mittag die Inhaftierten vom Konsistorialpräsidenten sortiert. Schnur meldet seinem Führungsoffizier, Stolpe persönlich «hat mit der Inhaftierung von Freya Klier die Bestätigung dafür bekommen, daß hier ein Stachel gesetzt worden ist, der möglicherweise beim Unterlassen doch zu anderen Ergebnissen geführt hätte...» (gemeint ist mein Künstler-Appell) «... und betonte auch nochmals, daß das Kernproblem bei der Lösung der Gesamtsache bei den Leuten Krawczyk stehe und deshalb der Hauptschwerpunkt auf diesen beiden Personen liege, weil er persönlich dann davon ausgeht, daß unterschiedliche Möglichkeiten der Lösung des Konfliktes für die anderen Personen bestehen.» (19)

Im Vieraugengespräch teilt Stolpe dem Rechtsanwalt dann mit, wie er sich die Chancen der anderen Inhaftierten wünscht:

«Bei Ralf Hirsch betonte er, wird das nicht eine inhaltliche Frage sein. Dort wird es durch das bestehende Arbeitsrechtsverhältnis dokumentiert.» (19) Übersetzt: Bei Hirsch besteht eine gewisse Engagementpflicht, denn Hirsch ist bei der Kirche angestellt.

Zu Werner Fischer, Regina und Wolfgang Templin hat der Konsistorialpräsident noch keine konkrete Meinung, wohl aber zu Bärbel Bohley: «Bei Bärbel Bohley betonte er jedoch, daß diese in einer besonderen Schutzposition der Kirche stehen wird, weil sie ausdrücklich beauftragt worden sei, nachdem das Mahnwachenbüro ausgesetzt worden ist, bestimmte funktionelle Kontakte für Kirchenleitung, Kirchgemeinden mit abzusichern. Außerdem geht er auch davon aus, daß Bärbel Bohley die Person gewesen ist, die in all den letzten Zeiträumen in keiner Weise die Sache angeheizt hat und aggressiv aufgetreten ist, vielmehr sie zur Besonnenheit und zum vernünftigen Denken die oft erregten Gemüter ermahnt habe. Er geht deshalb davon aus, daß die Kirchenleitung sich voll zur Person von Bärbel Bohley bekennen wird.» (19)

Nachdem also die Betragenszensuren verteilt sind (und Schnur damit die Handlungslinie gesteckt ist), ergreift der Krisenstab die Initiative: Bischof Forck setzt ein Schreiben an den Generalstaatsanwalt auf, mit der Bitte um eine Besuchserlaubnis bei den Inhaftierten, um diese seelsorgerisch zu betreuen.

Stolpe widmet sich zunächst dem ‹Kernproblem bei der Lösung der Gesamtsache›, den ‹Leuten Krawczyk›: Er datiert ein längst vorhandenes Schreiben auf den 25.1.88 um, das er nun «Persönlich und Vertraulich!» an Herrn Rechtsanwalt Schnur adressiert. Hierbei handelt es sich um die gleiche Offerte, die uns bereits am 15. November 87 ans Herz gelegt wurde – ein Zweijahresvisum für die Bundesrepublik.

Die Situation im vergangenen Herbst: Wir sind für die Kirche zu einer extremen Belastung geworden. Nachdem die Staatsorgane dazu übergegangen sind, nicht nur uns, sondern demonstrativ auch Kirchgemeinden für unsere Auftritte mit Ordnungsstrafen zu belegen, kippen die Auftrittszusagen nach dem Domino-Prinzip. Im gleichen Maß aber, wie die Kirche ihre schützende Hand von uns abzieht, ziehen die Staats- und Sicherheitsorgane die Daumenschrauben an. So beschließen wir, eines der letzten Konzerte Krawczyks in einer Berliner Kirche zu nutzen, um eine scharfe Kritik an die Verursacher der gesellschaftlichen Lähmung zu richten:

In einem vierseitigen ‹Offenen Brief› an Kurt Hager fordern wir für die DDR den Kurs Gorbatschows, fordern wir zudem eine der leerstehenden Fabriketagen im Prenzlauer Berg, um «unsere Vorstellungen von sozialistischer Kunst umsetzen zu können.» Das Original des Briefes tragen wir am Nachmittag des 9. November zum ZK der SED. Den vollen Textlaut aber verliest Stephan Krawczyk dann am gleichen Abend öffentlich nach seinem Konzert in der Samariterkirche – anschließend zieht er zig Exemplare aus seinem Bandoneon-Koffer und verteilt sie unter den Zuhörern. Pfarrer Eppelmann ist stinksauer.

Stolpe wird kurz darauf zum stellvertretenden Oberbürgermeister für Inneres bestellt – der Staat fordert nun den kompromißlosen Rausschmiß von Krawczyk aus der Kirche. (20) Der Krisenstab tagt.

Am 15. November 87 dann kommt Bischof Forck in meine Hinterhofküche und bietet uns im Namen der Kirchenleitung einen zweijährigen Studienaufenthalt in der West-Kirche an. Wir lehnen ab, wollen uns statt dessen zum Arbeiten in die eigenen vier Wände zurückziehen.

Der Vorschlag an diesem 25. Januar 88 nun ist verlockender gehalten – ohne materielle Probleme sollen wir «unsere künstlerischen Gaben entwickeln» können, bei Wiedereinreisemöglichkeit nach zwei Jahren. (21) Nachdem er Schnur also mit besagtem Papier ausgestattet hat, fährt Konsistorialpräsident Stolpe selbst (wie letzte Woche verabredet) zum Genossen Heinrich. Der faßt zunächst noch einmal sein Gespräch mit Bischof Leich zusammen und erinnert an dessen Zusage, den Solidaritätsfunken nicht auf die Sprengel außerhalb Berlins überspringen zu lassen.

Danach beschwert sich Genosse Heinrich «über die am Wochenende von Bischof Forck den Westmedien zugespielte Stellungnahme. Das stünde in völligem Gegensatz zu dem, was er, Heinrich, mit ihm, Stolpe, abgesprochen habe. Stolpe zeigte sich außerordentlich betroffen und kleinlaut über die inzwischen entstandene Lage sowie die aktuellen Entscheidungen des heutigen Tages. Er zeigte sich voll informiert über die Inhaftierungen und betonte, daß damit eine neue Qualität entstanden sei.» (22)

Nach dem Rüffel allerdings versucht der Konsistorialpräsident geschickt, das Management aus der Achse ZK-Hardliner/Justiz in die eigenen Hände zu lenken: Er zeigt völlige Einsicht in die Verhaftungsmaßnahmen («Wer so etwas durchlasse, würde seine Autorität verspielen» [22]) und wiederholt seine «Erklärung aus dem letzten Gespräch, daß er seinen ganzen Einfluß geltend machen wolle, um eine Eskalation zu verhindern und das Ganze im begrenzten Rahmen zu halten.» (22) Doch dann äußert er «unverbindliche» persönliche Gedanken, «ob es denn nicht nützlich sein könnte, wenn Vertreter der Kirchen mit jenen Inhaftierten sprechen könnten, die eng mit der Kirche verbunden sind, ob man nicht den Staatsanwalt sprechen könne...» (22)

Genosse Heinrich läßt Stolpe abblitzen – das Ganze habe nichts mit Kirche zu tun, «hier handele es sich um Fragen, die in der Zuständigkeit der Staatsanwaltschaft liegen und nach den Gesetzen der DDR behandelt werden.» (22)

Dennoch: Diplomat Stolpe läßt beim Abgang seinen ‹weichen› Vorschlag der Flurbereinigung zurück – eine Kopie seiner Künstler-Lösung für Krawczyk / Klier. Er weiß: Genosse Heinrich wird für ihn wie eine Streudose funktionieren (und so hat auch Honecker das Papier bereits am nächsten Tag auf dem Tisch). Zudem hat Stolpe noch andere Trumpfkarten in der Hand: Morgen wird er sich mit Egon Bahr treffen (der eigens der «Krise» wegen kommen will), darüber hinaus über seine ökumenischen Stränge «die Staatsführung an ihr Außengesicht erinnern». (19) Und – ein Gespräch mit Generalstaatsanwalt Wendland ist bereits avisiert, für diese Woche noch.

Nur zu den «Störenfrieden» vermag er selbst nicht vorzudringen – das bleibt allein Schnur vorbehalten.

Der nun macht sich zügig ans Werk. In den nächsten Tagen widmet er sich fast ausschließlich den «Leuten Krawczyk» – die Paare Templin und Bohley / Fischer sehen eine Woche lang keinen Rechtsanwalt. Lediglich Ralf Hirsch wird noch in Schnurs Abschußprogramm aufgenommen (wofür er nicht das grüne Licht von Stolpe hat).

Seinen Duzfreund Stephan nimmt er sich zuerst vor: «Bisher führte ich ein Gespräch mit Stephan Krawczyk und teilte ihm mit, daß seine Ehefrau inhaftiert worden sei. Es war deutlich zu spüren, daß diese Mitteilung eine starke Reaktion bei ihm auslöste. (19) Als Stephan bei der Nachricht meiner Verhaftung ganz unrevolutionär in Tränen ausbricht, weint Schnur plötzlich mit – die beiden liegen sich in den Armen. Doch der Anwalt bleibt wach:

«Aufgrund des verkündeten Appells von Freya, welchen ich ihm zu lesen gab, machte ich ihn aufmerksam, daß dies die Reaktion sei und daß damit wohl deutlich die Frage der Zukunft seinerseits und damit auch Freya Kliers mitbedacht werden muß.» (19) Nun holt er das Stolpe-Papier hervor, doch der Mandant beißt nicht an: «Er hatte es zunächst mehrfach gelesen und seine erste Reaktion war nein.» (19) Also setzt Schnur den Seelenbohrer an – und zwar präzise dort, wo er Krawczyks neuralgischen Punkt vermutet: bei meinem psychischen Zustand, der seit den Treibjagden der Stasi im Herbst nicht eben der beste ist. Trotz seiner Mittränen beobachtet der Anwalt scharf: «Bei einer sorgfältigen Analyse seiner psychischen Struktur ist hier deutlich zu beobachten, daß eine äußerst starke Abhängigkeit zu Freya Klier besteht und er jede Entscheidung sofort umstoßen wird, wenn sie von ihm fordert, so und so zu gehen. Er hat dann noch einen Brief mit einem kurzen Text geschrieben, der ausschließlich ein Bekenntnis seiner Liebe zu Freya sein soll.» (19)

Es bleibt nicht der einzige Kassiber, den Schnur seinem Führungsoffizier vorlegen kann – am Ende des «Sprechers» schlägt mir Stephan, um mich zu schonen, vor, auf das Angebot der Kirche einzugehen.

Das Manipulieren läßt sich also optimal an, und so eilt Schnur noch am Spätnachmittag zum «Sprecher» mit Klier:

«Freya Klier habe ich dann als letzte gesprochen. Zunächst weinte sie auch und wollte persönlich doch nicht begreifen, daß ihre Hoffnung auf eine Freilassung von Stephan sich nicht erfüllt hat.» (19) Also versucht er es mit der soeben bewährten Methode: «Zunächst versuchte ich, ihr die besondere Belastungssituation für Stephan darzustellen, daß er doch aufgrund ihrer Inhaftierung sehr in Sorge ist und er über Wege der Zukunft nachdenkt.» (19)

Schnur zeigt mir die beiden Kassiber und legt das Stolpe-Papier dazu: «In diesem Zusammenhang gab ich ihr die schriftliche Erklärung und es war deutlich spürbar, die erste Reaktion war ein totales Nein und wird als Verrat an der Sache angesehen. Sie wolle sich nicht in den Reigen einreihen und hier sichtbar machen, daß sie zu den Künstlern gehört, die jetzt die Flucht in den Westen suchen.» (19)

Wütend über die erneute Eilfertigkeit der Kirche schreibe ich Stephan zurück, daß er sich um meinen Gesundheitszustand keine Sorgen machen muß (ein Kassiber, den er nicht erhält). Und nun beginnt Schnur mit seiner Knetarbeit – die Tochter, die eigenen «Gaben», mein Egoismus. Doch während er bei Krawczyk auf Anhieb die Stelle erwischt hat, wo das Lindenblatt lag, wird er meine erst beim nächsten «Sprecher» herausfinden (Schnur «vergißt» nämlich, mir mitzuteilen, daß heute morgen nicht nur ich verhaftet wurde – genau jene Nachricht also, die mich später keineswegs stärken, sondern Schuldgefühle auslösen wird).

Es ist eine Frage der Zeit, und Schnurs Chancen sind einzigartig – er ist unser ausschließlicher Kontakt zur Außenwelt und zueinander. Und er liegt richtig mit seiner Selbsteinschätzung: «Wichtig scheint mir zu sein, daß davon ausgegangen werden kann, daß beide Krawczyks eine Vertrauensperson in ihrem Anwalt sehen.» (19)

Am Abend, während der Solidaritätsandacht, warnt Schnur erneut vor «spektakulären Aktionen», hält Stolpe «eine scharf akzentuierte Rede, in der er darauf verwies, daß der Staat mit der Aktion vom 17. 1. 1988 stark überfordert wäre. In dieser Situation sei ein besonnenes Handeln unvermeidlich, was auch die Vermeidung von Forderungen beinhalte.» (23) Später wird gruppenweise die Lage diskutiert. Sechs Vertreter der «Initiative für Frieden und Menschenrechte» (drei davon inzwischen als IM enttarnt) sitzen mit der Kirchenleitung zusammen, sie entschuldigen sich vor allem für «die Aktivitäten des Templin». (23)

In der Prenzlauer Allee werden die ersten zwei Schilder mit der Forderung nach unserer Freilassung gesichtet: «Die Tatverdächtigen wurden zugeführt», meldet der Stasi-Tagesbericht. (23)

Nachts, als alles zur Ruhe kommt, ist nur noch Schnur auf den Beinen. Die Fröstelstunden zwischen Mitternacht und 3 Uhr morgens verbringt er mit Stasi-Oberst Wiegand im Bahnhof Königs Wusterhausen – «Torsten» bzw. «Dr. Ralf Schirmer» hat viel zu erzählen.

Diese letzten drei Treffen mit seinem Werkzeug faßt Wiegand handschriftlich zusammen:

«Es erfolgte der Einsatz des IM zu den festgenommenen Personen, zur Einflußnahme/Beruhigung durch die Kirche sowie zur Erarbeitung von Info. Der Einsatz des IM war operativ sehr wertvoll. Er brachte interne, bisher nicht bekannte Info

- zu einer Verbindung von Krawc. (§ 100!)
- zu Videoaufn. d. Klier sowie
- zum Sprecher bei «K.»

sowie Info zu den Veranst. in den Kirchen u. Verhalten kirchenleit. Personen. Der IM hat seinen Auftrag gut erfüllt. Die konsp. Überprüfung beim «Sprecher» ergab Ehrlichkeit des IM.» (24)

DIENSTAG, 26. JANUAR 1988

Im Potsdamer Schloßtheater begießen Funktionäre aus Ost und West eine neue Städtepartnerschaft. Dabei fällt der Bonner Oberbürgermeister Daniels unvermittelt aus der Rolle. Laut Stasi-Tagesbericht bezeichnet er «...abweichend vom vorbereiteten Text die Inhaftierungen als ‹schmerzlich› und forderte die anwesenden Abgeordneten dazu auf, sich für die Freilassung der inhaftierten Personen einzusetzen.» (25)

Denen entgleisen die Gesichtszüge. Die «Firma» aber macht sofort den Anstifter des Eklats aus – ARD-Korrespondent Börner, der ohnehin verdächtig eng mit der Opposition zusammenhängt: «Börner machte gegenüber Daniels deutlich, daß er (Daniels) aufgrund seiner CDU-Mitgliedschaft zu einem derartigen Schritt verpflichtet sei und gab zu bedenken, wie Daniels eine Zurückhaltung bzw. unklare Position gegenüber seiner Partei begründen wolle. Des weiteren äußerte Börner, daß die Bonner Delegation eigentlich abreisen könne, da die von der DDR durchgeführten Maßnahmen nicht mit einer Städtepartnerschaft zu vereinbaren seien.» (25)

Potsdam bleibt die einzige diplomatische Panne während der «Januar-Ereignisse» – die CDU wird sich später im Außenministerium der DDR für diesen Ausrutscher entschuldigen.

In der Haftanstalt legen mittlerweile sämtliche am Montag Inhaftierten Haftbeschwerde ein und fordern ihre Freilassung.

Der Schock kommt mittags mit dem «Neuen Deutschland» in die Zelle. Ich halte diesen Moment später in meinem «Abreiß-Kalender» fest: «Ahnungslos schlage ich die Zeitung auf. Plötzlich sticht mir mein eigener Name ins Auge! Und der von Stephan. Von Ralf, Bärbel, Wolfgang Templin. Was steht da? ‹Ermittlungsverfahren wegen landesverräterischer Beziehungen› schreit mir eine dicke Überschrift entgegen... Was? Begreife zunächst überhaupt nichts, dann, daß das Ermittlungsverfahren gegen Stephan erweitert wurde... Was denn für geheimdienstliche Kreise?

Nur schubweise dringt mir der Inhalt ins Bewußtsein. Was mit Bärbel, Ralf und Wolfgang passiert ist, begreife ich überhaupt nicht. Die Buchstaben tanzen vor meinen Augen, setzen sich immer wieder neu zusammen zu ‹Landesverräterisch› und ‹Geheimdienst›. In meinem Kopf herrscht Chaos, ich durchmesse die Zelle wie ein Läufer. Sehe in alter deutscher Schrift meinen Namen an der Litfaßsäule prangen: Landesverräter.

Und Nadja, was ist mit ihr? Wie soll sie sich wehren gegen diese Rufmordkampagne?

Mir brennt die Sicherung durch. Am Nachmittag lehne ich das Gespräch mit dem Vernehmer rundheraus ab, raste dann aber aus und schreie. Auf so etwas war ich nicht vorbereitet, wußte nicht, daß es so etwas noch gibt in diesem Land.»

RA Schnur knöpft sich am Nachmittag beim «Sprecher» seinen Freund Ralf Hirsch vor. Sorgfältig wägt er zwischen Trost und Belastung, schiebt Hirsch aber schon mal vorsichtig den Hauptpart der «Landesverräterei» zu. In bezug auf ihn, der als ‹Koordinator der Westmedien› gilt, hat «Torsten» einen klaren Wiegand-Auftrag.

Auf dem abendlichen Gottesdienst herrscht noch immer schmerzliche Bravheit, desgleichen in den von der Stasi erlauschten privaten Debatten. Die Decke ‹Besonnenheit› erstickt noch jeden Funkenschlag. Lutz Rathenow, der zu einer Postkartensendung an DDR-Schriftsteller aufrufen will, wird heftig abgemahnt.

Hinter der Mauer kommt allmählich Solidarität auf, auch außerhalb Berlins rühren sich die ersten Geister – Cottbus, Schwedt, Zwickau. Alles im kirchlichen Rahmen, doch immerhin.

Unter Ausschluß der Öffentlichkeit beginnt das Verfahren gegen Vera Wollenberger, die sich am 17.1.88 «zusammengerottet» hatte. Lediglich Knud Wollenberger und Bischof Forck dürfen an der Prozeßfarce teilnehmen. Ich lasse mir das Strafgesetzbuch in die Zelle reichen: Wir «Landesverräter» haben den § 100 (wofür 1–10 Jahre in Aussicht stehen), Stephan Krawczyk hat man den noch schärferen § 99 verpaßt (für den es 2–12 Jahre gibt).

In der abendlichen Galiläa-Gemeinde 500 Menschen. Schnur berichtet über die «korrekte Verhandlungsführung» im Wollenberger-Prozeß. Er habe Freispruch beantragt – werde das abgelehnt, will er sich für eine Bewährungsstrafe stark machen. Alle lieben Schnur.

Heute hat der Anwalt mit dem Konsistorialpräsidenten noch einmal die Lage besprochen. Er meldet, Stolpe beklage die ungünstige Konstellation; er befürchte, daß der Gesamtprozeß bei spontanen Aktionen «auch der Kirche aus der Hand gleitet und es dann überhaupt nicht möglich ist, irgendwelche Gespräche mit dem staatlichen Gegenüber zu führen.» (26)

Was den Prozeß gegen Wollenberger betrifft, wollen auch Stolpe und Bischof Forck sich für eine Verurteilung auf Bewährung verwenden.

Deutlich in diesem Gespräch wird, daß Stolpe nicht an einer unwiderruflichen Abschiebung von Oppositionellen, die in der DDR bleiben wollen, interessiert ist. Stolpe ist flexibler: Für ihn ist die Gruppe der Inhaftierten eine Art politischer Manövriermasse, bei der ihm nach wie vor die gestaffelte Lösung vorschwebt. Noch einmal weist er Schnur die Linie, noch einmal auch warnt er den Anwalt:

«Ein Kernproblem der Gesamtlösung sieht Stolpe für den Fall, daß es vielleicht doch gelingt, die Eheleute Krawczyk davon zu überzeugen, einen anderen Weg zu gehen. Hierbei hat er jedoch zur Vorsicht gemahnt, daß es nicht nachher im Nachgang heißen könne, die Eheleute Krawczyk seien durch kirchliche Manipulationen und den Verteidiger im Interesse des Staates in die Bundesrepublik abgeschoben worden. Er lege deshalb unbedingt Wert darauf, daß eine solche Lösung gefunden werden müsse, die deutlich macht, daß Krawczyks DDR-Bürger bleiben, daß sie jedoch mindestens für zwei Jahre einen Aufenthalt außerhalb der DDR nehmen. Hierbei beschränkte er sich nicht nur auf die Bundesrepublik. Hier sieht er dann auch eine Möglichkeit, ein Einlenken für den weiteren Personenkreis zu erlangen. Auch hier müsse differenziert geprüft werden, ob es Möglichkeiten für Personen gibt, die doch woanders bessere Chancen hätten.» (26)

Froh ist der Konsistorialpräsident auf jeden Fall, daß gestern Petra Kelly und Gert Bastian nicht einreisen durften, «weil sie hier nur eine Eskalation der Sache hervorbringen können.» (26)

Auch in Dresden, Weimar, Jena und Potsdam finden nun Andachten statt – in Leipzig hat sich eine Koordinierungsgruppe gebildet, die bereits kühner denkt als die silencium-involvierten Berliner.

DONNERSTAG, 28. JANUAR 1988

Dieser Tag wird sich mir später, nach der Enttarnung von Schnur, als ein Tag der geschickten Inszenierung neu entschlüsseln (auch das ein Irrtum, wie sich erst jetzt herausstellt).

Alles an diesem Tag paßt zueinander. Zunächst, auf dem Weg zum Verhör, werden von einer Stasi-Beamtin die Schuhe und leere Mantelhülle von Vera Wollenberger vorbeigetragen – ein derart makabres Bild auf dem menschenleeren Traktflur, daß ich den Konstrukten meiner «Geheimkontakte» zu Roland Jahn und Jürgen Fuchs diesmal nur schwer zu folgen vermag. Das mittägliche «Neue Deutschland» dann mit dem 8-monatigen Haftantrag des Staatsanwaltes für Wollenbergers «Rowdytum» verstärkt die Ahnung, daß das ZK nicht blufft, sondern tatsächlich durchgeknallt ist. Seinen Höhepunkt erreicht der Tagesschock jedoch am Spätnachmittag, nach mysteriösem Warten mit Zwischenbescheid in einer Zelle der Magdalenenstraße: Die «Sprecher» mit meinem Anwalt werden von nun an zu dritt stattfinden. Ich zitiere aus «Abreiß-Kalender»:

«Elegant, im Sessel neben ihm – ein Kontrolleur! Was ist passiert? Darf Schnur jetzt nicht mehr allein mit seinen Mandanten sprechen? Er ist hochgradig erregt, hat hektisch rote Flecken im Gesicht, die Begrüßung fällt hilflos aus. Etwas Drohendes lastet über allem...

Einen Satz wiederholt er mehrere Male, unter großer Anspannung, dabei sieht er mich eindringlich an: ‹Es ist jetzt wichtig, daß Sie gut verteidigt werden...› Begreife nicht, was er damit ausdrücken will. Herrscht draußen der Ausnahmezustand?

Wir sitzen voreinander, Schnur eingefallen, der Stasi-Typ glatt und adrett, ich wie benebelt. Tippe vorsichtig die Frage nach der Solidarität draußen an. Schnur schaut zu Boden, antwortet nicht. Nun will ich es wissen. Sind überhaupt noch Gottesdienste, und wenn ja, wie viele Leute? Wieder Schweigen, dann leise: fünfzig.

Das ist ein Hieb. Der Stasi-Kontrolleur wippt mit dem Fuß, ich setze eine lockere Miene auf meine entgleisenden Gesichtszüge – dem gönne ich den Triumph nicht.

Fünfzig ist unmöglich, fünfzig kann nicht sein...

In der Nacht dann frißt sich die Hoffnungslosigkeit wie eine scharfe Lauge in mein Gemüt. Unerbittlich schiebe ich ins Bewußtsein, was ich bisher nicht an mich heranließ. Es ist aus.»

Was ich jedoch im Tagebuch – um Schnur für seine Weiterarbeit zu schonen – unerwähnt lasse: Der Anwalt kappt nicht nur die Solidarität draußen, er stochert auch geschickt in offenen Wunden. Und erwischt wie nebenbei den Punkt, an dem ich am empfindlichsten reagiere – das Schuldgefühl, mit meinem Appell die zweite Verhaftungsrunde eingeläutet und andere mit in den Knast gezogen zu haben. Nur zweimal sanft angedeutet, um den Vorwurf sogleich in einen Trost für mich münden zu lassen. Doch der Stachel sitzt – weil die Wunde schon da ist. Ich habe mich verkalkuliert mit meinem Appell, herausgekommen ist eine Geiselnahme.

Ich rechne nun klar mit einem Schauprozeß. Und beschließe in dieser Nacht, Stephan zur Kapitulation zu überreden – noch vor Prozeßbeginn. So hat die Machtzentrale ihren Triumph und kann die anderen ohne Gesichtsverlust freilassen.

Die Strategie, die ich am folgenden Morgen beim Marmeladenbrot meiner verblüfften Zellengefährtin offenbare, ähnelt absurderweise der von Stolpe. Nur hat sie einen Haken – die Realität, von der ich ausgehe, existiert nicht. Meine Realität ist eine von Schnur geschaffene Fiktion. Von nun an wird alles, was ich tue, wie eine Keule auf Krawczyk und mich zurückschlagen.

Die wohl absurdeste Episode an diesem Tag ist die mit der verhängnisvollsten Wirkung – der «Sprecher zu dritt». Die Akten weisen aus: Schnur wird tatsächlich von seinesgleichen bewacht. Denn die zuständige Staatsanwältin weiß im Januar 88 noch nicht, daß nicht nur sie, sondern auch Schnur der Stasi zuarbeitet. Sie aber ist es, die ihm an diesem Nachmittag einen Kontrolleur verpaßt – einiger Liebeszeilen wegen, die mir der Anwalt vor einer Woche zugesteckt hat, und zwar an jenem Tag, als Krawczyk in die erste Falle laufen sollte, Schnur also jedes Mißtrauen meinerseits ausschalten mußte.

An diesem Donnerstag nachmittag zwischen 15 und 16 Uhr wird Schnur von Staatsanwältin Richter in die Zange genommen. Er klagt seinem Führungsoffizier:

«Es wurde mir unterstellt, daß ich einen sogenannten Kassiber aus der Haftanstalt geschmuggelt hätte, um diesen an die Ehefrau von Stephan Krawczyk weiterzuleiten. Im Rahmen des eingeleiteten Ermittlungsverfahrens ist dieser persönliche Brief in der Wohnung von Freya Klier gefunden worden. Meinerseits soll gegen die Ordnung des Briefverkehrs verstoßen worden sein.» (27)

Schnur hat wohl Angst vor Minuspunkten bei seinem Führer:

«Ich habe ausdrücklich betont, daß der mitgenommene Brief dazu diente, in der gegenwärtigen Verfahrensphase gegen Stephan Krawczyk jede radikale Einflußnahme auch von Frau Klier zu verhindern. Ich sah es als meine Pflicht an, diesen Brief mitzunehmen.» (27)

Aus dieser Episode vermag der Anwalt enormes Kapital zu schlagen – daß ich mit diesem (bei meiner Verhaftung auf dem Nachttisch gefundenen) Liebeskassiber unser aller tapferen Anwalt derart in Gefahr gebracht habe, wird mir nach der Ausbürgerung kein DDR-Pfarrer verzeihen, kein Kirchenbonze, kein Friedenskämpfer.

Und was passiert noch an diesem Tag?

Während Vera Wollenberger an ihrem Urteil – die restlichen Inhaftierten in den Zellen am Vorwurf «Landesverrat» knabbern, sitzt die halbe Kirchenobrigkeit im Kino. Gemeinsam mit ZK-Sekretär Kurt Hager schaut man sich den DEFA-Film «Einer trage des Anderen Last» an. Da aber nur erlesene Christen am Ereignis selbst teilhaben dürfen, muß sich die abendliche Solidaritätsgemeinde (diesmal in der Paul-Gerhard-Kirche) mit einem Bericht aus zweiter Hand begnügen:

«Präses Becker berichtete von der Veranstaltung im Filmtheater ‹International› in der Zeit von 17.00 Uhr bis 19.05 Uhr anläßlich der Premiere des DEFA-Films ‹Jeder trage des Anderen Last›. Dort habe er auch mit Genossen Hager sprechen können. Von diesem Gespräch zeigte er sich sehr beeindruckt.» (28)

Beeindruckender jedoch als der eitle Präses gestaltet sich im Stasi-Tagesbericht die Zunahme an Kraft und Widerstand – die Basisgruppen scheinen endlich Tritt gefaßt zu haben. Als kluger Schachzug erweisen sich nun die wechselnden Andachten, sie erzeugen auch unter Pfarrern eine zunehmende Solidarisierung. Ganz im Gegensatz zu Schnurs getröpfelten «50» wächst die Gemeinde an diesem Abend auf 800 Menschen an.

Erstmals zeigen sich Anzeichen einer Bürgerrechtsbewegung: Zwar befinden sich die IMs im pausenlosen Einsatz, um ‹Öffentliche Erklärungen› nicht öffentlich werden zu lassen, doch die erste «Information an alle Basisgruppen der DDR» ist bereits in 500 Exemplaren abgezogen, und Spenden für die Inhaftierten wachsen ebenso an wie die Kontaktbüros draußen in der Provinz.

Auch die Wut nimmt zu, die Stimmung im Land wird gereizter. Unkontrollierte Aktionen und Drohungen bringen die Sicherheitsorgane auf Trab: «Die in Form von Losungen, Plakaten oder Hetzzetteln verfaßten Schriften richten sich vor allem gegen die Inhaftierung von Krawczyk und Klier. Ein als ‹Offener Brief› deklariertes anonymes Schreiben an das Stadtbezirksgericht Berlin-Lichtenberg bringt die Solidarität mit Krawczyk und den anderen Inhaftierten zum Ausdruck und droht Sprengstoffanschläge auf dem Hauptbahnhof in Magdeburg sowie in den Städten Dresden und Jena an.» (28)

Die Organe sind rundum im Einsatz. Sie melden Störungen aus: «Karl-Marx-Stadt (4 Delikte), Berlin (2 Delikte), Magdeburg, Potsdam und Halle (je ein Delikt).» (28)

An der DDR-Grenze wird eifrig sortiert – Stänkerin Jutta Ditfurth muß draußen bleiben, EKD-Präses Jürgen Schmude darf hinein, er trifft sich am Abend im Konsistorium mit einer Kirchenleitungsrunde.

Schnur (alias «Torsten» bzw. «Dr. Ralf Schirmer») faßt das Gespräch für die «Firma» zusammen:

Die Verstimmung über die SED-Führung ist beidseitig. Zwar beklagt Stolpe nach wie vor, daß «durch die Verzerrungen in den Medien der BRD die gesamte Situation angeheizt werde» (29), doch andererseits könne die Kirche auch nicht hinnehmen, daß gerade für diejenigen Nachteile entstehen, die in der DDR bleiben wollen. Schmude sieht das SED-SPD-Papier gefährdet. Sowohl in der West-Kirche als auch im SPD-Vorstand mehren sich die Stimmen, «daß man sich nicht auf ein Dialogpapier verständigen kann und im wesentlichen die SPD eine Zurückhaltung zu den Ereignissen im Interesse des Dialogs genommen hat und dann doch von der SED-Führung kein Signal bestimmter Lösungen erfolgt.» (29)

Konsequenzen hat diese Erkenntnis keine, der Präses wird auf jeden Fall wieder einreisen dürfen: «Schmude hat in seinen Ausführungen in keiner Weise versucht, eine Anheizung der Situation vorzunehmen» (29), lobt Schnur.

Nachdem der Präses gegangen ist, erwägt die KL eine Reduktion der Andachten auf Dienstag und Freitag. Das jedoch dürfte schwierig werden, durch den täglichen Kirchenwechsel hat man – wie Stolpe zutreffend registriert – die Sache nicht mehr recht im Griff. Man erwägt, die Gerichtsverfahren abzuwarten, um dem Staat danach Bewährungsangebote für die Inhaftierten zu unterbreiten – eine Entlassung von Vera Wollenberger könnte schon jetzt dem «Abklingen der ganzen Sache dienen», da – wie Schnur weiß – «die Untersuchungshaft deutliche Spuren bei ihr hinterlassen hat und sie selbst keine Konfrontation suchen wird.» (29)

Am Tagungsort Hirschluch, an den sich die Kirchenleitung zum Wochenende zurückziehen wird, will man weitere Überlegungen anstellen.

FREITAG, 29. JANUAR 1988

Am Vormittag wird nun auch das Schnellverfahren gegen die Jungs von der Umweltbibliothek durchgezogen – bereits am Nachmittag beantragt der Staatsanwalt für sie 7 bzw. 8 Monate Haft.

Ich lasse mir, wie geplant, vom Vernehmer ein Blatt Papier reichen und beantrage beim Generalstaatsanwalt der DDR eine Sprecherlaubnis mit meinem Mann. Ich schreibe:

«Ich trage mich aus Gründen persönlicher Diffamierung und der

Entwicklung der Ereignisse mit der Absicht, die DDR-Staatsbürgerschaft abzulegen und auszureisen. Da es sich hierbei um eine schwerwiegende Entscheidung handelt, die ich nicht ohne meinen Mann treffen kann, bitte ich um einen baldmöglichen Sprechtermin mit meinem Mann. Freya Krawczyk.» (30)

Der Antrag schlägt ein wie eine Granate – Kopien davon werden gefertigt, sie kreisen in den Machtzentralen von Staat und Kirche – selbst im DDR-Schriftstellerverband wird später ein Exemplar gesichtet.

Stephan Krawczyk wird das Original gezeigt – er ist entsetzt, hält mich nach Schnurs gestriger Schwarzmalerei bezüglich meiner Psyche für derzeit nicht voll zurechnungsfähig. Also schreibt er zurück, wir sollten doch warten, uns erst einmal miteinander besprechen. Das nun ist eine Antwort, die niemandem ins Konzept paßt – sie verschwindet auf Nimmerwiedersehen – in der Tasche von Schnur, in den Akten der Vernehmer. Der Anwalt triumphiert: Schon am Nachmittag teilt er Ralf Hirsch mit, Krawczyk und Klier würden ausreisen, das sei bereits definitiv. Hirsch ist sprachlos.

Stolpe erwischt er erst später, denn der sitzt wieder beim Genossen Heinrich – es sieht nun ganz danach aus, als sei der Staat an einer Abschwächung des Konfliktes interessiert. Stolpe bereiten die in die Kirchen flutenden Ausreisewilligen Sorge. Spätabends deutet er Schnur an, «daß er eine Chance sieht, auch an dem Büro Dr. Vogel vorbeizukommen. Er nannte eine Zahl von 100 Problemfällen und diese sollten erfaßt werden und er wird dann versuchen, den Lösungsweg zu betreiben. Er brauche nur vollständig den Namen und die Geburtsdaten, mehr würde zunächst nicht erforderlich sein.» (31)

Ausreise-Anwalt Vogel ist zwar ebenfalls dick im Geschäft, doch bei Tagesausklang hat er plötzlich einen «komplizierten Fall übertragen» bekommen – Pfarrer Eppelmann schlußfolgert gegenüber Schnur, «daß Vogel extra eingeschaltet werden soll, um das Problem Krawczyk zu lösen» (31), Eppelmann vermutet Stolpe dahinter.

Während hinter den Kulissen geräuscharm rotiert wird, geht in der Erlöserkirche ein Benefiz-Konzert über die Bühne. Die Menge an diesem Abend ist auf 1000 Menschen angewachsen. Schautafeln mit den Biographien der inhaftierten «Initiative»-Leute sind aufgestellt, Krawczyks Lieder werden gespielt, die Schauspielerin Heidemarie

Wenzel verliest unter starkem Applaus Brechts «Lob des Zweifelns». Der Beifall ebbt für kurze Zeit ab, als der «operativ bekannte Ibrahim Böhme» drei harmlosere Jazzgedichte vorträgt, um bei einem Redner wieder aufzubranden, der IM «Martin» besonders im Magen liegt:

«Der auffälligste Redner war Lutz Rathenow, der eine politisch scharfmacherische und aufwieglerische Erklärung von 10 jungen DDR-Literaten verlas. Diese fordern die Abschaffung der Zensur und die Freiheit des Wortes sowie die Freilassung der Künstler.» (32) Als die Punk-Band spielt, flattern Flugblätter von der Empore – «60 Stück... Form A 4» zählt und mißt die Stasi.

Die Kirchenleitung erwischt an diesem Abend nicht die richtige Temperatur – weder Stolpe mit seinen Grüßen noch Schnur, der um Besonnenheit bittet und zum gemeinsamen Beten aufruft.

Die Stärke des Anwalts kommt heute eindeutig im Schatten des Konzertes zum Tragen, und IM «Martin» ist dabei:

«In der Zeit von ca. 21.00 Uhr bis 21.25 Uhr fand in der General-superintendentur der Erlöserkirche eine konspirative Zusammen-kunft der ‹Initiative› statt, an der auch Rechtsanwalt Schnur teil-nahm. Stolpe, der noch etwas mit Schnur zu besprechen hatte, hielt sich zum ‹Schmiere stehen› (eigene Worte) im Vorraum der Kirche auf. Schnur brachte zum Ausdruck, daß die Klier unter den Verhafte-ten der größte Schwachpunkt ist, daß sie die Nerven verlieren und sich in den Westen abschieben lassen könnte. Generell sei die Lage ernst und schwierig, mit schnellen Erfolgen ist nicht zu rechnen. Die Äußerungen des Rathenow hielt Schnur für unklug, da sie nur dazu geeignet sind, die noch kommenden Strafmaße zu erhöhen. Danach sind Schnur und Stolpe gegangen.» (32)

Die Staatssicherheit notiert für den 29. 1. 88 insgesamt 19 Delikte der «staatsfeindlichen Hetze», davon 5 allein in Schwerin.

SAMSTAG, 30. JANUAR 1988

Die Fürbittandachten überziehen bereits das ganze Land. Hinzuge-kommen sind Protestformen, die in der DDR kaum noch möglich schienen. Den Akten entnehme ich, es sind vor allem junge Leute, die nun zu Aktionen übergehen – Jugendliche aus Stephans Konzerten, aus unseren Theaterauftritten, meinen heimlichen Interviewgruppen. Sie besprühen Fußgängertunnel und Häuserwände, drucken Flugblätter und Plakate.

Aus den Provinzen meldet die Staatssicherheit: «Durch die terretorialen Diensteinheiten wurden entsprechende Maßnahmen zur Täteridentifizierung eingeleitet.» (33)

In der Zelle ist es still, nichts läßt ahnen, was draußen hinter den Mauern vor sich geht. Der Verhaftungsschock ist vorüber, das Zellendasein hat erste Momente von Gewohnheit angenommen. Das Wachpersonal (im Gegensatz zu 1968, da ich mit Tausenden von Häftlingen den ‹Schikanen der Anonymität› ausgeliefert war) verhält sich diesmal auffallend korrekt. Dennoch ist dieser Samstag ein schwarzer – irgendwo hinter den Mauern hat meine Tochter Geburtstag. Es wird am Ende keinen Tag in diesem kurzen Zellendasein gegeben haben, in dem die Wirklichkeit und meine Vorstellung von ihr derart auseinanderklaffen.

Ich sehe leergefegte Straßen und Kindertränen hinter einer verriegelten Tür, bin mir nicht einmal sicher, ob meine Mutter noch nach Berlin gelassen wird. Ich denke den Ausnahmezustand als eine Verschärfung jenes Sonntags vor meiner Verhaftung, an dem die Organe mir bereits eine Kostprobe von ‹Ausnahmezustand› verabreicht hatten.

Das, wie gesagt, ist Zellenrealität. Draußen herrscht eine andere: Die Gethsemane-Kirche platzt an diesem Abend fast aus den Nähten, 1500 Menschen sind zusammengeströmt. Darunter auch meine Mutter, meine Tochter, die von einer Welle der Sympathie, des Trostes getragen wird – ein Lied für sie zum Geburtstag, Geschenke, Gerd Poppe überreicht ihr einen Stapel Telegramme. Zur Seite des Geburtstagskindes, mit glänzenden Augen, Rechtsanwalt Schnur: Er wird mit Applaus überschüttet, ist längst zum Symbol geworden für einen zähen, aufopferungsvollen Kampf.

Noch in den biederen Stasi-Akten strahlt aus dieser Veranstaltung eine Kraft, wie sie erst anderthalb Jahre später wiederkehren wird, und dann schon im ganzen Land.

Noch immer ringt die «Kirche von Unten» um Mahnwachen, noch immer vergebens. Den Kurs Stolpes hat man inzwischen als «Hinhaltetaktik» durchschaut. Nach nunmehr «14-tägiger Besonnenheit» kündigen ihre «Vertreter aus zwölf Städten» der christlichen Obrigkeit die Spielregeln auf:

Nicht mehr nur im geschlossenen Andachtsrahmen, sondern frech nun auch über dpa fordert ihre Erklärung, «daß die Kirchenleitung ihre Räume und ihre Zeit für eine Mahnwache zur Verfügung stellt.» (34)

Nichts ist von der Kirchenleitung weniger beabsichtigt als das.

Durch Bischof Forck haben die mutigeren Kirchen des Landes seit gestern einen Fahrplan: Forck tritt für die Freilassung der Inhaftierten ein, distanziert sich jedoch von den Aktivitäten des 17. Januar. Er bittet «die besonders Betroffenen zu bedenken, ob ihr Vorgehen geeignet war, die Situation im Lande zu verbessern», die Staatsführung aber um «Vertrauen schaffende Entscheidungen». (35)

Diese (in Hirschluch gefertigte) Stellungnahme des Bischofs gilt als couragiertestes Papier dieser Wochen – doch es bleibt nicht nur hinter dem persönlichen Engagement des Bischofs selbst zurück, es verfehlt auch das «Gebot der Stunde». Wenn formuliert wird: «Die bestehende Rechtsordnung bietet nach Überzeugung der Kirchenleitung die Möglichkeit, zu gerechten und humanen Entscheidungen zu kommen» (35), so erhebt sich die Frage, wieso die «Rechtsordnung» der DDR nach 40 Jahren praktizierten Unrechts nicht endlich in Frage gestellt wird. Wer könnte das Anfang 88 leisten, wenn nicht die Evangelische Kirche der DDR: Sie verfügt zu dieser Zeit bereits über eine breite europäische Rückendeckung; auch gehören ihre Mitarbeiter ab «Pfarrer aufwärts» inzwischen zur «Kaste der Unberührbaren» (laut Auskunft von RA Vogel achtet Honecker seit Jahren peinlich darauf, daß nicht aus Versehen ein Pfarrer in Haft genommen wird).

Doch nicht ein einziger Grundpfeiler wird während der «Januar-Ereignisse» von 88 ernsthaft in Frage gestellt. Die Evangelische Kirche verfügt über kluge und standhafte Mitstreiter, wie Tschiche in Magdeburg oder Propst Falcke in Erfurt. Doch es fehlt ihr (obwohl stets mit Chuzpe dementiert) an scharfen Analytikern – die Naivität beim Olof-Palme-Marsch im Herbst 87 bot dafür ein trauriges Zeugnis.

MONTAG, 1. FEBRUAR 1988

Das «Kernproblem» steht vor einer überstürzten Lösung. Während weder Krawczyk noch ich wissen, daß heute wieder «Anwaltstag» ist, laufen die Telefone zwischen Ost und West heiß, wird zwischen Kirche und Staat schon seit gestern eruiert, wie unser «Abtritt» aussehen könnte und wer welchen Preis dafür zu zahlen hat.

Im nun schon vertraut-verquasten Schreibstil hält Schnur alias «Torsten» seinen Führungsoffizier auf dem laufenden:

«So wie zu erfahren war, hat Bischof Dr. Forck und Stolpe insbesondere, einen engen Kontakt zu dem Staatssekretär Rehlinger im Bundesministerium für innerdeutsche Beziehungen, indem dieser Stolpe mitgeteilt haben soll, daß man dem Generalsekretär der SED erhebliche finanzielle Angebote gemacht hat und daß zusätzlich in den Bemühungen die Bereitschaft mitgegeben ist, alle Personen aufzunehmen, die in die Bundesrepublik übersiedeln wollen. Es kam im Zusammenhang nun durch Forck und Stolpe eine Bemerkung darüber, daß es sich auf alle Personen bezieht, die derzeit in Haft mit den Berlin-Ereignissen sitzen.» (36)

So ganz scheinen die West-Partner den Krisenmanagern Ost jedoch nicht zu trauen, denn Stolpe ergänzt, «daß er von Rehlinger erklärt bekommen hat, daß Bonn genau prüfen wird, welche Personen tatsächlich durch eigene freiwillige Willensentscheidung in die BRD übersiedeln wollten. Nur bei einem Anzeichen von Erpressung oder des Feststellens des Abschiebens würde dies zu Konsequenzen führen.» (36) Am 4. 2. 88 werden sich Stolpe und Rehlinger diesbezüglich treffen (bis dahin allerdings dürfte schon einiges gelaufen sein).

Auf DDR-Seite hat der Konsistorialpräsident Erich Honecker an der Angel, dem er nun in einem Schreiben vom 1. 2. 88 einen kühnen Deal vorschlägt: Eine Ladung Ausreisewilliger (dazu als Morgengabe die Störenfriede Krawczyk und Klier) in den Westen (gegen gutes Geld, versteht sich) – die anderen Störenfriede dafür sang- und klanglos rauslassen, in die DDR.

Es könnte ein perfektes Management werden – die Frage ist nur, ob Honecker, «der sich der Sache bereits persönlich angenommen hat» (36), überhaupt noch über die Macht verfügt, eigene Entscheidungen zu fällen. Stolpe ist darüber informiert, «daß erhebliche Gegensätze im Politbüro sind, die zu verschärften Auseinandersetzungen führen. Man wisse nicht, ob in der kommenden Woche Honecker noch Generalsekretär sei.» (36)

Stolpe sieht sich aber gerade dadurch in der Vorhand, daß «die SED-Führung in einer komplizierten schweren Lage ist und er deshalb auch so massiv seine Forderungen geltend machen kann, denn die DDR verkraftet den durch ihre eingeleiteten Maßnahmen, die sich als Schaden auswirken, nicht» (36), holpert Schnur.

Der Konsistorialpräsident ist also ganz optimistisch, er hält eine Entlassung der restlichen Inhaftierten bis zum Wochenende für wahrscheinlich und fordert Schnur noch einmal ausdrücklich auf, nichts zu unternehmen, «was den Personenkreis stimuliert, die DDR zu verlassen». (36) Um innenpolitische Spannungen zu vermeiden, werde man einigen jedoch möglicherweise einen kurzfristigen Auslandsaufenthalt nahelegen müssen.

Auch RA Vogel und sein Gehilfe Stakulla sind heiß im Wirbeln. Vogel hat ebenfalls beste Kontakte zu Honecker und zieht mit Stolpe an einem Strang. Außerdem hat er Bruder Forck an der Leine, der von nun an als «Marionette fürs Gute» im Spiel gebraucht wird. Ein ahnungsloser Bischof zwischen drei ausgebufften Juristen: «Ausdrücklich betonte Forck, daß er durch Prof. Vogel und Stakulla die Information erhalten habe, daß ja die Personen in den Westen gehen, die ihre Bereitschaft erklären und dann innerhalb dieser Woche die anderen Personen in die DDR entlassen würden.» (36)

Er ist es auch, der nun Pfarrer Braune, einen alten Studienfreund, vorschlägt, um den Transport von Krawczyk und Klier zu übernehmen. Braunes Bruder leitet eine kirchliche Stiftung bei Bielefeld – dort könnte man uns so lange versteckt halten, bis die anderen entlassen sind.

Braune will helfen, doch nachdem die Sache später nicht so glatt gelaufen ist wie geplant, fürchtet er um seinen Ruf und betont, «daß er in der Tat nur als ein Helfer in dieser Sache in Betracht komme, denn er sei bereits am Nachmittag des 1. 2. 1988 durch Stakulla ange-

rufen worden, ob er bereit sei, eine Fahrt zu machen, ohne daß sie
näher beschrieben worden ist. Forck habe dann am Abend mit ihm
gesprochen. Und da sich beide aus der Studienzeit kennen, sei dies
dann auch erfolgt, und er hätte die Reise entsprechend der Festlegung
vorgenommen». (37)

Noch vor den «Sprechern» am Spätnachmittag ist also alles eingefädelt, sind die Weichen gestellt. Die entscheidende Präzisionsarbeit
allerdings hat Schnur nun allein zu leisten: Während nur einer Begegnung pro Kopf muß ihm das Kunststück gelingen, und – er muß
jede Hast vermeiden, um bei den Mandanten kein Mißtrauen auf-
kommen zu lassen.

Zunächst konzentriert sich der Anwalt auf Klier: Ausführlich erzählt er mir von meiner Tochter – sie habe extra ein Päckchen für
mich zusammengestellt, ich werde es in den nächsten Tagen erhalten.
Durch die düstere Situation draußen ist Schnur völlig zerknüllt.

Deutlicher nun rührt er an meine Belastung, die anderen durch
meinen «Künstler-Appell» mit in den Strudel gerissen zu haben.
Doch dann kommt der Hoffnungsschimmer, nach dem ja auch ich seit
Donnerstag greife: Bei einem deutlichen Kapitulationszeichen
(sprich: Ausreiseantrag) sind die Freunde bis zum Wochenende frei.
Dafür – so Schnur ausnahmsweise wahrheitsgemäß – liege die Zusage von ‹ganz oben› vor.

Was aber wird mit uns passieren? Überschaubares zumindest:
Zwar habe sich der Staat auf Krawczyk eingeschossen und werde den
Prozeß – schon, um das Gesicht nicht zu verlieren – auf jeden Fall
durchziehen. Doch länger als ein Jahr wird die Sache für uns kaum
dauern – ist die Schuld erst einmal abgetragen, wird wohl endlich eine
Solidaritätswelle für uns einsetzen.

Ich zögere keine Minute. Ein Jahr ist auch das Maximum, und
danach will ich auf keinen Fall in dieses Land zurück – ich hadere mit
den lahmen Basisgruppen, hasse die Bonzen mit ihrem «Landesverrat» und dem Zerstören meiner Manuskripte, vor allem aber möchte
ich meiner Tochter die DDR nicht länger zumuten. Ich beschreibe
also verschiedene Blätter. Das erste ist top secret: Schnur solle heimlich auf meinen Dachboden schleichen. Dort, hinter Brett soundso
und Karton soundso müßten noch Manuskriptteile liegen, die so gut
versteckt sind, daß man sie trotz zweimaliger Hausdurchsuchung

nicht gefunden haben dürfte. Er soll die Seiten an sich nehmen, mir übers Jahr in den Westen nachschmuggeln. Das zweite Blatt ist offiziell und gilt dem Generalstaatsanwalt: Ich teile ihm mit, an diesem Prozeßtheater nicht mitzuwirken. Zwar kann ich mich körperlich nicht sträuben (ich bin feig und will vermeiden, daß sie mich mit Gewalt hinzerren), doch werde ich stumm und taub sein. Das dritte ist das entscheidende Papier, der Ausreiseantrag. Den kann ich nicht stellen, ohne mit meinem Mann gesprochen zu haben. Auf ihn aber bin ich wütend, weil er auf meinen Notruf vom Freitag noch immer nicht reagiert hat. Ich verdächtige ihn, sinnlos den Helden zu spielen, während ich das Schicksal der Freunde auf dem Buckel habe. Bereits am Vormittag habe ich den Vernehmer gefragt, wo denn die Antwort meines Mannes bliebe, und erneut um ein dringendes Gespräch mit ihm gebeten. Es könnte immerhin sein, er hat die Nachricht nicht erhalten.

Schnur nun belehrt mich eines Besseren: Stephan habe mein Papier erhalten, am Freitag schon. Nein, geantwortet hat er bisher nicht, bedauert Schnur. Und wieder sitzt der Stich: Nun bin ich derart wütend, daß ich die Entscheidung ausschließlich für mich allein treffe – ich stelle einen vollendeten Ausreiseantrag.

Der «Sprecher» ist damit beendet, aus mir unerklärlichen Gründen werde ich jedoch nicht in die Haftanstalt zurückgebracht.

Danach ist Krawczyk dran: Ohne große Schnörkel zeigt ihm der Anwalt meinen Ausreiseantrag. Mein Mann ist entsetzt – um so mehr, als er mir doch am Freitag erst geschrieben hat, wir sollten noch warten und erst miteinander sprechen. Hat seine Frau die Antwort nicht erhalten?

Schnur ist niedergeschlagen: Erhalten hat sie die Antwort. Doch sie ist derart am Ende, daß sie keinen anderen Ausweg sieht (vom Deal erzählt er kein Wort).

Krawczyk ist nun in höchster Sorge um mich, fühlt sich aber vom Ausreiseantrag überrumpelt. Er erinnert den Anwalt an das Angebot der Kirche, die Paß-Variante. Schnur wird noch trauriger: Vorige Woche stand das Angebot – nun aber, nach Zuspitzung der Lage, kann davon keine Rede mehr sein.

Stephan schreibt und formuliert noch immer nichts, er will nun persönlich mit mir sprechen. Schnur verspricht, die Justizorgane rasch zu ersuchen – auch Krawczyk wird in eine Wartezelle verfrachtet.

Diese beiden «Sprecher» sind die letzten Momente, da wir unserem Vertrauensanwalt begegnen – das Finale des Schiller-Stückes liegt schon in anderer Regie. Ich beschreibe unmittelbar nach der Ausbürgerung im «Abreiß-Kalender»:

«Nach vielleicht zwei Stunden kracht endlich der Schlüssel ins Schloß. Es geht jedoch nicht zur grünen Minna, sondern wieder die verschlungenen Gänge entlang. Ich werde in einen anderen Raum geführt, sehe dort plötzlich Stephan stehen und stürze auf ihn zu. Doch nicht Schnur ist im Raum, sondern Bischof Forck, der uns warmherzig anschaut. Dazu zwei Männer, die ich nicht kenne. Als sich einer der beiden als Rechtsanwalt Vogel vorstellt, fällt die Klappe.

Er teilt uns mit, daß wir einen Antrag auf Entlassung aus der Staatsbürgerschaft gestellt hätten, daß diesem Antrag stattgegeben werde und wir morgen die DDR verlassen dürften.

Mir verschlägt es die Sprache, ich breche in Tränen aus. Ich fühle mich hintergangen, weiß aber nicht, an welcher Stelle. Eine Mauer, die mich zu erschlagen drohte, soll plötzlich aus Pappe gewesen sein?

Stephan beginnt eine Diskussion anzuzetteln, daß er ja eigentlich in die DDR entlassen werden wollte. Ich mache ihm Zeichen, damit aufzuhören. (Was geht das Vogel an, der ist doch nicht unser Rechtsanwalt, der ist doch bloß ein Staatsorgan.) Stephan schaut mich an, als sei ich krank, und bricht das Thema ab. Bischof Forck reicht mir väterlich sein Taschentuch.

Jetzt geht es nur noch um die Umstände unserer Ausreise und darum, wenigstens die anderen über den Berg zu kriegen. Deshalb wird man uns in der Bundesrepublik zunächst in eine kirchliche Stiftung bringen. Dort sollen wir uns so lange versteckt halten, bis die anderen frei sind – man rechnet mit maximal einer Woche.

Alles läuft sehr überstürzt. Nadja soll noch an diesem Abend informiert werden. Morgen früh wird sie zu Hause abgeholt, an die Grenze gebracht und uns dort übergeben werden – von einem Pfarrer, der uns dann alle zusammen hinüberbringen wird.

Sitze die ganze Nacht fassungslos im Bett. Stephan hat mich angeschaut, als wäre ich schwer krank. Irgend etwas stimmt nicht. Alles geht auf einmal so schnell.»

Krawczyk, der eigentlich mit mir sprechen wollte, beweist in letzter Sekunde noch Geistesgegenwart: Als er spürt, daß man ihn schnellstens loswerden will, macht er seinen Abgang vom Mitkommen der gesamten Familie abhängig – also auch seines Sohnes, seiner geschiedenen Frau und deren Tochter. Kein Problem für Vogel: Er gibt sein Wort, daß sie spätestens in drei Tagen bei uns sein werden.

Doch ganz ohne Schriftliches kommt auch Krawczyk nicht aus der DDR – noch am Spätabend ringen die Vernehmer ihm einen Ausreiseantrag ab.

Bischof Forck hat wohl nichts begriffen – noch Jahre später wird er von der Freiwilligkeit unseres Abgangs überzeugt sein.

Noch ahnungsloser an diesem Abend sind die 1400 Menschen in der Bartholomäus-Kirche. Hier herrscht bereits eine «provokative Stimmung», die verschlüsselten Fürbitten sind dem Klartext gewichen: «Herr, erbarme Dich...», schließt Pastorin Berger ihr Abendgebet, «...gib uns die Kraft gegen die Machthaber, die Beamten, den Staatsapparat und gegen die Leute, die Menschen mit anderer Meinung hinter Schloß und Riegel bringen.» (38)

Doch auch die unermüdlichen Organisatoren kommen noch einmal zu Wort:

«Zum Ende der Veranstaltung sprachen Konsistorialpräsident Stolpe und Rechtsanwalt Schnur, der stehend mit Ovationen begrüßt wurde. Stolpe rief zu Ruhe und Besonnenheit auf und lobte die Bischof Forck eingeräumte Möglichkeit, mit den Inhaftierten Krawczyk, Klier und Schlegel sprechen zu können. Ferner sei Stolpe von der Kraft der anwesenden Masse überzeugt und leite daraus ab, daß die Inhaftierten in den nächsten Tagen freikommen könnten.» (38)

DIENSTAG, 2. FEBRUAR 1988

Die dritte Phase der Aktion «Störenfried» wird mit einer Überraschung für Wollenberger, Hirsch, die Templins, Bohley und Fischer eingeläutet.

Nachdem vier der Bürgerrechtler bisher keinen Anwalt zu Gesicht bekommen hatten, tauchen plötzlich gleich zwei ‹gute Feen› in der Haftanstalt auf – RA Vogel (mit Gehilfe Stakulla) und Bischof Forck. Jedem einzelnen der Inhaftierten verkünden sie die Entlassung spätestens am Wochenende. Das Trauma weicht einem tiefen Aufatmen – Vera Wollenberger, die bereits einen Ausreiseantrag gestellt hat, zieht diesen sofort wieder zurück. Doch kaum sind Anwalt und Bischof mit dem Verkünden der frohen Botschaft fertig, wird Vogel auch schon an die Stasi-Strippe gerufen: Das Aufblitzen von Vernunft ist vorüber – im Politbüro, das heute wie jeden Dienstag tagt, haben sich die Hardliner gegen die (Stolpe-)Honecker-Linie durchgesetzt. Die Ermittlungsverfahren werden nicht eingestellt.

Erregt fahren Forck und Vogel ins Anwaltbüro; Vogel läutet Staatsanwalt Gläsner an, um den Inhaftierten die Hiobsbotschaft wenigstens selbst noch überbringen zu dürfen. Zu spät – denn nun ist bereits Schnur am Ball.

Aus den Mündern der aufgekratzten Bürgerrechtler erfährt der Ahnungslose die Schreckensmeldung – deren bevorstehende Entlassung. Nur mit Mühe vermag Schnur sich zu beherrschen.

Wir dagegen verlieren an diesem Tag vollends die Beherrschung. Spätestens nach Übergabe meiner Tochter dämmerte uns, daß wir scharf reingelegt worden sind. Doch von wem, und warum? Klar ist für uns auf dieser Fahrt ins Ungewisse: Wir werden – ganz gleich, wohin man uns bringen wird – so lange abgetaucht bleiben, bis die anderen frei sind.

Eine lächerliche Absicht:

«Werner Braune hatte vom Grenzkontrollpunkt seinen Bruder angerufen, daß er auf dem Bundesgebiet sei und daß er in drei oder vier Stunden in Bielefeld ankommen werde. Die Mitarbeiter des Bundesgrenzschutzes haben diese Information jedoch an die Journalisten weitergegeben und deshalb ist es zu einem Massenauflauf von Journalisten gekommen; es waren ca. 150–200 Personen dort.» (37)

Klar, daß man später uns die Schuld an diesem Auflauf zuschieben wird. Zunächst jedoch verschanzen wir uns im Haus des hilfsbereiten Braune-Bruders – bis uns der nächste Schock aus den Sesseln reißt. Denn obwohl sich Pfarrer Braune (Ost) noch bei seinem späteren Rapport deutlich erinnert, «daß Krawczyk in einer sehr schlechten psychischen Verfassung gewesen sei und daß sie selbst noch nicht begriffen hatten, daß sie den Schritt aus der DDR vollzogen haben» (37), erklärt er den versammelten Medien am Abend dieses 2. Februar, der Übertritt sei ein ausgesprochen freiwilliger gewesen.

Noch vor den Medien weiß es die Ostberliner Solidaritätsgemeinde. Tags darauf speist die Stasi in ihr Aktenarsenal ein, am gestrigen Abend «habe Rechtsanwalt Schnur in der Kirche von Friedrichsfelde erklärt, daß die Ausreise von Familie Krawczyk nicht von staatlicher Seite gesteuert und sie auch nicht durch staatliche Stellen unter Druck gesetzt wurden, sondern daß sie in freier Entscheidung einen Ausreiseantrag gestellt haben, dem entsprochen wurde. Seine Darlegungen hätten Gehör und Glauben gefunden, so daß Ruhe eintrat». (39)

Doch nicht allen verschlägt es die Sprache: «Die Ratten verlassen das sinkende Schiff!» donnert Pfarrer Gartenschläger (inzwischen als IM enttarnt) von der Kanzel (und drückt damit nur das aus, was auch manchem unserer Sympathisanten sofort in den Kopf schießt).

Nicht sonderlich gesprächig an diesem Abend der führende Krisenmanager: «Konsistorialpräsident Stolpe, dem das Wort erteilt wurde, verzichtete auf eigene Ausführungen» (40), meldet die Stasi lapidar.

Nicht, daß Stolpe unseretwegen vom Gewissen geplagt würde – die Niederlage ist es, die ihm zu schaffen macht. Sein Plan mit der Manövriermasse ist erst mal nicht aufgegangen.

An diesem Abend übernimmt eindeutig Schnur die Führung – und der schießt sogleich übers Ziel hinaus, wenn er tränenäugig verkündet, den «anderen Inhaftierten wäre der Vorschlag unterbreitet worden, ihren Wohnsitz nach der BRD oder Westberlin zu verlegen». (40)

Schnur spielt ein gewagtes Spiel. Als «Torsten» fährt er deutlich die stasibewährte Exodus-Linie, als Kirchenanwalt aber ist ihm ein differenzierterer Kurs auferlegt: «Bei Forck und Stolpe war deutlich zu erkennen, daß sie unbedingt wollen, daß Personen in die DDR entlassen werden, weil es sonst für sie kirchenpolitisch zu einer Komplikation und Verwicklung kommen kann, daß sie zu Drahtziehern staatlicher Stellen geworden sind, unliebsame Personen in die BRD abschieben zu lassen» (36), hat er erst gestern notiert.

Über Nacht haben wir eine ‹Öffentliche Erklärung› verfaßt, die wir am Vormittag kommentarlos verlesen. Obschon nur wenige Zeilen lang, haben wir uns mit dem genauen Wortlaut gequält. Er soll Schnur (von dem wir annehmen, die Sorge um seine geliebte Kirche habe ihn zur Untat getrieben) unbedingt schonen, andererseits unser Mitwirken gegen uns selbst endlich aufkündigen.

Der Text schwankt denn auch zwischen der unmißverständlichen Aussage, die DDR nicht freiwillig verlassen zu haben, und der dubiosen Begründung, für uns hätte lediglich die Wahl zwischen sofortiger Ausreise oder einer hohen Haftstrafe gestanden. Klar fordern wir dagegen unsere Rückkehr in die DDR und die sofortige Freilassung unserer Freunde.

Für die allerdings ist die Freundschaft mit uns von diesem Tag an passé: Zerknirscht teilt Schnur ihnen mit, aus der Entlassung würde nun nichts, weil Krawczyk und Klier ihr Wort gebrochen haben und an die Medienöffentlichkeit gegangen sind.

Doch bevor der Anwalt wieder mal sauber zusticht, widmet er sich strategischen Belangen. Am Morgen trifft er im Hospiz Albrechtstraße mit Paul Oestreicher zusammen, dem Direktor des Internationalen Arbeitszentrums der Kirche in Coventry.

Oestreicher weilt gerade in Ost-Berlin, um die britischen Friedenskräfte effektiver mit den Friedensemissären der SED zu vernetzen. Das für heute avisierte Treffen mit ZK-Mitglied Feist (eingefädelt von der DDR-Botschaft in London) muß jedoch entfallen – der Gesprächspartner ist gerade ins aktuelle Machtgerangel an der Führungsspitze involviert.

Doch Oestreicher soll nicht umsonst gekommen sein. Schnur fragt an, ob «es möglich sei, den Teil der Personen, die die DDR nicht verlassen wollen, daß diese unmittelbar nach einer Freilassung zu einem mehrwöchigen Besuch nach Großbritannien kommen». (41)

Diese Idee hält der Gast für so glänzend, daß «er spontan zusagte und sofort am 3. 2. 88 mit dem britischen Botschafter die Möglichkeit erörtern wird, daß der Personenkreis über einen längeren Zeitraum ein Visum für die Einreise erhält». (41)

Oestreicher selbst ist knapp bei Zeit, muß dieser Tage noch in die

Staaten jetten, doch hatte er bereits ein Gespräch zur aktuellen Krise mit dem britischen Botschafter, «der persönlich erklärte, man müsse die Angelegenheit bereinigen». (41)

Die Briten scheinen schon ein wenig ins Krisenmanagement eingebunden – ihre Botschaft jedenfalls hat bereits «Kontakt mit Prof. Vogel aufgenommen». (41) Der Grund des angelsächsischen Eifers: «Man will auf jeden Fall gute diplomatische Beziehungen zur DDR und Oestreicher schlußfolgert auch daraus, daß durchaus damit die Hoffnung verbunden ist, daß der Generalsekretär der SED Großbritannien besuchen kann.» (41)

Nach dem Morgenplausch mit Oestreicher eilt Wolfgang Schnur zur Justiz, um Forck und Vogel anzuschwärzen. Genau informiert er Staatsanwältin Richter über die Suppe, die ihm die beiden gestern eingebrockt haben: «Im bisherigen Sinne weiter mit seinen Mandanten zu sprechen, erscheine Rechtsanwalt Schnur jetzt sinnlos» (39), meldet Frau Richter der Stasi.

Anschließend führt ihn der Weg ins Konsistorium – inzwischen hat er ja eine Lösungsvariante in petto, die sogar Stolpes Wohlwollen finden dürfte.

Der hat die gestrige Pleite inzwischen auch von seiten Vogels kolportiert bekommen und teilt Schnur mit, «Vogel ziehe sich aus dem Mandat zurück». (41) Schnur zu Wiegand: «Stolpe kommentierte es so, daß er durch den 1. Mann und die Leute von der Staatssicherheit zurückgepfiffen wurde.» (41)

Der Anwalt offeriert seinen Großbritannien-Plan. Den nun findet Stolpe «phantastisch und will diesen Vorschlag Gysi sofort unterbreiten, und nach Erklärung von Stolpe soll Gysi einen direkten Draht zum Minister für Staatssicherheit haben, und dieser könnte dann einen solchen Vorschlag durchaus bearbeiten». (41)

Mit einem 5-Punkte-Plan, der die Koordinaten für die noch einsitzende Manövriermasse festlegt, setzt sich der Konsistorialpräsident wieder unmißverständlich an die Spitze des Krisenmanagements:

«1. eine Entlassung aus der Haft erfolgt

2. die Staatsbürgerschaft der DDR wird nicht verändert

3. mit dem Tag der Entlassung aus der Haftanstalt geben die entsprechenden Personen ihre Zustimmung für einen mehrwöchigen Aufenthalt außerhalb der DDR.» (41)

Auf jeden Fall aber will Stolpe seine Pappenheimer an der langen Leine wissen:

«4. über einen Zeitraum von mindestens vier Wochen werden keine Interviews oder Presseerklärungen abgegeben, diese dürfen nur gegeben werden, wenn eine Zustimmung durch den beauftragten Anwalt oder den Konsistorialpräsidenten befürwortet wird.» (41)

Und sind auch die übrigen Störenfriede erst außer Reichweite, kann man immer noch differenzieren. Z. B. könnte

«5. ... während des Aufenthaltes weiterhin überlegt werden, ob es für einen bestimmten Personenkreis sogar Arbeitsangebote gibt, damit auch dadurch Entscheidungsmöglichkeiten gegeben sind, daß Personen für einen längeren Zeitraum der DDR fernbleiben.» (41)

Nachdem also die neuen Eckpfeiler gesetzt sind, trifft sich Stolpe am Nachmittag mit Klaus Gysi. Auf dem Treffen herrscht dicke Luft. Genosse Jarowinsky an Genossen Honecker: «Genosse Gysi erklärte Stolpe eindringlich, daß nun **nach dem großzügigen Entgegenkommen** und den **Vorleistungen des Staates** er, Stolpe, seinen Beitrag leisten müsse, damit die Berliner Kirchenleitung ihrerseits ihre Verpflichtungen erfüllt, die wiederholt gegebenen Zusagen endlich einhält... Es müsse endlich Schluß gemacht werden mit dieser Anarchie, die in Veranstaltungen unter dem Dach einiger Berliner Kirchen herrsche, mit dem Zustand, daß die Kirche zu einer Art Tribunal und Oppositionslokal gemacht wird.» (42) Gysi beschwört die gute Zusammenarbeit auf dem Berliner Kirchentag.

Stolpe hat bereits einen ‹Sonderstab Berlin› geplant (12 Pfarrer unter der Leitung von Generalsuperintendent Krusche), muß aber ansonsten eingestehen, daß sie «gegenwärtig die Dinge nicht mehr voll in der Hand hätten». (42) Die Kirche fungiere als «Fliegenfänger», habe aber die Fliegen nicht erfunden.

Zwei Gruppen drängen seiner Meinung nach in die Kirche, die dort nicht hingehörten – Ausreiseantrager, die «Krawall» machen, um schneller rüberzukommen, und «jene, die ganz bewußt junge Leute verführten und für die der 17. 1. zum Signal gemacht werden sollte». (42) Stolpe etwas konkreter: «Hirsch und Templin wußten, daß sich die DDR das nicht gefallen lassen kann. Die ganze Aktion sei von Krawczyk ‹erfunden› worden. Er habe das schon im letzten Herbst ins Auge gefaßt.» (42)

Stolpe ist sauer auf die Westmedien, die Grünen und die «Leute ganz rechts» – all jene also, die sich besonders hervortun, die «DDR ins Zwielicht zu rücken». (42) Er betont, es sei durchaus auch im Interesse der Kirche, «die Reputation des Staates stärken zu helfen. Deshalb sei man, wie bekannt, in den vergangenen Wochen auch gegen solche in Westmedien kolportierten Begriffe wie ‹Eiszeit›, ‹weg vom 6. März 1978› nachdrücklich aufgetreten». (42)

Nach dieser Bekräftigung des Schmusekurses bringt der Konsistorialpräsident dann die aktuelle Frage ins Spiel – und hier weicht er doch (offenbar aufgrund des ungünstigen Gesprächsklimas) erheblich von seinem eben erst entwickelten 5-Punkte-Plan ab. Genosse Jarowinsky an Genossen Honecker:

«Stolpe sei der Meinung, daß man bei jenen Personen, die hier bleiben wollen, im Rahmen der Rechtsordnung unseres Landes rechtskräftige Urteile aussprechen und dann Strafaussetzung gewähren könnte.» (42)

Nun also rechtskräftige Urteile.

Gegen Ende des Gespräches taucht unangemeldet Bischof Forck auf. Jarowinsky beschreibt ihn als «sehr erregt», sein Reden als «konfus» und «verworren». Forck versteht nicht, daß die erst gestern zugesagte Freilassung nun plötzlich wieder zurückgenommen wird. Seine Naivität nervt die Genossen: Gysi verweist ihn an die Justizorgane, spricht von eindeutigen Straftatbeständen. Das Gespräch wird offensichtlich vorzeitig beendet.

Währenddessen eilen die Rechtsanwälte zur Schadensbegrenzung zu ihren Mandanten – Wunschanwalt de Maizière zu den Templins, Schnur zu Ralf Hirsch. Bohley und Fischer werden erst mal draußen gehalten.

De Maizière – genau instruiert – teilt den Templins mit, die Entlassung sei bereits wieder passé, da neues Belastungsmaterial gegen sie aufgetaucht sei. Schnur malt Hirsch die Lage düster: Bohley und Fischer bekämen einen Reisepaß – auf ihn dagegen konzentriere sich nun, aufgrund seiner Medienkontakte, die Hauptlast. Hirsch schreibt einen Brief an Stolpe, bittet ihn um Hilfe.

Als kreuze die SED im Fahrwasser der Entspannung, hält Erhard Eppler in der Humboldt-Universität vor geladenen Gästen einen Vortrag zum SED-SPD-Papier.

ARD-Korrespondent Hans-Jürgen Börner sagt Krawczyk zu, ihn kommende Woche im Kofferraum seines Wagens zurück in die DDR zu schleusen.

DONNERSTAG, 4. FEBRUAR 1988

Die Kirchenleitung erhält am Nachmittag West-Besuch: Otto Graf Lambsdorff macht seine Aufwartung, begleitet vom Leiter der Ständigen Vertretung der BRD, Otto Bräutigam.

Die beiden kommen frisch von Honecker, und so beklagt denn der Graf zunächst auch dessen Unfähigkeit, «mit einem Potential von Opponenten umzugehen. Er erinnerte daran, daß die Analyse der eigenen Bundesregierung zutreffe, daß das Potential, welches sich hier in der DDR rührt, fast vergleichbar sei mit ganz linken Kräften und Teilen der Grünen». (43) Mit dem Unterschied allerdings, «daß hier Radikalität und die Durchführung von Gewaltmaßnahmen doch unterbleiben». (43)

Auf jeden Fall kann der Graf die Kirchenleitung dahingehend beruhigen, «daß die Bundesregierung in keiner Weise eine Anheizung der Geschichte will und daß er auch spürte, daß der Generalsekretär deutlich gemacht hat, man möge sich nicht in diese Sache einmischen. Die DDR bringe es auf ihre Art und Weise schnell zur Lösung.» (43)

Honecker, so Lambsdorff, habe die Kirche gelobt, und hier insbesondere die Bischöfe. «Jedoch müsse», ergänzt Bräutigam die Honekker-Zitate, «die Kirche deutlich aufpassen, nicht zu einer Opposition in diesem Staat zu werden, weil dann doch die Grundlagen des Dialogs verlassen werden.» (43)

Der Graf spricht der Kirchenleitung seinen hohen Respekt aus. Er möchte helfen – aber wie? Krawczyk, wird dem FDP-Politiker bedeutet, habe Wort gebrochen und sei an die Medien getreten – wenn man den vielleicht zum Schweigen bringen könnte...

Graf Lambsdorff, «der betonte, daß Liedermacher ohnehin nicht sein Geschmack sind» (43), sagt Hilfe zu – und kanzelt uns, wie versprochen, noch am gleichen Abend übers Fernsehen ab. (Er ist übrigens nicht der einzige SED-Gesprächspartner, der Liedermacher nicht mag – bereits gestern hatte Franz-Josef Strauß sich telefonisch bei Honecker beschwert, «man solle sich doch endlich andere Mittel und Methoden einfallen lassen, um solche ‹irren Typen ins rechte Gleis zu bringen.›» [44])

Die Lage ist ernst, dennoch lassen sich Gastgeber und Gast nicht den ganzen Spätnachmittag von aktuellen Querelen verderben: Stolpe lädt Graf Lambsdorff in den Brandenburger Dom ein, als Besuchsanreiz überreicht Bischof Forck schon mal den passenden Bildband.

Dann, von Manager zu Manager, kocht der Konsistorialpräsident noch ein weiteres Süppchen an: «In einem kurzen Zwiegespräch zwischen Lambsdorff und Stolpe war zu vernehmen, daß Stolpe betonte, daß das Mitglied des Politbüros, Günther Mittag, eine hilfreiche Unterstützung der Kirche im Rahmen der Bautätigkeit sei und es wäre gut, wenn Lambsdorff dies bei seinem Gespräch mit Günther Mittag vortragen würde, weil doch die Kirchen nach wie vor größere Bauprobleme zu bewältigen hätten.» (43)

Doch außer von Bauproblemen werden die Kirchen vor allem vom Massenzulauf geplagt – längst sind sie von DDR-Müden als Schalterhalle für Westtickets entdeckt. Um die Eindringlinge endlich loszuwerden, muß die ‹Kirche wieder Kirche sein›, ist also Eile bei der Entsorgung der noch inhaftierten Bürgerrechtler geboten. Nach dem Abgang des West-Besuchs kommt man denn auch rasch wieder zur Sache. Schnur hat heute noch einmal kräftig an der Ausreisespirale gedreht (was er jedoch nur Wiegand verrät): Mit den nun schon bewährten Tricks hat er auch Ralf Hirsch zu einem Ausreiseantrag gepreßt.

Dem Bürgerrechtler war bereits am Vormittag von zwei ranghohen Untersuchungsbeamten die Rolle des ‹Rädelsführers› zugeschoben worden, Hirsch ist dementsprechend zermürbt. Schnur braucht also nur noch nachzulegen – mit dem großen Stasi-Aufgebot draußen und der Solidarität, die nun bereits auf 20 Personen geschrumpft ist. Hirsch hofft noch auf Stolpe, dem er ja gestern geschrieben hat, doch nur ein Kopfschütteln sei Stolpes Antwort gewesen, trauert Schnur. (Hier ist anzunehmen, daß er den Brief nicht erst an Stolpe, sondern gleich an Wiegand weitergeleitet hat.) Als Schnur dann noch mitteilt, die beiden

Templins, Bohley und Fischer würden am nächsten Tag definitiv ausreisen, stellt Hirsch in Panik einen Ausreiseantrag – daß es für die eben Genannten Pässe geben wird, erfährt er nicht.

Gestaffelt, wie von Stolpe gewünscht, geht der Anwalt dann bei den anderen Inhaftierten vor – und malt für jeden genau die Realität, die dieser am Ende auch sehen soll:

Bei Templins rührt er die Lügentrommel schon etwas vorsichtiger; ein Glücksumstand für die beiden mag wohl auch sein, daß neben Schnur noch Anwalt de Maizière mit von der «Sprecher»-Partie ist (und beide voneinander nicht wissen, daß sie der gleichen «Firma» zuarbeiten). Schnur schlägt die Paßvariante vor, auf die ja Krawczyk und Klier verzichtet hätten. Die Alternative dazu bleibt allerdings der Prozeß wegen Landesverrat – und hier sind die Ermittlungsverfahren tatsächlich wieder aufgenommen worden.

Vera Wollenberger verlangt dringend nach ihrem Mann. Sie ist psychisch schwer angeschlagen und will mit ihren zwei kleinen Kindern unbedingt raus aus der DDR. Hier hat Schnur leichtes Spiel, muß jedoch darauf achten, daß sein leicht angekratztes Renommee nicht noch weiteren Schaden nimmt. Schnur entschuldigend an Wiegand: «Es ist zugesagt worden, daß ein solches Gespräch organisiert wird, weil der Anwalt auf keinen Fall in die Lage kommen kann, daß er sie gegen ihren Willen beeinflußt habe. Es müsse eine klare und eindeutige Entscheidung sein, daß sie die DDR verlassen will.» (45) Schnur ist da zuversichtlich, denn es «zeichnet sich ab, wenn sie ihren Ehemann davon überzeugen kann, daß sie auch am 5. 2. 88 einen solchen Antrag stellen wird.» (45)

Bärbel Bohley und Werner Fischer sind nach Stolpes Willen der beinahe zum Bleiben bestimmte Teil der Manövriermasse. Gegen sie sei der Prozeß eingestellt, teilt der Anwalt den beiden denn auch prompt mit (und erwähnt hier sogar erstmals die große Solidarität draußen). Nur mit der direkten Entlassung gäbe es Probleme, der Staat wolle sein Gesicht nicht verlieren. Schnur winkt mit der Paßvariante, inklusive Rückreisegarantie.

Einen Paß aber wollen Bohley und Fischer nicht – sie pochen auf die von Vogel gegebene Zusage und verlangen, in die DDR entlassen zu werden. Schnur wird plötzlich unsicher: Ob sie denn nicht mal mit Stolpe reden wollen? Die beiden Bürgerrechtler wollen.

Noch am gleichen Tag also wird die Kirchenleitung von Schnur über dessen ‹Bemühungen› informiert, über die offizielle Variante, versteht sich: Bei der Familie Templin sind Forck, Stolpe und Präses Becker nicht sonderlich überrascht, hier begrüßt man den Schritt. Wenn auch mit argen Bauchschmerzen, denn Regina Templin soll eine schlechte Schülerin der Gemeindepädagogik gewesen sein, und «jetzt wird ihr ein Studium von der EKG eingeräumt. Stolpe erklärte, die verbindliche Zusicherung liege von der EKG, von Herrn Binder aus Bonn, vor.» (45)

Bei Ralf Hirsch ist man überrascht, daß er plötzlich ausreisen will: «Hier werde doch deutlich», zitiert der Anwalt scheinheilig, «daß eine bestimmte psychische Drucksituation entsteht und daß man eine solche Entscheidung nun nur zu akzeptieren habe.» (45)

Die anderen drei Bürgerrechtler kommen in seinem IM-Bericht nicht mehr vor, denn der fleißige Protokollant hat Oberst Wiegand ja auch noch von der Stimmung in der Kirchenleitung zu berichten.

Und da sieht Schnur gleich zwei Problemfelder – zum einen Bischof Forck, zum anderen das ominöse Duo Vogel / Stolpe.

Bei letzterem spürt er eine Innigkeit, die ihn regelrecht zum Petzen veranlaßt: «Es zeigt sich doch sehr deutlich, daß trotz aller Erklärungen von Vogel dieser einen klaren, engen, vertraulichen Kontakt zu Stolpe hat und daß Stolpe Vogel dazu benutzt, um seine Interessen hinsichtlich einer Freilassung von Personen in die DDR zu erreichen. Stolpe geht davon aus, daß dies auch mit Erfolg gekrönt sei, denn nun sei doch das Spielchen bald ausgestaltet.» (45)

Spielmeister Stolpe kann den Ansturm auf die Kirchen nicht länger hinnehmen. Morgen wird er noch mal mit Gysi (senior) darüber sprechen: Hier muß sich der Staat etwas einfallen lassen, «ansonsten sei mit Besonnenheit und Beruhigung nichts mehr gegeben.» (45)

Auch Bruder Forck wird mit Argwohn bedacht. Dem Bischof – ahnungslos und bar jeder Vorstellung, was hinter den Kulissen ablaufen könnte – haben Vogel und Stolpe das Märchen aufgetischt, die Entlassungen seien «vermutlich gekippt worden, weil dem Generalsekretär neue Beweisfaktoren übermittelt» (45) worden seien.

Das nun interessiert den Bischof nicht, er pocht auf die einmal gegebene Zusage. Pikiert meldet Schnur seinem Führungsoffizier, Forck habe «jeder Logik widersprechend seine Forderung bekräftigt, daß es unbedingt jedem freigestellt wird, daß die Entlassung auch in die DDR erfolgen kann». (45)

Und nicht nur das – der Bischof wird regelrecht störrisch. Er «werde nur noch Anfang der Woche abwarten, ansonsten wird er deutlich in der Öffentlichkeit diese Forderung auf Entlassung in die DDR proklamieren». (45)

Bevor das eintritt, daß Bruder Forck am Montag zum Widerstandskämpfer wird, müssen sämtliche «Störenfriede» außer Landes sein.

Doch die notwendigen Maßnahmen dazu müssen nicht unbedingt in der spröden Kulisse des Konsistoriums besprochen werden, das läßt sich auch beim Cocktail erledigen, den der Klassenfeind mixt: Am Abend gibt die ARD in Ost-Berlin einen Empfang. Zu Gast Kollegen, Diplomaten, Kirchenleute, ein neuer Journalist wird eingeführt. Man diskutiert die aktuellen Ereignisse, all das Unklare und Verworrene.

Am nächsten Morgen zapft die Stasi ein Telefonat des «Spiegel»-Korrespondenten Schwarz an, um zu erfahren und aktenmäßig zu speichern, was bereits klar ist: Nach Auskunft von Stolpe und Frau Bräutigam «weigern sich nur noch zwei der inhaftierten Personen, die DDR zu verlassen. Auch sein Freund [eventuell Hirsch] sei inzwischen fast soweit, was man ihm und den anderen wegen des großen Drucks kaum verdenken könne. Diese ‹verheerende Entwicklung›, die besonders die in der DDR verbliebenen Sympathisanten der feindlich-negativen Kräfte schädigen werde, sei in erster Linie durch den Verrat Krawczyks und der Klier ausgelöst worden. (...) Der Journalist schätzt ein, daß es in der DDR einige Personen gäbe, denen der Weggang von Krawczyk regelrecht ‹die Beine weggeschlagen› habe. Dazu gehöre der Rechtsanwalt Schnur, Wolfgang, der ‹wahnsinnig enttäuscht› sei, wie er dem Schwarz gegenüber am 4. 2. 1988 geäußert habe.» (46)

Aus irgendeiner Plaudergruppe sickert noch, wir hätten bereits vor dem 17. Januar einen Ausreiseantrag laufen gehabt.

Noch vor dem Empfang gibt es in der Gethsemane-Kirche einen letzten großen – den vielleicht größten Gottesdienst während der «Januar-Ereignisse». 3000 Menschen drängen sich in den Gängen, um den Altar, auf den Emporen bis unters Dach. Pastorin Ruth Misselwitz ringt mühsam ihre Enttäuschung über uns nieder: «Wir haben viel gelernt in diesen Tagen. Wir haben gelernt, daß es keine Helden gibt und wir uns nicht so sehr auf einzelne Personen verlassen sollten.» (47)

Nur einen Helden gibt es noch:

«Unter brausendem Applaus ergreift Rechtsanwalt Schnur als erster das Wort. Der Mann hat Kredit, das ist deutlich zu spüren. Müde wirkt er heute, ist auch nicht mehr ‹entsetzt›, nur noch ‹enttäuscht› über Stephan Krawczyk und Freya Klier und ihr Auftreten im Westen. Noch einmal betont er, daß die beiden den anderen Inhaftierten geschadet haben. Daß man nun nicht mehr davon ausgehen könne, daß sich Vogels Zusage – die Freilassung der übrigen bis zum Wochenende – erfüllen könne. Es zeichneten sich jedoch gewisse Chancen ab, daß ein oder mehrere der jüngeren Inhaftierten demnächst freikämen. Und er appelliert – angesichts der zahlreich versammelten Westpresse – an Freya Klier und Stephan Krawczyk: Haltet euren Mund so lange, bis die anderen frei sind. Um diese Zeit muß Krawczyks neuerliche Erklärung aber bereits im ZDF gelaufen sein.» (47)

FREITAG, 5. FEBRUAR 1988

Am Ende dieses Tages werden auch die restlichen «Störenfriede» die DDR verlassen haben, Vera Wollenberger folgt zwei Tage später nach. Ralf Hirsch wird in einen Zug Richtung Gießen gesetzt. Die beiden Templins bekommen einen Paß, der lediglich garantiert, die Staatsbürgerschaft der DDR nicht zu verlieren – wie lange ihr ‹West-Urlaub› dauern wird, wissen sie nicht. Bärbel Bohley und Werner Fischer, bei denen sich noch Wunschanwalt Gregor Gysi eingeklinkt hat, erhalten einen Paß für Großbritannien, mit Rückreisegarantie nach einem halben Jahr. Vera Wollenberger wird mit ihren beiden kleineren Kindern für ein Jahr nach Großbritannien gehen.

Die drei Jungs von der Umweltbibliothek werden kurz darauf freigelassen.

Aktion «Störenfried» ist damit vorüber, das «Spielchen», wie Stolpe es nannte, «ausgestaltet».

Doch die Ereignisse schwingen noch wochenlang nach: als Schock unter den Bürgerrechtlern, die erstmals eine große Bewegung gespürt haben. Als Haßwelle, die nun über uns hereinbricht und unsere jahrelange Arbeit mit einem Schlag auslöscht: Wir sind schuld, daß die «feste Mauer der Inhaftierten, die zu durchbrechen sich die Staatsorgane alle Mühe gegeben hätten, zerbröckelt sei». (48)

Die (von der «Firma» kräftig angeheizte) Enttäuschung läßt Symptome einer Krankheit sichtbar werden, die in der DDR bereits ein epidemisches Ausmaß angenommen hat – die Mauerkrankheit. Sie läßt ein differenziertes Fragen nach Wahrheit und Lüge nicht zu – glaubwürdig ist, wer drinnen geblieben ist in der großen Schicksalsgemeinschaft. Eine Denksperre, die den Mauerfall weit überdauern wird.

Aus der Perspektive der Eingeschlossenen speist sich auch der haßartige Umgang mit allen Ausreisewilligen, die nun pauschal zu «Schlaraffen» degradiert werden. Sie stehen am untersten Ende einer Beliebtheitsskala, deren Spitze nach spätestens diesen Wochen Menschen wie Stolpe und Schnur erklommen haben.

Doch ausgerechnet die DDR-Müden bleiben an der Kirche kleben. Während die Bürgerrechtler mit Lähmung und einer bitteren Niederlage ringen, rennen sie Ekklesia weiterhin die Tür ein.

Stolpe und Krusche werden in Atem gehalten, der Konsistorialpräsident verliert schon beinahe die Nerven. In einem Gespräch mit Genossen Hoffmann (stellv. OB für Inneres) am 8. März 88 erbittet er den «Schulterschluß» von Staat und Kirche beim «Abwiegeln» und spricht sich für «Abschreckungsmethoden gegenüber Übersiedlungsersuchenden mit gesetzwidrigen Ambitionen» aus. (49)

Die Evangelische Kirche bemüht sich derweil beim Staat um Wiedergutmachung. Am 3. März 88 empfängt Erich Honecker im Staatsratsgebäude Bischof Leich, der unmittelbar danach allen (auf einem Konvent in der Hauptstadt versammelten) evangelischen Bischöfen der DDR von der Begegnung berichtet:

«Landesbischof Leich schätzte in dieser geschlossenen Beratung ein, daß das Gespräch sehr konstruktiv und in einer sachlichen Atmosphäre verlaufen sei. Er habe alle sachlichen Fragen ansprechen können und sei froh darüber, daß der Staatsratsvorsitzende die Unverbrüchlichkeit des Weges im Verhältnis Staat – Kirche vom 6. März 1978 erneut bestätigt habe.» (50)

Auch bundesdeutsche Politiker, Diplomaten und Westmedien üben sich schon bald wieder in «Wandel durch Annäherung». Die Korrespondenten werden – nach heftiger SED-Beschwerde, über ein paar Oppositionellen die positiven Seiten der DDR vernachlässigt zu haben – nur Tage nach den Ereignissen derart scharf von den eigenen Chefs abgemahnt, daß für uns damit auch der letzte Strohhalm einer Rückkehr in die DDR davonschwimmt: ARD-Korrespondent Börner, der Krawczyk im Kofferraum zurück nach ‹drüben› schleusen wollte, sagt ab. Die Stimmung sei völlig umgeschlagen – Börner bangt (wohl nicht ganz zu Unrecht) um seinen Job.

Nachdem die «Störenfriede» Hals über Kopf entsorgt sind, ist die Kirchenleitung mit Ausnahme von Bohley, Fischer und Wollenberger für niemanden mehr zu sprechen. Für Krawczyk und Klier sowieso nicht, doch auch Templins kämpfen vergeblich um einen Kontakt – sie wissen am Anfang weder, wie lange sie draußen bleiben müssen, noch wovon sie leben werden. Das Interesse ist erloschen, für Bagatellfragen niemand mehr zuständig. Nur Schnur kommt nicht so schnell von der Sache los. Zwar hat er als Zeichen des Protestes gegen uns rasch sein Mandat niedergelegt, doch fürchtet er, ein Ruch von Unlauterkeit könne an ihm haften bleiben.

Dabei stellt Wiegand ihm gute Noten aus: Allein elfmal zwischen dem 28. Januar und dem 8. Februar war «Torsten & Dr. Ralf Schirmer» zum Bahnhof Königs Wusterhausen geeilt. Man hatte ihm immerhin gleich «mehrere Aufgaben gestellt, sie wurden vom IM gelöst und fanden die Anerkennung des Genossen Minister und des Genossen Generaloberst Mittig». (51) Selbst die Manuskriptteile aus meinem Geheimversteck hat er gefunden, «das Material daraus konnte durch eine konspirative Durchsuchung der HA VIII sichergestellt werden». (51)

Dennoch – 14 Tage nach unserer Ausbürgerung ist Schnur noch immer angeschlagen. Oberst Wiegand wird zum Seelentröster:

«Der Treff diente vor allem dazu, den IM erneut moralisch zu stärken. Er war durch Äußerungen, Angriffe etc. im Zusammenhang mit den Januar-Ereignissen psychisch, aber auch physisch ‹kaputt›. Der IM versicherte, fest zum MfS zu stehen.» (52)

Schnur erhält Tips, wie er sich gegen unsere Vorwürfe zu wehren habe – keine Interviews, keine Rechtfertigungen, sondern energisch Probleme zurückweisen. Um unsere Unglaubwürdigkeit zu untermauern, erwägt Wiegand sogar, ein paar passende Kassiber kreisen zu lassen.

Leider muß Schnur noch ein wenig mitspielen, denn immerhin warte ich in West-Berlin auf die Reste meines Manuskriptes. Deshalb soll der IM «bei Krawczyks anrufen, wie er die Unterlagen K.-K. in die BRD bekommt. (Stärkung seiner Sicherheit und seines Vertrauens). Dem IM wird beim nächsten Treff das vom Dachboden konspirativ sichergestellte Material übergeben.» (52)

Und wenn das erledigt ist, winkt endlich der verdiente Lohn: Noch im Februar 1988 wird Wolfgang Schnur vom MfS mit einer Finnland-Reise ausgezeichnet.

Nachbemerkungen

Ein kleiner Ausschnitt DDR-Geschichte. Er legt eine gestaffelte Hierarchie bloß statt des Oben und Unten. Störenfriede gibt es auf jeder Etage: Für die Staatsorgane gilt alles als Störfaktor, was gegen ihre Machtfülle aufbegehrt – der progressive Teil der Kirche, die Bürgerrechtler, die DDR-Abtrünnigen. Für die Amtskirche wiederum sind die beiden letzteren die Unruhestifter. Und selbst Bürgerrechtler und engagierte Pfarrer haben noch ihren Störenfried – die Ausreisewilligen, die ‹underdogs› der späten DDR-Gesellschaft.

Bloßgelegt werden auch die tatsächlichen Spielräume der Agierenden: Daß Schnur Vertrauensanwalt ist, verschafft plötzlich ihm statt Stolpe die größte Machtfülle. Er, ein etwas pietistisch angehauchter Eiferer und abhängig vom Lob und Lenken der Führerfigur Wiegand, setzt in entscheidenden Momenten die Pläne Stolpes außer Kraft. Er ist plötzlich nicht mehr nur Ausführender, nur IM – sondern Macher. Und wird dadurch für den Kirchenmanager unberechenbar. Schnur verfügt über die für Doppelidentitäten höchst effiziente Fähigkeit, seinen Typus bis an den Rand der Schizophrenie einsetzen zu können.

Vogel und Stolpe, einem über die Jahre eingespielten Team, ist er

148

gleichermaßen suspekt. Beide verfügen über Diskretion, sind großzügig und flexibel, können sich aufeinander verlassen. Beide sind für
die wohl heikelsten Missionen der Staatsführung (Ost/West, Staat/
Kirche) zuständig und verfügen über einen Handlungsspielraum, der
nicht nur beträchtlich ist, sondern für geschlossene Gesellschaften
völlig untypisch.

Stolpe weiterhin als einen Mann der Kirche zu sehen ist ein Denk-
fehler, der in die Sackgasse führt. Der Glaube, er «mußte mit dem
Teufel paktieren, um Seelen zu retten», kommt einem naiven Her-
umtappen in der DDR-Geschichte gleich, das an seinen exem-
plarischen Strukturen vorbeiführt. In einem System, das – um die
Macht der Führungsriege zu stabilisieren – über Jahrzehnte kader-
politisch gestrafft wurde, sind es nicht ‹Kirchenmänner›, von denen
sich der Generalsekretär der SED eine Strategie vorschlagen läßt.
Welchen Grund sollte die SED-Führung haben, die wohl brisanteste
Nahtstelle zur Kirche ausgerechnet mit einem Mann zu besetzen, der
nicht aus ihren eigenen Reihen kommt?

Um Stolpes Mission zu begreifen, müssen zwei Denkblockaden
überwunden werden: 1. an politische Funktionäre mit Kategorien
der Moral heranzugehen und 2. das MfS stets nur als Verein von
Kriminellen zu denken. Der Versuch eines Helmut Schmidt, Stolpe
zum moralischen Goliath Ost aufzuwerten, mag plumper Parteipoli-
tik entspringen. Doch spottet er nicht nur all jener DDR-Bürger, deren Fähigkeiten nicht an den Geheimdienst gekoppelt waren, er legt
auch (und mehr noch als auf die frische des Altbundeskanzlers) den
Finger auf eine der schmerzhaftesten Wunden unserer Geschichte:
Das jahrzehntelange, von Entwicklungsphase zu Entwicklungsphase
subtilere Zerstören unangepaßter DDR-Begabungen hinterläßt heute
(nach 40 Jahren ‹Kehrmaschine MfS›) tatsächlich den Eindruck, als
habe am Ende der DDR nur noch der Staatssicherheitsapparat selbst
über politische Talente verfügt. Ein Niedergang, dem nur mit einem
Loch im Zaun abzuhelfen war.

Reden wir also nicht von Moral. Stolpes Aufgabe in den 80er Jahren war es, die Linie von 1978, genannt «Kirche im Sozialismus»,
auszubalancieren. Er war kein «abgeschöpfter IM» (wie die Wiegand-
Phalanx glaubhaft machen will, um ihren Mann als Ministerpräsidenten zu halten), sondern flexibler Gestalter. Kein Mielke-Ver-

schnitt, sondern ein Vordenker mit der Fähigkeit des Draufblicks auf die Gesellschaft, in der er wirkt.

Stolpe vermag Menschen zu führen. Wenn er verspricht, einen Krisenstab aus 12 Pfarrern zu bilden (mit Krusche als zweitem Eckpfeiler!), dann leitet er genau das ein, was er am besten beherrscht: Ein paar Heißsporne so einzubinden, daß sie an seinem Strick mitziehen – und zugleich von der Illusion beseelt sind, selbst Entscheidungen getroffen zu haben.

1989, nach dem Fall der Mauer, forderte ich in einem «Offenen Brief» vom Konsistorialpräsidenten, die Umstände unseres Landeswechsels auf den Tisch zu packen. Alle im Brief avisierten ‹dunklen Punkte› (von Stolpe in der Skala ‹freundlich bis juristisch drohend› zurückgewiesen) haben sich nach der Aktenlage bestätigt. Damit ist eine Gesprächsgrundlage geschaffen, über den Nutzen seines Krisenplanes zu diskutieren. Der aber kann nur aus der konkreten Zeit von 1988 heraus beurteilt werden.

Stolpe, auch 1986 schon der «Sekretär», trägt in diesem Jahr entscheidend dazu bei, die Evangelischen Kirchen der DDR für gesellschaftskritische Themen zu öffnen – ohne ihn beispielsweise wären die Kirchenauftritte von Krawczyk und mir nicht möglich gewesen. Der «Versuchsballon» eines MfS-Mannes gewesen zu sein bereitet mir auch heute noch nicht die geringsten Bauchschmerzen – es war die richtige Maßnahme zur richtigen Zeit, die Konstellation dabei ist zweitrangig.

Der Berliner Kirchentag 1987 markiert sichtbar den Bruch – Stolpe balanciert die Kirche auf die Linie der ‹vagen Bravheit› zurück (wir werden bei dieser Gelegenheit aus dem Verkehr gezogen).

Und nun also der Januar 88. Zu fragen ist, was das «Ausgestalten des Spielchens» im Ergebnis gebracht hat. Was es den Menschen in der DDR geholfen hat, unbequeme Mahner erneut außer Landes zu schieben.

Gebracht hat es eine Phase der Lähmung und Depression für die reformwilligen Kräfte in der DDR. Gebracht hat es einen rasanten Anstieg von Ausreiseanträgen, vor allem in der jungen Generation. Abgewürgt wurde eine keimende Bürgerrechtsbewegung in ihrem Versuch, diese erstarrte Gesellschaft so weit zu öffnen, daß Menschen bleiben wollen, statt zu gehen. Abgewürgt schließlich wurden politische Forderungen, die historisch überfällig und 1988 in der DDR auch umsetzbar waren – selbst unter dem Blickwinkel einer europäischen Blockbalance.

Gebracht hat es langfristig nicht einmal die Ruhe, die Stolpe wieder herbeizuführen suchte. Denn die Kirche noch 1988 auf die Schiene von 1978 pressen zu wollen war mehr als ein historischer Irrtum – es zeigt die Grenzen selbst der aufgeklärteren Köpfe des MfS.

«Es muß demokratisch aussehen, aber wir müssen alles in der Hand haben.» Diese Uralt-Faustregel der Komintern, von Wolfgang Leonhard vor mehr als 20 Jahren zu Papier gebracht, scheint so recht erst in der späten DDR zum Tragen gekommen zu sein – in ihrer ‹weichsten›, organisatorisch perfektesten Phase. Denn wer sind die Hauptagierenden während der Januar-Ereignisse? Lassen wir mal die beiden Marginal-Anwälte de Maizière und Gregor Gysi großzügig beiseite, so bleiben: drei Juristen mit MfS-Zugehörigkeit und ein ahnungsloser Bischof. Denn Forck, obschon der gute Mensch von Brandenburg, ist unter den differenziert Eingeweihten der einzige in gar nichts Eingeweihte. Die Kirchenleitung wird sich fragen müssen, inwieweit sie im Januar 1988 tatsächlich als Kirche gehandelt hat – und inwieweit sie ‹gehandelt›, will sagen, vom Staatssicherheitsdienst geführt wurde.

Berlin, im April 92

Quellenangaben

1. Tagesbericht Aktion «Störenfried» v. 18.1.88, HA XX
2. Operative Information d. Bezirksverwalt. f. Staatssicherheit vom 19.1.88, Abt. XX
3. AIM – Akte Schnur 3275/90, Bd. XII, S. 38–40, S. 118–120
4. ebenda
5. Inform. über Aktivitäten feindl.-negat. Personenkreise, Bezirksverwalt. (Auswert.- u. Kontrollgruppe) v. 19.1.88
6. Bericht IMB «Martin», OV «Verräter», AOP 1057/91
7. ebenda, S. 337
8. ebenda, S. 335

9. Bericht IMB «Wolf», OV «Verräter», AOP 1057/91, S. 353

10. Ergänz. Inf. über Aktivitäten feindl.-neg. Personenkreise (Ausw.- u. Kontrollgruppe), 20. 1. 88, S. 5, 6, 3

11. Bericht IM «Andreas», HA XX/9, AOP 1057/91, Bd. 13, S. 365

12. Inform. über ein Gespr. mit Kons. Stolpe u. d. Gen. Heinrich v. Amt f. Kirchenfragen, Archiv Institut Gesch. d. Arbeiterbeweg., W.-Pieck

13. Inform. über Aktiv. feindl.-neg. Personenkreise, Bez.-Verw. (Ausw.- u. Kontrollgruppe) vom 21. 1. 88, S. 2

14. Bericht IMS «Dietmar Lorenz», AOP 1057/91, Bd. 14, S. 372, 374

15. Tagesbericht Aktion «Störenfried» v. 22. 1. 88, HA XX/2

16. Treffbericht Oberst Wiegand, handschriftl., Diensteinh. XX/4

17. Tagesbericht Aktion «Störenfried» v. 23. 1. 88, HA XX

18. Handakte 59 Is 1051/91, S. 37, 39

19. IM-Akte Schnur, 3275/90, Bd. XII, S. 133–137

20. Inf. über ein Gespr. d. Stellv. d. OB f. Inneres, Gen. Hoffmann mit Kons.-Präs. Stolpe u. Oberkons. Pettelkau am 12. 11. 1987, Archiv Inst. Gesch. d. Arbeiterbeweg., W.-Pieck 1

21. Schreiben (Pers. u. Vertr.) Kons.-Präs. Stolpe an RA Schnur, 25. 1. 88 192 HKG 4 86 10

22. Inf. über ein Gespr. d. Gen. Heinrich m. Kons. Stolpe am 25. 1. 88, Archiv Inst. Gesch. d. Arbeiterbeweg., W.-Pieck 1

23. Tagesbericht Aktion «Störenfried» v. 25. 1. 88, 4. Ex. HA XX, S. 3–6

24. Treffbericht Oberst Wiegand, handschriftl., Diensteinh. XX/4

25. Tagesbericht Aktion «Störenfried» v. 26. 1. 88, 4. Ex., HA XX, S. 6

26. IM-Akte Schnur, 3275/90, Bd. XII., S. 140/141

27. IM-Akte Schnur, 3275/90, Bd. XII., S. 150/151

28. Tagesbericht Aktion «Störenfried» v. 28. 1. 88, 4. Ex., HA XX, S. 3–6

29. IM-Akte Schnur, 3275/90, Bd. XII., S. 142/143

30. Handakte 59 Is 1051/91, S. 82

31. IM-Akte Schnur, 3275/90, Bd. VII., S. 81/82/83

32. Bericht IMB «Martin» vom 29. 1. 88, OV «Verräter», AOP 1057/91

33. Tagesbericht Aktion «Störenfried» v. 30. 1. 88, S. 6, HA XX

34. Tagesbericht Aktion «Störenfried» v. 31. 1. 88, Anlage 1 – Erklärung der «Kirche von Unten», HA XX

35. Stellungnahme der Kirchenleitung der Ev. Kirche Berlin-Brandenburg

36. IM-Akte Schnur, 3275/90, Bd. XII., S. 145–147

37. IM-Akte Schnur, 3275/90, Bd. XII., S. 164

38. Tagesbericht Aktion «Störenfried» v. 1. 2. 88, S. 2/3, HA XX

39. Akte OV «Blauvogel», XV/1072/88, Bd. 2, S. 340

40. Tagesbericht Aktion «Störenfried» v. 2. 2. 88, HA XX, S. 2

41. IM-Akte Schnur, 3275/90, Bd. XII., S. 148/149

42. Protokoll Jarowinsky v. 4. 2. 88, Inf. Gespräch Gysi/Stolpe v. 3. 2. 88

43. IM-Akte Schnur, 3275/90, Bd. XII., S. 167–170

44. Selitrenny/Weichert «Das unheimliche Erbe. Die Spionageabteilung der Stasi», Forum Verlag Leipzig

45. IM-Akte Schnur, 3275/90, Bd. XII., S. 152–155, HA XX/4

Vera Wollenberger

Eine zweite Vergewaltigung

Nie hätte ich gedacht, daß ich zu den ersten gehören würde, die ihre Akten einsehen. Natürlich hätte ich es irgendwann tun wollen, aber eher später als früher. Bis dahin hätte ich das gern Jürgen Fuchs, Roland Jahn und Peter Wensierski überlassen. Vor der Wende hatte ich wie andere Freunde auch die Stasi zum Papiertiger erklärt. Ich wollte nicht in einer Atmosphäre ständigen Mißtrauens gegen fast alle leben müssen. Auf den Veranstaltungen unseres Friedenskreises hatten wir gelernt, unsere Meinung frei und öffentlich zu äußern. Anfangs mit Stottern und Herzklopfen, später ohne. Es war eine intellektuelle Befreiung aus den Zwängen, mit denen wir aufgewachsen waren und die uns noch als Erwachsene einengten und verbogen. Ich wollte mir diese Freiheit nicht durch einen neuen Zwang, die Stasi-Angst, wieder nehmen lassen. Was ich zu sagen hatte, konnte jeder hören, also auch mitschreiben und weiterberichten. Schließlich gehörte ich keiner Untergrundorganisation an, sondern einer Bewegung, die um Öffentlichkeit und Offenheit bemüht war.

Einen erschreckenden Mangel an Mißtrauen nannte das später der Chefporträtist eines bekannten politischen Magazins. Ich bekenne mich zu diesem Mangel und halte ihn nach wie vor für ein wirksames Gegenmittel in einem System, zu dessen Herrschaftsgrundlagen systematisch geschürtes Mißtrauen gehört. Ich wollte der Stasi diese Macht nicht über mich einräumen. Ich würde wieder so handeln. Ich habe auch dem zitierten Chefporträtisten nicht mißtraut, obwohl ich kurz zuvor mit einem seiner Kollegen sehr schlechte Erfahrungen gemacht hatte. Er hat das keineswegs honoriert, was mich nicht davon abhalten wird, dem nächsten Journalisten wiederum ohne Mißtrauen zu begegnen.

Das heißt nicht, daß ich heute das Gefühl habe, wir hätten nichts anders machen können. Im Gegenteil. Warum war unsere Auseinandersetzung mit der Staatssicherheit so defensiv? Ich kann mich an keine einzige Friedensveranstaltung erinnern, in der die Stasi Hauptthema der Auseinandersetzung gewesen wäre. Dabei war uns doch klar, daß sie ein beherrschender Faktor unseres Lebens war. Wir wußten doch, daß der Staat, in dem wir lebten, obwohl er sich durchaus als Apotheose der politischen Moral sah, private und rein menschliche Verhältnisse wie die zwischen Freunden, Ehepartnern, Eltern und Kindern für seine Zwecke mißbrauchte, dadurch ihre moralische Basis entwertete und zerstörte. Das entschuldigt nicht die Menschen, die sich in diesem Sinne mit dem Staat eingelassen haben und faktisch als seine Agenten noch in der intimsten Privatsphäre agierten und damit – ob sie sich dessen bewußt sind oder nicht – den moralischen Kern menschlichen und sozialen Zusammenlebens untergruben und ihnen nahestehende Menschen verletzten.

Ich glaube nicht, daß es Angst war, die uns die Stasi in unserer sonst ziemlich offensiven Auseinandersetzung mit der Politik des Honeckersystems aussparen ließ. Ich hatte keine Angst vor der Stasi. Damit hatte ich unrecht, aber das habe ich erst nach der Wende erfahren. Nein, es war ein Rest jenes Denkens, das den eigentlichen Feind hinter der Demarkationslinie sah und vor dem man sich keine Blöße geben wollte, jedenfalls nicht mehr als unbedingt nötig. Zum Nötigen gehörte die Entlarvung der Friedensheuchelei der Politbürokraten und ihrer Gefolgschaft, denn die Atomwaffen empfand ich als lebensbedrohlich. Die Stasi nicht. Auch damit hatte ich unrecht. Denn die Stasi war nicht nur ärgerlich und eklig, wie ich vor der Wende dachte, sondern eben auch lebensbedrohlich durch ihre Praxis der systematischen Entwertung und Zerstörung elementarer Strukturen und Gefühle des menschlichen Zusammenlebens.

Zu den gefährlichsten Legenden, die auch heute noch das geistige Fortwirken der Stasi sichern sollen, gehört jene von der DDR-Perestroika, an der Führungsoffiziere und Observierte jeweils auf ihre Weise und mit ihren Mitteln gearbeitet hätten, dazwischen die IMs als Bindeglieder, manche sogar in Doppelfunktion als IM der Stasi in der Friedensbewegung und als IM der Friedensbewegung in der Stasi. Die Krönung ist die Mär, es sei letztlich dem jahrelangen Wirken der bienenfleißigen IM und der von ihnen beeinflußten Führungsoffiziere zu verdanken gewesen, daß es im Herbst 89 nicht zu einem Blutbad gekommen ist.

Bei Lenz gibt es eine Szene, wo sich zwei Ostpreußen, ein Hitleraktivist und ein von ihm denunzierter ehemaliger KZ-Häftling, bei ihrer Wiederbegegnung im Westen nach dem Untergang ihrer Heimat weinend in die Arme fallen. Ein ähnliches Rührstück war mir zugedacht, als der Führungsoffizier meines Mannes Knud Wollenberger (IM «Donald»), der gleichzeitig der Bearbeiter meiner Akten war, am Vorabend der Akteneinsicht bei mir auftauchte, um mir zu erklären, was er selbst für ein eifriger Reformer, wie moralisch hochstehend mein Mann, wie geradezu sympathisch ich ihm immer gewesen sei, wie sehr er meine Politik nach der Wende schätze und wie froh er sei, daß nun endlich die störenden Schranken zwischen uns beseitigt seien. Er sei schon vor der Wende der Meinung gewesen, daß er lieber mit als gegen uns arbeiten wolle.

Läßt man die dürftigen Erklärungen und Stellungnahmen ehemaliger IM und Führungsoffiziere im Geiste Revue passieren, kommt man ganz schnell zu dem Ergebnis, daß das Verhalten dieses Führungsoffiziers keineswegs extrem, sondern eher durchschnittlich ist.

Wie groß die Neigung ist, solche Erklärungen glaubwürdig zu finden, kann ich nicht abschätzen. Eines ist jedoch sicher: Sie werden durch die Akten ad absurdum geführt. Diese sind nicht nur voll von detailgetreuen Spitzelberichten der geheimen ‹Perestroikakämpfer› an der unsichtbaren Front, sondern auch von sogenannten Operativen Maßnahmeplänen ihrer Führungsoffiziere gegen die Observierten. Diese Operativen Maßnahmepläne waren bisher viel zu wenig in der Diskussion. Dabei enthüllen sie mehr noch als die IM-Tätigkeit die kriminelle Energie und Destruktivität der Staatssicherheit. In den Maßnahmeplänen wird festgelegt, wie Ehen zu zerstören, Kinder ihren Eltern zu entfremden, der Ruf eines Menschen zu ruinieren und Freundschaften zu zerbrechen seien. Für jeden dieser Maßnahmepläne gibt es einen namentlich benannten Verantwortlichen, und es ist der Zeitraum festgelegt, in dem der Plan auszuführen sei. Die IM-

Berichte spiegeln Erfolg oder Mißerfolg der eingeleiteten Maßnahmen wider, zum Schluß gibt es eine Vollzugsmeldung, manchmal triumphierend im Ton: «Das ist der Erfolg unserer Maßnahme!»

In den Akten können wir finden, in welchen Fragen unsere Streitereien, Zerwürfnisse und gegenseitigen Mißverständnisse stasigemacht und wann sie selbstverschuldet waren. Die Akteneinsicht bietet die Chance zu einer politischen Schulung par excellence. Wer hatte je diese Gelegenheit wie wir, die Vergangenheit zu durchforsten, aus Fehlern, Schwächen, Fehlentscheidungen zu lernen und neue Einsichten zu gewinnen? Was war das für ein System, an dessen Reformierbarkeit viele – auch ich – geglaubt haben, das viele, vor allem Intellektuelle, fasziniert hat und von dem sogar noch nach seinem Zusammenbruch manche meinen, es wäre nur an einer tragischen Verkettung ungünstiger Umstände und Fehlentscheidungen unfähiger Politiker zugrunde gegangen?

Die Akten enthüllen eine Fratze, von der es kein humanes Gesicht geben kann, höchstens humanitäre Schminke. Wir müssen uns fragen, was uns zweimal innerhalb eines reichlichen halben Jahrhunderts zu Opfern, Tätern, Mitläufern, Profiteuren, Duldern einer Diktatur werden ließ.

Erduldet haben wir die Diktatur fast alle, auch wenn wir uns dagegen gewehrt haben. Bei der Lektüre der Akten habe ich mich immer wieder gefragt, warum ich so lange in diesem Land geblieben bin. Warum bin ich nicht spätestens gegangen, als die Repressalien auch auf meine Kinder ausgedehnt wurden? Warum habe ich so lange geglaubt, Berufs- und Reiseverbot ertragen zu müssen? Selbst als ich mich dann im Gefängnis in einer von mir als aussichtslos eingeschätzten Situation entschloß, wie die anderen Verhafteten nach der Rosa-Luxemburg-Demonstration im Januar 1988 vor mir, in den Westen zu gehen – aber nur mit DDR-Paß, sonst wäre ich geblieben –, tat ich es unter größten inneren Qualen und mit elendem Gewissen. Lange Zeit habe ich geglaubt, mich immer wieder dafür rechtfertigen zu müssen, obwohl ich in England, wohin es mich verschlagen hatte, die beste Zeit meines Lebens genoß.

Unser Weggang im Februar 1988 war ein furchtbarer Schlag für die Oppositionsbewegung. Wochenlang hatten Abend für Abend Tausende Menschen in zuletzt mehr als 30 Orten der DDR um unsere Freilassung gekämpft. Wir haben davon nichts erfahren. Der Rechtsanwalt Wolfgang Schnur, der sich damals jeden Abend von den Versammelten als Held feiern ließ und Lügenberichte über die Gefangenen verbreitete, tat alles, um uns unsere Lage so aussichtslos wie nur möglich darzustellen. Ich glaubte ihm, denn ich hielt ihn damals für meinen Freund. Er schien mich vor Gericht mutig und kompromißlos verteidigt zu haben. Als das Urteil verlesen worden war – sechs Monate wegen versuchter Zusammenrottung –, rief er: «Ich werde diesen Rechtsbruch nicht dulden.»

Unter diesem Eindruck kam mir erst später zu Bewußtsein, was es bedeutete, daß ein enger Freund von mir, der als Zeuge der Verteidigung geladen und aufgerufen worden war, sich vor dem Richter in den Zeugen der Anklage verwandelt und alle nötigen Aussagen geliefert hatte, aus denen das Gerüst der Urteilsbegründung gezimmert werden konnte.

Vielleicht haben Stasi-Richter Wetzenstein-Ollenschläger und Stasi-Spitzel Schnur dieses Vorgehen in der Sauna Normannenstraße beschlossen, schräg gegenüber vom Gericht, die sie gemeinsam besuchten. Aber auf jeden Fall hat der Zeuge der Verteidigung / Anklage, Herbert Mißlitz, mitgespielt. Für mich ist der Auftritt von Mißlitz vor Gericht das entscheidende Signal gewesen: Wenn er, den ich für einen Kerl gehalten habe, den so leicht nichts umwarf, vor Gericht mit eingeknickten Knien, gesenktem Kopf und unstetem Blick, der im ganzen Gerichtszimmer umherhuschte, aber die Ecke mied, in der ich saß, jede Aussage machte, die der Richter von ihm verlangte – wie sollte ich da nicht glauben, daß die Lage wirklich hoffnungslos sei. Daß die Kirchenglocke nebenan läutete, solange das Urteil verlesen wurde, und daß der tags zuvor so selbstsichere und arrogante Richter las, als würde er gehetzt, habe ich registriert, aber in seiner Bedeutung nicht erfaßt. Überflüssig zu sagen, daß Schnur mir natürlich nicht mitteilte, daß die Kirchenglocken für mich geläutet worden waren. Bei den abendlichen Meetings haben er und Donald-Knud Wollenberger gemeinsam alles getan, um die Proteste unter einer bestimmten Schwelle zu halten, keine Mahnwachen, keine Westpresse.

Als mein Anwalt und mein Ehemann hatten sie die nötige Autorität, das durchzusetzen, obwohl viele Freunde es politisch für falsch hielten.

Im Gefängnis arbeiteten beide gegeneinander. Schnur tat alles, damit ich in den Westen ging. Donald-Knud wollte, daß ich bleibe. Nach der Wende hat Donald das damit zu begründen versucht, der «Perestroika-Flügel» der Stasi hätte schon damals ein Interesse daran gehabt, die Oppositionellen im Lande zu behalten, mit ihnen in einen Dialog zu treten und mit ihrer Hilfe einen Perestroikaprozeß in Gang zu setzen.

Wenn man dem folgen wollte, so wäre der Rechtsanwalt und spätere PDS-Vorsitzende Gregor Gysi jedenfalls schon damals kein Perestroikamann gewesen. Er wurde, als sich meine Abschiebung in die Länge zog, von Donald in der Hoffnung zur Hilfe geholt, meinen Weggang zu verhindern. Gysi aber tat alles, um die letzten Hindernisse zu beseitigen. So besuchte er mich am Sonnabend, den 6. Februar, im Gefängnis, um mir zu sagen, daß ich ruhig schon alleine in den Westen gehen könnte. Er persönlich würde mir meine Kinder an jeden Ort der Welt hinterherbringen. Ich weigerte mich, auf dieses freundliche Angebot einzugehen, und so wurde an diesem Tage nichts aus dem geplanten Abtransport. Am Montag, den 8. Februar, erschien er noch einmal in Begleitung von Donald, den er inzwischen umgestimmt hatte, so daß Donald sich bereit erklärte, mit mir und den Kindern nach England zu gehen.

Gysi eröffnete mir, daß er am Vormittag dieses Tages noch einmal auf der Staatsanwaltschaft gewesen sei, wo man ihm mitgeteilt habe, daß eine Entlassung in die DDR für mich nicht vorgesehen sei, daß ich aber letztmalig die Gelegenheit habe, das Angebot, nach England zu gehen, anzunehmen. Ich willigte ein, und mit Schnur, der ebenfalls erschienen war, wurden die Modalitäten meiner Abschiebung besprochen.

Nach der Wende, als ich meine Gerichtsakten einsehen konnte, fand ich eine Entlassungsanweisung für eben diesen Montag, die aber bereits am Sonnabend zuvor ausgestellt worden war. Gysi muß also gelogen haben oder auf der Staatsanwaltschaft belogen worden sein. Er tat bisher trotz mehrmaliger Bitten nichts, diesen Vorgang zu erhellen. Gysi hatte mir übrigens am Ende unseres Gesprächs auch in die Hand versprochen, meinem damals sechzehnjährigen Sohn Philipp, der sich zuvor bereits definitiv geweigert hatte, mit mir in den Westen zu gehen, persönlich einen Brief zu übergeben, der ihm die Gründe meines Wegganges noch einmal erklärte. Gysi hat diesen Brief nicht übergeben, sondern in einen Briefkasten gesteckt. So erfuhr mein Sohn von unserem Weggang aus dem Radio.

Kaum war ich im Westen, tat Schnur alles, um den Eindruck zu erwecken, ich sei trotz Zuredens nicht zu halten gewesen. Trotzdem haben meine Freunde, auch wenn sie es bedauert haben, meine Entscheidung verstanden.

Es gab aber andere, die ich bis dahin durchaus auch zu meinen Freunden gezählt hatte, die nun eine unsägliche Kampagne gegen mich und die weiteren Weggetriebenen entfachten. So verbreitete Reinhard Schult eine Sondernummer des «Friedrichsfelder Feuermelders», in der er uns alle attackierte. Was mich betraf, so behauptete er wider besseres Wissen, ich hätte an der Ausreisedemonstration teilnehmen wollen. Das wird die Staatsanwaltschaft gefreut haben, denn durch die Publikation im «Feuermelder» bekam die Anklagekonstruktion der «versuchten Zusammenrottung» mit den Ausreisern eine überraschende Legitimation durch einen namhaften Vertreter der Opposition. Es fehlte in Schults Schrift zwar das Wort «Verräter», aber sein Terminus «vermeintlich eigene Leute», mit dem er uns bezeichnete, kommt dem gefährlich nahe. Damit stellte er, nachdem die Stasi uns aus dem Lande geschmissen hatte, unser ganzes bisheriges Engagement in Frage. Die Lektüre seiner Philippika gehört zu den bittersten Erfahrungen meines Lebens.

Schon am ersten Tag meiner Stasiakten-Einsicht fand ich einen Maßnahmeplan, der erstellt worden war, um mir die Lust auf die Rückkehr zu nehmen. Er findet sich hand- und maschinengeschrieben an mehreren Stellen meiner Akte. Punkt zwei liest sich so: «Aktivitäten von Schult, sich von Wollenberger abzuwenden, sind verstärkt in unserem Sinne zu nutzen.» Die Staatssicherheit hat versucht, uns gegeneinander auszuspielen und gegeneinander aufzuhetzen, wo sie nur konnte. Es scheint aber auch so zu sein, daß, wenn wie im geschilderten Fall Formen der Auseinandersetzung gewählt wurden, die den von mir abgelehnten neostalinistischen Praktiken ähnelten, es für die Staatssicherheit besonders leicht möglich war, «sie für unsere Zwecke zu nutzen». Das sollte zu denken geben. Schult, als ich ihm die Notiz zeigte, fragte lediglich: Wer hat das unterschrieben? Zeiseweis? Mehr hatte er dazu nicht zu sagen. Der gleiche Schult wußte übrigens seit Sommer 1990 von den Stasi-Verstrickungen meines damaligen Mannes. Er hat es ausgewählten Leuten mitgeteilt, die es mir alle, aus unterschiedlichen Gründen, verschwiegen haben. Als das Gerücht endlich zu mir drang, tat ein Freund von Schult alles, um mich davon zu überzeugen, daß an der Sache nichts dran sei. Das hörte ich natürlich gern, war beruhigt und hatte wieder unrecht damit.

Es bleibt die Frage, warum mir keiner der davon Informierten Gelegenheit gegeben hat, den Verdacht gegen Knud-Donald zu klären und damit gegebenenfalls selbst an die Öffentlichkeit zu gehen. So erfuhr ich erst am Vorabend der Presseveröffentlichung, daß es tatsächlich schwerwiegende Verdachtsmomente gegen Knud-Donald gab. Ich habe die Agonie der Entdeckung an anderer Stelle geschildert.

Interessant und in meinen Augen makaber ist das Verhalten der Zeitungsredaktion *Die Andere*, ein Blatt, das an sich den Anspruch stellt, Sprachrohr der Bürgerbewegung zu sein. Nachdem der Chefredakteur Klaus Wolfram zunächst versucht hatte, mir durch Drohungen, wie: «Das wird dein politischer Tod sein», eine Stellungnahme zu der Enthüllung in *Die Andere* auszureden, strich er, trotz meiner ausdrücklichen Verbote, irgend etwas am Text zu ändern, schließlich einen Satz ganz und veränderte zwei Sätze sinnentstellend. Gegen solche Zensurpraktiken war die Bürgerbewegung unter anderem auf die Straße gegangen. Meinen Protest gegen die Verfälschung meines Textes druckte *Die Andere* nicht ab. Hingegen gab die Redakteurin Tina Krone der *tageszeitung* ein Interview, in dem sie behauptete, ich hätte mich zum Werkzeug von Donald machen lassen, und ihre Zeitung hätte sich zur Veröffentlichung des Verdachts gegen Donald-Knud entschlossen, weil sie viele Fragen an ihn und seine Spitzeltätigkeit hätte. Tatsächlich hatte die Redaktion aber einen Fragenkatalog für mich, die Bespitzelte, vorbereitet und dem Spitzel keine einzige Frage gestellt.

Warum erzähle ich das so ausführlich? Weil solche Methoden, mit Menschen umzuspringen, schon von jenen praktiziert wurden, gegen die wir uns seit Anfang der achtziger Jahre aufgelehnt haben. Und die Methoden unserer Peiniger sollten wir scheuen wie der Teufel das Weihwasser.

Solange es die Wo-gehobelt-wird-da-fallen-Späne-Mentalität gibt, lebt der Stalinismus fort. Solange die Aufdeckung der Vergangenheit anderen politischen Zwecken dient als der Wahrheitsfindung, der historischen und politischen Analyse und der Frage, wie die Wiederentstehung eines solchen menschenverachtenden Systems zukünftig verhindert werden kann, ist sie mißbrauchbar. In der DDR sind wir in einer Gesellschaft aufgewachsen, in der Antifaschismus ein Dogma war. Ausgewiesene Antifaschisten galten a priori als edel, hilfreich und gut, und ihr Handeln durfte nicht hinterfragt werden. Daß sie Machtmißbrauch treiben konnten, galt als ausgeschlossen. In die Mentalität solcher Denkverbote sollten wir nicht wieder verfallen. Und auch der Zweck der IM-Aufdeckung heiligt nicht alle Mittel.

Die Staatssicherheit war eine kriminelle Organisation, das beweisen die von ihr angelegten Akten. Die kriminellen Vergehen der Stasi-Offiziere sollten endlich in den Mittelpunkt der Stasi-Diskussion gestellt werden. Es ist ein unhaltbarer Zustand, daß jedes bedeutende politische Magazin in Deutschland seine Führungsoffiziere bezahlt, die nach Bedarf Wahrscheinlichkeit oder Unwahrscheinlichkeit eines ausgesprochenen Verdachts kommentieren. Leute, die jahrelang damit beschäftigt waren, Menschen das Leben zur Hölle zu machen, ihr Lebensglück, ihre Gesundheit, ihre Privatsphäre zu ruinieren, gehören nicht in dieser Form ins Licht der Öffentlichkeit – und schon gar nicht als Berater und Kommentatoren ihrer Machwerke –, sondern vor ein Gericht.

Die Akten sind ein gefährliches Gemisch aus Dichtung und Wahrheit. Sie sind voll von Lügen über die Observierten. Die Lektüre zeigt auch, wie bereits auf unterster Ebene Berichte von den Führungsoffizieren gefälscht wurden. Die Teilnehmerzahlen der Friedensveranstaltungen zum Beispiel wurden in den Berichten immer nach unten reduziert, zum Teil drastisch bis zur Lächerlichkeit. In meinen Akten finden sich Berichte von Wochenendseminaren mit nur einem Teilnehmer. Auf einem anderen Blatt steht, daß am mobilen Friedensseminar in Mecklenburg, das jedes Jahr von mehr als hundert, wenn nicht gar Hunderten Menschen besucht wurde, nur zehn «negative Elemente» teilgenommen hätten. Die Stasi hat sich selbst am effektivsten belogen. Gleichzeitig ertrank auch sie in einer Flut von Trivialinformationen. Wenn man dann noch liest, daß – wie bei mir – IBM Donald verstärkt zur «weiteren Aufklärung des Leitungsmitgliedes Vera Wollenberger» eingesetzt werden soll – da waren wir schon drei Jahre verheiratet –, wird deutlich, wie wenig die Stasi von unserem Denken begriffen hat, selbst wenn sie mit uns das Bett teilte, wie IBM Donald mit mir.

Die Legende von seiner Allwissenheit und Omnipotenz hat die Auflösung des Apparates der Staatssicherheit überlebt und wird eifrig kolportiert. Und selbst seriöse Blätter entblöden sich nicht, Variationen zu diesem Thema zu drucken. Zum Beispiel Henryk Broders lächerliche, aber ernstgemeinte Glosse in der *Zeit*, in der er, ausgehend von der Tatsache, daß es der Stasi gelungen war, einen der ihren in mein Bett zu legen, den kühnen Schluß zog, daß nur sie es gewesen sein konnte, die die Wende herbeigeführt hat. Ich würde dies zu den eher harmlosen Versuchen eines gestreßten Essayisten zählen, am Stasi-Thema Geld zu verdienen, wenn nicht viel zu viele solche Thesen glaubhaft fänden.

Mit Frauen sprang der Männerbund Stasi besonders schlimm um. Ich komme im Gegensatz zu anderen Frauen noch gut weg, obwohl mir – wie anderen – zum Beispiel Geliebte angedichtet wurden, die ich nicht hatte. Was aber über meine Freundinnen oder auch Nicht-mehr-Freundinnen an Dreck in diesen Akten ausgegossen wird, versetzt mich in kalte Wut. Die Frauen der Friedensbewegung waren angeblich alkoholsüchtig, männergeil, eitel, dumm, faul, schlampig, was in oft obszönen Detailschilderungen zu belegen versucht wird. Der ganze versteckte Haß einer Männergesellschaft auf andersdenkende, unabhängige Frauen spiegelt sich in den Akten wider. Da wird geschildert, wie sich angeblich eine Ehefrau und Pastorin vom Mann ihrer Freundin bei der Begrüßung lüstern die Brustwarzen streicheln läßt, wie sich angeblich betrunkene Ehefrauen auf Parties an den Hals des ersten Besten werfen.

Ein Teil dieser Schmutzproduktion kursiert auch in den Redaktionsstuben politischer Magazine, und die Redakteure sind sich nicht zu schade, die Ehemänner um Stellungnahmen zu bitten. Meine Wut darüber ist selbst sehr lieben Freunden unverständlich. So sagte mir, als wir darüber sprachen, ein Freund, dem ich sehr viel zu verdanken habe, es wäre doch besser, wenn die Akten bei einem solchen Magazin lägen als anderswo. Erstens ist gar nicht ausgeschlossen, daß sie auch anderswo herumliegen, zweitens bin ich nicht sicher, ob er das auch denken würde, wenn es seine Frau beträfe.

Ein solcher Umgang mit den Akten ist gleichsam eine zweite Vergewaltigung der Stasi-Opfer. Die Observierten müssen nun mit dem über sie heimlich und auf kriminelle Weise zusammengetragenen Schmutz, mit der ihnen angetanen Schmach öffentlich umgehen. So habe ich den an mir verübten privaten Verrat nicht nur erst durch die Öffentlichkeit erfahren, sondern ich mußte ihn faktisch öffentlich durcharbeiten und erleben, wie mein Privatleben politisiert wurde. Erbarmungslos wurde jede Träne, jedes verzerrte Lächeln, jedes Händezittern auf Zelluloid gebannt, beschrieben und interpretiert. Jeder Hobbypsychologe, wenn er nur Chefporträtist eines politischen Magazins war, durfte meine Lebensgeschichte dilettantisch deuten und beurteilen. Und weil ein solches Magazin gelegentlich auch gern Politik macht, zum Abschluß noch eine kleine Denunziation hinzufügen.

Aber eines sollte klar sein: Eine Denunziation bleibt eine Denunziation, auch wenn sie in einem verdienstvollen Blatt steht. Und ich sehe nur einen graduellen, keinen prinzipiellen Unterschied zwischen einer Denunziation, die man bei einem Führungsoffizier, und einer, die man bei einem Jounalisten abliefert. Das sei denen, die es betrifft, ins Stammbuch geschrieben.

Ich bin in den Tagen der Akteneinsicht und danach häufig gefragt worden, ob ich nach meinen schrecklichen Erfahrungen die Akteneinsicht weiter befürworte und ob ich Menschen raten kann, ihre Akten einzusehen.

Wenn ich heute auf diese schlimmen Tage und Wochen zurückblicke, so ist es dennoch für mich keine düstere Zeit. Denn vor allem habe ich Zuwendung, Liebe und Hilfsbereitschaft erfahren von Freunden und Bekannten, die meine Freunde wurden. Von Unbekannten, die an meinem Schicksal Anteil nahmen und mir Mut zusprachen. Und die meisten Journalisten, sofern sie nicht für Boulevardblätter arbeiteten, ähnelten dem von mir oben beschriebenen Kollegen erfreulich wenig. Von vielen Journalisten, befreundeten, bekannten und unbekannten, habe ich viel Solidarität und Sympathie erfahren. Ich habe einen Mann verloren, der nie mein Mann war. Ich fühle mich befreit. Im ersten Schrecken habe ich gedacht, ich hätte von Donald lieber nichts erfahren wollen. Doch danach wußte ich, daß es doch richtig gewesen ist. An einem Leben mit Donald wäre alles falsch gewesen, selbst wenn ich nie gemerkt hätte, warum.

Bin ich also für die Akteneinsicht? Meine Antwort war und bleibt «ja», denn trotz der zu erwartenden Schmerzen sind die Chancen, die die Akteneinsicht bietet, es wert, sie zu ertragen. Nur wenn wir den Mut haben, die vielfältigen Gesichter des Verrates und der Denunziation zu erkennen, werden wir vielleicht gegen Verrat und Denunziation immun.

Hans Joachim Schädlich

Jeder ist klug, der eine vorher, der andere nachher

Am 21. Januar 1992 konnte ich zum erstenmal in der Akte lesen, die das Ministerium für Staatssicherheit der ehemaligen DDR über mich angelegt hat. Der Name, den die Hauptabteilung XX / Abteilung 7 des MfS meiner Akte gegeben hat, lautet OV «Schädling». Das Kürzel OV bedeutet: Operativer Vorgang. In der «Richtlinie Nr. 1 / 76 zur Entwicklung und Bearbeitung Operativer Vorgänge (OV)» des MfS heißt es, eine der «politisch-operativen Zielstellungen der Bearbeitung Operativer Vorgänge» bestehe darin, «durch eine offensive, konzentrierte und tatbestandsbezogene Bearbeitung die erforderlichen Beweise für den Nachweis des dringenden Verdachtes eines oder mehrerer Staatsverbrechen bzw. einer Straftat der allgemeinen Kriminalität zu erbringen».

Das Kennwort «Schädling» ordnete mich dem Ungeziefer zu, das zu bekämpfen und – womöglich – zu vernichten war. Die «Bearbeitungskonzeption» des OV «Schädling» war bestätigt von Rudolf Mittig, Generalleutnant und Stellvertreter des Ministers für Staatssicherheit, Erich Mielke.

Die mit dem OV «Schädling» befaßte Hauptabteilung XX des MfS, die von Generalmajor P. Kienberg geleitet wurde, «nahm eine Schlüsselstellung bei der flächendeckenden Bespitzelung der DDR-Bevölkerung ein. Sie hatte namentlich die staatlichen Einrichtungen, den Bereich der Justiz, des Gesundheitswesens, der Kultur und der Bildung, der Medien- und Jugendarbeit, der gesellschaftlichen Organisationen sowie der Kirchen und Religionsgemeinschaften mit geheimdienstlichen Mitteln zu ‹bearbeiten›. Vor allem sollten ihre Mitarbeiter alle Bestrebungen erkennen und bekämpfen, die auf eine Änderung der bestehenden politischen Verhältnisse gerichtet waren, mithin jede Form von organisierter Kritik und Opposition.»[1]

Innerhalb der Hauptabteilung XX war die Abteilung 7, die von Joachim Tischendorf geleitet wurde, speziell für den Bereich der Kultur zuständig. Außer Joachim Tischendorf beschäftigten sich vor allem Hans Schiller (Hauptmann), Willi Gentz, Brosche (Oberstleutnant), Stange (Oberstleutnant) und Pönig (Hauptmann) mit dem OV «Schädling». Auch Mitarbeiter anderer Abteilungen der Hauptabteilung XX waren mit dem OV «Schädling» befaßt, zum Beispiel der Leiter der für politische Emigranten aus der DDR zuständigen Abteilung 5, Buhl.

In der «Richtlinie Nr. 1/76» steht zu lesen: «Die Hauptkräfte für die Bearbeitung Operativer Vorgänge sind die IM (Inoffiziellen Mitarbeiter), da sie am umfassendsten in die Konspiration des Feindes eindringen, diese weitgehend enttarnen, zielgerichtet auf die verdächtigen Personen einwirken und solche Informationen und Beweise gewinnen können, die eine offensive, tatbestandsbezogene Bearbeitung Operativer Vorgänge gewährleisten.»[2]

Mit anderen Worten: Der Einsatz von Spitzeln (Inoffiziellen Mitarbeitern) war das wichtigste Mittel des MfS bei der Erfassung und Bekämpfung von Andersdenkenden.

Die «Richtlinie 1/76» nennt die Anforderungen, die an die Spitzel gestellt wurden:

«Die IM müssen
- eine solche berufliche oder gesellschaftliche Position aufweisen und über solche spezifische Persönlichkeitsmerkmale verfügen, die für die zu bearbeitenden Personen von Interesse sind;
- in der Lage sein, sich unauffällig ins Blickfeld der zu bearbeitenden Personen zu bringen, zu ihnen Kontakt herzustellen und ihr Vertrauen zu erwerben;
- den zu bearbeitenden Personen möglichst geistig ebenbürtig oder überlegen sein;

1 David Gill und Ulrich Schröter, Das Ministerium für Staatssicherheit. Anatomie des Mielke-Imperiums. Berlin (Rowohlt) 1991, S. 45
2 Gill und Schröter, a. a. O., S. 135

– mit den Grundregeln der Konspiration zur Bekämpfung des Feindes vertraut sein, die qualifizierte Arbeit mit operativen Legenden beherrschen und auf Überprüfungsmaßnahmen des Feindes richtig reagieren.» [1]

«Es sind vor allem die IM in die engere Auswahl einzubeziehen, die das Ausgangsmaterial erarbeitet haben, die bereits Kontakte oder Berührungspunkte zu den verdächtigen Personen besitzen...» [2]

Unter den Gesichtspunkten der «Unauffälligkeit», der «Vertrauenswürdigkeit», der «geistigen Ebenbürtigkeit» und der «beruflichen und gesellschaftlichen Position» lag es am nächsten, Berufskollegen, «Freunde» und Verwandte eines «Verdächtigen» als Spitzel zu benutzen.

Die Spitzel (Inoffiziellen Mitarbeiter) erscheinen in der Akte unter ihren Decknamen. Die «Festlegung eines Decknamens» war laut «Richtlinie Nr. 1/79 für die Arbeit von Inoffiziellen Mitarbeitern (IM) und Gesellschaftlichen Mitarbeitern für Sicherheit (GMS)» des MfS «Bestandteil der Verpflichtung» eines Spitzels. «Bestandteil der Verpflichtung» war auch «die Belehrung über die Geheimhaltung» der Spitzeltätigkeit. Ein Spitzel mit einem Decknamen hatte sich also bewußt zur Spitzeltätigkeit verpflichtet, war sich über die Pflicht zur Geheimhaltung im klaren und kannte seinen Decknamen. Schriftliche Spitzelberichte, die sich in der Akte finden, sind oft von der Hand des Spitzels mit dem Decknamen unterzeichnet.

Es ist in einigen Fällen leicht, den richtigen Namen einer Person festzustellen, die sich als Spitzel hinter einem Decknamen verbirgt. Ich bin über mein großes Interesse an der Identität der Spitzel erstaunt. Keinesfalls vergesse ich über den Spitzeln die MfS-Offiziere, die das System und den Betrieb der Überwachung und Verfolgung beherrscht und organisiert haben. Ihre richtigen Namen stehen in der Akte.

Das Interesse an der Identität der Spitzel erklärt sich mir aus psychologischen und moralischen Gründen. Ich möchte wissen, wie jemand beschaffen ist, der einen anderen hinreichend täuschen, dem Unterdrückungsapparat einer Diktatur verraten und ausliefern kann. Ich möchte einen solchen Spitzel zur Rede stellen, um ihn zu einer

1 ebd., S. 378
2 ebd., S. 379

Antwort zu bringen auf die Fragen: Warum hast du es getan? Was willst du tun, um dich aus der inneren Bindung an ein Verrats-System zu lösen? Wie willst du dich fernerhin verhalten? Was erwartest du von *mir*?

Ich möchte die Verletzung, die mir durch Verrat zugefügt wurde, kurieren. Es bedarf dazu der Antwort auf meine Fragen. – Leugnet der Spitzel, bleibt er die Antwort schuldig, weicht er aus oder lügt er, so bleibe ich verletzt, und aus der Enttäuschung über den Verrat entsteht erst eigentlich Zorn.

Ich weiß schon, daß ich zuviel erwarte, aber ich erwarte dennoch, daß ein MfS-Spitzel (von den MfS-Offizieren ganz zu schweigen), der der SED-Diktatur gedient hat, darauf verzichtet, in der demokratischen Gesellschaft Abgeordneter, Anwalt, Beamter, Bischof, Lehrer, Offizier, Pfarrer, Polizist, Professor, Psychiater, Richter usw. sein zu wollen.

Ich suche Antwort auf die Fragen: Wie soll ich mich zu Leuten verhalten, von denen ich weiß, daß sie mich an die Diktatur verraten haben, die aber keine Anstalten machen, sich mir zu öffnen? Kann ich sie entschuldigen?

Die Gespräche mit enttarnten Inoffiziellen Mitarbeitern (IM) des MfS gehören zu den unangenehmsten Gesprächen, die ich je geführt habe.

In zwei Fällen reagierten die IM verblüffend gleichartig auf die Eröffnung, sie tauchten in den Akten des MfS eindeutig als IM auf. Die IM erklärten, sie seien keine IM gewesen und hätten keine Verpflichtungserklärung unterschrieben. Natürlich drängte sich mir der Eindruck auf, die IM seien am Ende der DDR vom MfS instruiert worden, im Falle der Enttarnung derartig zu reagieren.

Der eine (ich nenne ihn H) wird in einer «Information» der zuständigen Hauptabteilung des MfS vom 25. 11. 1976 ausdrücklich als «zuverlässiger IM» bezeichnet. Der andere (ich nenne ihn F) wird in einem «Vorschlag zur Realisierung einer operativen Maßnahme» der zuständigen Hauptabteilung des MfS vom 6. 10. 1977 ausdrücklich als «IM in der Abteilung XV der Bezirksverwaltung Potsdam» bezeichnet.

Als ich diese Zeugnisse des MfS erwähnte und auf den eklatanten Widerspruch zu den Erklärungen der IM verwies, war die Reaktion der IM wiederum gleich. H sagte: «Das weiß ich jetzt auch nicht.» F sagte: «Ich kann mir das gar nicht denken.»

Die beiden IM wollten sich auch nicht daran erinnern, daß sie «in Verwirklichung eines...Auftrages» des MfS bzw. gemäß einer «Instruierung» des MfS (wie es in der «Information vom 25. 11. 76 bzw. im «Vorschlag zur Realisierung einer operativen Maßnahme» vom 6. 10. 77 heißt) gehandelt hatten.

Bis zu diesem Punkt der Gespräche waren also zwei Tatsachen geleugnet: die Tätigkeit als verpflichtete IM und die Ausführung von Aufträgen.

Die beiden IM wollten mir aber nicht bestreiten, daß «Mitteilungen» von ihnen in den MfS-Akten enthalten sind. Wie kamen diese «Mitteilungen» zum MfS? H sagte: «Ich weiß nicht, in welche Hände mein Bericht gekommen ist. Daß der dann da gelandet ist, würde ich für möglich halten.» F sagte: «Ich überlege, wie das dort hineingekommen ist.»

Irgendwie mußte «das» in irgend«welche Hände» gelangt sein, und das geschah so: H sagte: «Ich bin damals über dich befragt worden, das ist schon richtig... Ich weiß nicht mal, ob ich einen Bericht geschrieben habe; ich würde es aber zumindest nicht ausschließen.» Und: «Ich bin natürlich verpflichtet worden, darüber zu schweigen.»

Wer konnte wen zum Schweigen verpflichten? H sagte: «Das war dieser Mann, der damals mit mir gesprochen hat.»

Ein Offizier des MfS? H sagte: «Das würde ich nach allem, was ich heute weiß, vermuten, ja... Wie dieser Mann hieß, das weiß ich nicht. Ich nehme an, daß er sich mit Namen vorgestellt, mindestens aber den Ausweis vorgezeigt hat... Öfter habe ich den nicht getroffen; das war später ein anderer.»

Und F? Jaa, gesprochen habe er «mit einem dieser Leute» schoon. Öfter. Der Mann habe Soundso geheißen.

So also kamen diese «Mitteilungen» zum MfS.

Von besonderem Reiz ist die Erklärung, die H für seinen Decknamen ‹XYZ› lieferte.

Auf der unteren Erklärungs-Stufe hieß es: «Notizen, die der MfS-Offizier angefertigt hat, wurden offenbar mit dem Decknamen ‹XYZ› in Verbindung gebracht.»

Auf der mittleren Stufe hieß es: «Ich habe über mehrere Jahre hinweg Dinge gesagt, von denen Notizen gemacht wurden – die der MfS-Offizier mit dem Decknamen ‹XYZ› unterzeichnet hat.»

Die höchste Stufe der Erklärung hieß: «Es ist denkbar, daß ich einen Durchschlag hatte und den auf Geheiß des MfS-Offiziers mit dem Decknamen ‹XYZ› unterzeichnet habe.»

Spitzelberichte des verpflichteten IM, die in der Handschrift des IM mit dem Decknamen ‹XYZ› unterzeichnet sind – und der IM weiß nicht, wie seine Decknamen-Unterschrift unter die Spitzelberichte geraten konnte, es sei denn, man habe ihn zur Decknamen-Unterschrift gezwungen.

Wie gesagt: Die Festlegung eines Decknamens war Bestandteil der Verpflichtung des IM, und der IM kannte seinen Decknamen.

Glaubte H, ich wüßte nicht, wie es sich mit IM-Decknamen verhielt? Nun ja – immerhin hat er auf seiner höchsten Erklärungs-Stufe nichts anderes gesagt, als daß er Berichte (ob Durchschläge oder Originale) mit seinem Decknamen unterzeichnet habe. Die letzte Ausflucht hieß: «...auf Geheiß des MfS-Offiziers...». Das kann einfach bedeuten, der MfS-Offizier habe gesagt: «Na, dann unterschreiben Sie mal.» Wie? Mit dem Decknamen natürlich.

H lieferte mir in einem zweiten Gespräch eine Erklärung für seine Ausflüchte. H sagte unvermittelt – und dieser Satz war für mich das eigentliche Bekenntnis seiner IM-Tätigkeit –: «Du kannst mein Leben zerstören, wenn du darüber mit anderen sprichst!»

Ich gestehe, daß mich dieser Satz verblüffte. Es verging einige Zeit, ehe ich begriff, was dieser Satz bedeutete. H schien wirklich «Leben» zu meinen. Es liegt mir fern, Hs Leben zu zerstören, aber es kam mir eine Zeile von Wolf Biermann in den Sinn: «Leben steht nicht auf dem Spiele, euer Wohlleben ja nur.» Hs Satz stellt eine aggressive Umkehrung des Verhältnisses dar, das zwischen ihm und mir bestand und besteht.

Heute bekommt man in Deutschland schon eingeredet, die Inoffiziellen Mitarbeiter seien vom Staatssicherheitsdienst mißbrauchte arme Kerlchen, denen jetzt auch noch ein Strick daraus gedreht werde, daß sie mißbraucht worden seien. Die Inoffiziellen Mitarbeiter des MfS sagten zu mir, sie hätten doch niemandem geschadet mit ihren kleinen Berichten. Abgesehen von der Tatsache des persönlichen Verrats, den diese Leute begangen haben – sie konnten und können gar nicht beurteilen, welchen Schaden ihre «kleinen» Berichte anrichteten. Sie dienten sich dem großen Stasi-Apparat an und verrichteten ihre kleine Arbeit. Viele kleine Berichte fügten sich im MfS zu einem Mosaik: zu dem Bild von einer «feindlich-negativen» Person, zu dem Bild von einem «Staatsverbrecher». Die Inoffiziellen Mitarbeiter lieferten die Bespitzelten dem großen Stasi-Apparat Stückchen für Stückchen aus.

Andreas Schmidt

Auskunftspersonen

I Rückschau

In meiner Erinnerung messe ich dem Zeitraum von Frühjahr 1983 bis Herbst 1985 eine besondere Bedeutung in meinem bisherigen Leben zu. Es ist jener biografische Zeitabschnitt, der mich mit Menschen in Berührung brachte, die durch couragierte Auflehnung, Protest und mit mutigen Antworten aus der dogmatischen Selbstverständlichkeit einer Geistes- und Verstandeskultur heraustraten, die in rigider Weise das Gefühl vermittelte, zur völligen Wirkungslosigkeit verdammt zu sein. Es waren die engagierten Menschen in Friedenskreisen, Ökologiegruppen, in alternativen und nichtöffentlichen Diskussionskreisen, deren Widerstand nie ermüdete, auch wenn ihnen eine immer stärkere Marginalisierung am Rande der Gesellschaft drohte. Sie haben immer wieder an humanistische Werte und globale ethisch-moralische und ökologische Zielstellungen erinnert sowie ihrer natürlichen Sehnsucht nach dem Selbst einen Sinn verliehen!

Ich weiß heute, daß der politische und auf eine humane Orientierung zielende Wagemut für viele von ihnen im Gefängnis und/oder im Exil endete: Das staatliche Spektrum der Verfolgung jener, die der Fäulnis der DDR-Gesellschaft in die Tiefe leuchteten, war groß: Bespitzelung, Vernehmung, Festnahme, Berufsverbot, Publikationsverbot, Auftrittsverbot, Bedrohung, Prügel, Gefängnis... Andererseits wunderte mich – in meinem Umfeld als Student in Rostock – die moralische Ermüdbarkeit gegenüber den herzlosen, granitenen Gewißheiten, die uns das Leben bescherte; dieses amoralische und

173

kompromißvolle Einverständnis, das zu einer absurden Duldung jener moralischen Lehrstücke und Dramen führte, die tagein, tagaus reumütige und um Nachsicht bittende Menschen erzeugten. Der Diskurs eines elitären Machtfilzes kolonisierte die Erfahrungswelt des einzelnen bis in seine geheimsten und intimsten Regungen hinein. Das innere Leben erstarb mehr und mehr.

Ich bin der Auffassung, daß die Mehrheit der ehemaligen DDR-Bevölkerung ein Produkt aus jahrzehntelanger menschlicher Demoralisierung und dem Narkotikum Ideologie darstellt, die uns innerlich darauf vorbereiteten, zu kollaborieren; die Indoktrination hat uns geschult, über andere zu urteilen und zu werten und sie, wenn es sein mußte, auch ans Messer von Normen, Disziplin, Gehorsam zu liefern: Von Feinden umgeben, bedroht von der Unterwanderung durch «feindlich-negative Elemente», galt es, aufzuspüren, anzuklagen, zu verurteilen, auszustoßen.

Bei vielen Studenten dominierte der Wunsch nach einer geruhsamen Identifizierung mit den DDR-Verhältnissen, deren Agitatoren eine Kontinuität von Erfolgen servierten, Vorzüge und positive Werte herleiteten, während der Rest der Welt – der Kapitalismus – auf seine negativen Seiten reduziert wurde. Eigene Frustrationen und Verstimmungen verschwanden hinter dieser dogmatischen Wirklichkeitsvermittlung und paarten sich mit Erlebnisarmut und weltanschaulicher Hilflosigkeit.

Ich möchte erinnern: an die unzähligen verpaßten Möglichkeiten, aus dem Schatten von Symbolen und Ikonen der Angst herauszutreten, an die einmütige Bequemlichkeit, den Weg des geringsten Widerstandes zu wählen, der paradoxerweise ein Streben nach Knechtschaft beförderte, und an die Bereitschaft, das Leben auf dem Abstellgleis Einordnung – Unterordnung – Unterwürfigkeit zu ertragen.

II IM-Vorlauf

Vor mir liegen die aufgeschlagenen Seiten einer orangefarbenen Akte; und ich denke daran, daß jenes Stück Leben, das diese Seiten mit ihren Aktenvermerken, «Operativinformationen», mit ihren konspirativen Niederschriften besitzen, alle Menschen einschließt, mit denen ich in den 80er Jahren befreundet war oder rein zufällig verkehrte: Es handelt sich hierbei um eine «IM-Vorlauf-Akte», die im April 1985 durch Mitarbeiter der Staatssicherheit in der Bezirksverwaltung Rostock angelegt wurde. Erst heute, also sieben Jahre später, verschafft mir der Einblick in diese Akte die Möglichkeit, Hintergründe meines konspirativen Zusammentreffens mit dem sogenannten «Führungsoffizier» zu erfahren und darüber zu reflektieren. Bei mir war es eine Mischung aus Fügsamkeit und Überzeugtsein, die mich bereitwillig gemacht hatte, vertrauliche, geheime Gespräche mit dem MfS-Organ zu führen – nicht zuletzt deshalb, weil ich glaubte, dadurch meine kritischen Intentionen und Zweifel im Hinblick auf die erlebte DDR-Wirklichkeit artikulieren zu können.

Ich erinnere mich an den roten Wartburg, mit dem ich in ein entlegenes Waldstück am Rande der Stadt Rostock befördert wurde, an meine damalige Angst, irgendwohin entführt oder verschleppt zu werden, an die operative Technik (Tonband, Mikrofon), die eingesetzt wurde und die ich zu bemerken glaubte, weil ich eine merkwürdige Rückkopplung beim Sprechen im Innenraum des Wartburgs wahrzunehmen schien, an die ernsten Gesichter der beiden Offiziere des Staatssicherheitsdienstes, wie sie mit zackigen Worten an meine Staatstreue appellierten und dabei eifrig bemüht waren, ein Vertrauensverhältnis zu mir aufzubauen: denn darin wurden sie geschult, und der Aufbau eines Vertrauensverhältnisses hatte vom Führungsoffizier auszugehen. – Vor allem fällt mir jetzt wieder ein, daß ich wenige Monate zuvor in den Verruf gekommen war, Spitzel des Ministeriums für Staatssicherheit (MfS) zu sein. Die Niedertracht dieser einzigartigen Verleumdung habe nicht nur ich erdulden und spüren müssen. Ich habe einige Menschen in meinem studentischen Umkreis erlebt, bei denen diese Anschuldigung, Verleumdung, letztlich Denunziation viel Schmerz hinterließ. Und sie waren fortan in ihrer sozialen Gruppe gebrandmarkt.

Mit dem Stigma dieser Demütigung mußten viele leben, weil es über lange Jahre keine Möglichkeit gab, den Spitzelverdacht zu entkräften bzw. zu berichtigen. Wer auch immer derartige Schmähungen säte und verbreitete, sie fielen auf fruchtbaren Boden angesichts jener latenten Beziehungserkrankung zwischen den Menschen, die sich durch Mißtrauen, Mißgunst, Neid, Intrigen in der Gesellschaft fortpflanzte. Überall, wo die dynamischen Mechanismen der Erniedrigung und des Herabsetzens griffen, wurden Freundschafts- und Vertrauensbande gekappt.

Daran denke ich in diesem Augenblick, daß wenige Wochen, nachdem mich der Spitzelvorwurf gegenüber meinen besten Freunden und Bekannten in innere Nöte versetzt hatte, tatsächlich die «Kontaktaufnahme» durch Offiziere des MfS stattfand: Nun war ich wirklich ein «IM-Kandidat»! Und die Vorlauf-Akte ist eine akribische «Nachweisführung» über den Versuch, mich für die «Lösung politisch-operativer Aufgaben» zu gewinnen. Im Vorschlag zur Kontaktaufnahme finde ich den damaligen Blickwinkel des MfS auf meine Person:

> «Aus den vorliegenden Sachverhalten wird erkennbar, daß Sch. über operativ-interessante Verbindungen zu operativ-bedeutsamen Personen aus der sogenannten Aussteigerszene in Rostock und darüber hinaus verfügt. Es wird vorgeschlagen, die eingetretene Situation zu nutzen, um mit Sch. in Kontakt zu kommen. Als Anlaß wird die bevorstehende Exmatrikulation genutzt und Sch. aufgezeigt, daß durch sein Verschulden im Endeffekt ein geplanter Diplomlehrer für Sonderschulen der Volksbildung verloren geht. Mit diesen Ausführungen soll erreicht werden, daß sich Sch. in der Richtung öffnet, unbedingt wieder studieren zu wollen. In diesem Zusammenhang wird er aufgefordert, zu seinem bisherigen Leben Stellung zu beziehen. Bringt Sch. die vorhergenannten Sachverhalte zur Sprache, wird an seinen Wiedergutmachungswillen appelliert. Dies wäre gleichzeitig die Grundlage für weitere Kontaktgespräche, ohne zunächst über konspirativ erarbeitete Sachverhalte zu sprechen.
> Verhält sich Sch. verschlossen, wird ihm eindeutig mitgeteilt, daß die Universität kein Interesse an einer Wiederaufnahme des Studiums hat.
> Im nächsten Gespräch wird geprüft, inwieweit er bereit ist, Personen zu belasten.»

Darum sollte es also auch in meinem Fall gehen.

Nahezu klassisch finde ich in dieser Akte ausformuliert, wie biografische Brüche und Phasen psychosozialer Instabilität von Menschen ausgenutzt wurden, um sie in konspirativen Szenen – ob im Wald oder in «konspirativen Wohnungen» – zu Akten der Hingabe an einen Staat zu erniedrigen, der seine kritischsten Köpfe in die Haftanstalten oder ins Exil abkommandierte, der die Einschüchterung und Verfolgung wirklicher und vermeintlicher Gegner der DDR am hellichten Tage vornahm, der die Masse der Menschen fortwährend demoralisierte, so daß Begriffe wie moralische Integrität und moralische Verantwortung zunehmend ihren Sinn verloren.

Nach einem halben Jahr voll von Werbungsgesprächen und Augenblicken der Erschöpfung und des selbstquälerischen Abwägens lehnte ich die «inoffizielle Zusammenarbeit» mit dem MfS ab. Die IM-Vorlaufakte wurde abgeschlossen und archiviert. Daß ich die Entscheidung getroffen hatte, mich nicht daran zu beteiligen, als Informant des MfS meinen Freunden eine kriminelle bzw. staatsfeindliche Identität zuzuschreiben, war für mich im nachhinein eine befreiende und wertvolle Erfahrung: daß es möglich war, sich an eigenen moralischen Werten zu orientieren und dem System nicht bedingungslos Gefolgschaft zu leisten. – Ich hatte mich auch einem Freund anvertraut, der wenige Monate später im Strafvollzug einsaß.

Heute weiß ich, daß im selben Jahr 448 Menschen durch Mitarbeiter der MfS-Bezirksverwaltung Gera angesprochen wurden, eine «inoffizielle Zusammenarbeit» mit dem MfS einzugehen: 448 IM-Vorläufe wurden angelegt und in das dafür vorgesehene Registrierbuch «Form 64» eingetragen. Mit dieser Eintragung wurde das erstmalige Erscheinen bzw. der Ausgangspunkt der Kontaktaufnahme zu einem IM-Kandidaten dokumentiert. In der ausgegebenen Vorlaufakte befinden sich neben dem Eröffnungsbericht schriftliche Hinweise zur «Notwendigkeit der Gewinnung des Kandidaten»; Vermerke über die Umstände, wie die zu gewinnende Person ins Blickfeld des MfS geriet; Aussagen zur «vorgesehenen Einsatzrichtung» und zur «IM-Kategorie»; Informationen, die das Persönlichkeitsbild des Kandidaten erhellen sollten; sowie der Werbungsvorschlag, der den unmittelbaren Ausgangspunkt für die sich anschließenden Werbungsgespräche mit dem Kandidaten bildete. Diese Gespräche sollten den Nachweis erbringen, ob der IM-Kandidat offen und bereit war, über Personen und Sachverhalte zu berichten. In der Regel dauerte die Werbungsphase mehrere Monate und mündete in die Bereitschaft des Kandidaten ein, eine Verpflichtungserklärung zu unterschreiben und einen Decknamen anzunehmen. Andere Varianten waren mitunter die Abnahme einer mündlichen Verpflichtung oder die Besiegelung des konspirativen Bündnisses per Handschlag. In selteneren Fällen konnte mit dem Kandidaten eine Sofortwerbung vereinbart werden. Meine Recherchen zu den 448 angelegten IM-Vorläufen ergaben, daß 351 Personen nach einer längeren Werbungszeit bereit waren, mit dem zuständigen Führungsoffizier zu kooperieren. Bestimmte Motive und Beweggründe haben dabei immer wieder den Ausschlag gegeben: materielle Verlockungen und Zuwendungen, die dem Kandidaten in Aussicht gestellt wurden; das Eröffnen von beruflichen Perspektiven, die dem Karrierewunsch des Kandidaten entsprachen; weltanschauliche Überzeugungen, aber auch das Nachgeben im Hinblick auf sogenannte «Faustpfänder» oder kompromittierende Fakten und menschliche Verfehlungen, die das MfS oft als Ansatz für eine Gewinnung nutzte. Bei 41 Personen fand eine «Sofortwerbung» statt, deren Grundlage zumeist eine gesteigerte Verbundenheit und Identifikation mit den DDR-Verhältnissen war. 50 IM-Kandidaten lehnten eine inoffizielle Zusammenarbeit ab. Viele von ihnen begründeten das mit ihrer Moralauffassung, mit psychologischen Bedenken, mit religiösen Überzeugungen, mangelndem Interesse oder mit ihrer antisozialistischen Einstellung gegenüber dem Staat.

Einige IM-Kandidaten wurden ausgemustert, weil sie in den Augen der Staatssicherheit geistig oder charakterlich den «Konspirativen Erfordernissen» nicht genügten. Sechs der angesprochenen Personen saßen in Haftanstalten ein und erklärten sich als «Wiedergutmachung» dazu bereit, über Mitgefangene auszusagen: Hafterleichterung oder vorzeitige Haftentlassung waren dann die Belohnung für ihre denunziatorischen Dienste als «Zelleninformanten».

Diese Zahlen und Fakten belegen, daß wir gut unterscheiden können zwischen denen, die in die konspirative Zusammenarbeit einwilligten, und jenen, die sich verweigerten. Bei ihnen kam es zur Archivierung der IM-Vorlaufakte. Bei den ersteren wurde der IM-Vorlauf in einen «IM-Vorgang» umregistriert. Und der Einblick in die Arbeits- bzw. Berichtsakte wird eine differenzierte Bewertung möglich machen, wird das Maß ihrer Verantwortlichkeit bestimmen lassen; um so mehr, wenn sie sich ihrem akuten oder latenten Gewissenskonflikt mit der Vergangenheit durch Schuldabweisung, Verdrängung oder Gleichgültigkeit zu entziehen versuchen.

Der Vollständigkeit halber muß auch erwähnt werden, daß die konspirative Zusammenarbeit zwischen einigen IM und ihren Führungsoffizieren nicht immer von Kontinuität geprägt war. Mitunter verlor das MfS schon nach kurzer Zeit das Interesse am Kandidaten, weil sich die Voraussetzungen geändert hatten: Krankheit, Arbeitsplatzwechsel, Umzug, Redseligkeit, die zu einer Gefährdung der «Konspiration» führte, aber auch Handlungen allgemeiner Kriminalität durch den IM führten dann zur Beendigung der Zusammenarbeit. Der IM-Vorgang wurde archiviert. Andere IM entzogen sich dem Zugriff ihres Führungsoffiziers durch ausweichende Unpünktlichkeit, durch Unehrlichkeit und nicht vorhandene Objektivität bei der Berichterstattung und lösten auf diese Art und Weise das Problem ihrer inneren Bedrängnis, aufgrund wachsender moralischer Bedenken oder weil sie sich vielleicht in einem schwachen Augenblick ihres Lebens der konspirativen Verschwörung hingegeben hatten. Andere wieder «dekonspirierten» ihre Tätigkeit für das MfS und wendeten sich vertrauensvoll an den Ehepartner oder an Freunde. Ebenso gab es Fälle von «Verrat» und Überläufertum von IM, die zum Beispiel nach dem Ablauf einer Dienstreise in den Westen nicht zurückkehrten. In sehr seltenen Fällen war ein Wandel in den Überzeugungen und Einstellungen gegenüber dem DDR-Staat zu registrieren, der den IM zu einem rigorosen Abbruch der «IM-Tätigkeit» veranlaßte.

III Kontaktaufnahme und Bestandsaufnahme

Auf was sich ahnungslose Menschen in der Vergangenheit einzulassen hatten, wird an einem Beispiel drastisch deutlich. Die Verdinglichung der Menschen beruhte auf ausgeklügelten Planungen und Maßnahmeplänen, auf deren Basis nicht nur das Anderssein und Andersdenken bekämpft wurde: Die kriminelle Energie, die mit den Konzeptionen und Operativplänen entfesselt wurde, verstrickte einzelne Menschen immer wieder in Situationen offener oder gar anonymer Bedrohung, verbreitete Angst und unterhöhlte das Selbstwertgefühl. Die ‹Werkzeuge› dafür, die IM, wurden vom MfS sorgfältig ausgesucht und nach vollzogener «Anwerbung» aufwendig auf ihre Aufgaben vorbereitet.[1] Ihre Tätigkeit – und auf einer zweiten Ebene übrigens auch die ihrer «Führungsoffiziere» – unterlag einer kontinuierlichen Kontrolle, «IM-Bestandsaufnahme» genannt.

1. Kontaktaufnahme mit der (...)

Auf Grund des vertraulichen Verhältnisses, welches in der Katholischen Kirche zwischen Geistlichen und Gläubigen besteht (u. a. Beichtgeheimnis) ist bei einer Kontaktaufnahme mit der (...) unter dem Vorwand, Probleme der Pastoralsynode oder andere kirchliche Fragen klären zu wollen, von vornherein zu erwarten, daß sie darüber ihrem Seelsorger Mitteilung macht und somit die Zielstellung einer späteren Zusammenarbeit nicht erreichbar ist.

Um zu prüfen, ob die (...) überhaupt bereit ist, sich mit uns zu unterhalten und z. B. Probleme ihrer beruflichen Tätigkeit mit uns zu besprechen wird die (...) unter dem Vorwand, Fragen im Zusammenhang mit der Zivilverteidigung (ZV) klären zu wollen, durch uns angesprochen.

Die (...) hat auf diesem Gebiet in der Vergangenheit eine gute Arbeit geleistet und war bei der Ausbildung als Gruppenführer und Operativ Stellvertreter eingesetzt. Für ihre Einsatzbereitschaft wurde sie prämiert und mit der Ehrennadel der ZV ausgezeichnet.

Die (...) wird am (...) in das Arbeitszimmer des Verantwortlichen für ZV an der Universität bestellt. Die Mitarbeiter der Abteilung XX/4 werden sich als Mitarbeiter des MfS vorstellen, um nicht bei späteren Gesprächen die (...) zu schockieren.

Der (...) wird ausgehend vom humanistischen Anliegen der Politik unseres Staates das Problem der ZV in bezug auf ihre Stellung und Haltung zu Christen dargelegt. Es ist anzunehmen, daß sie über dieses Gespräch mit ihrem Pfarrer spricht. Da das Gespräch aber nicht ihre Tätigkeit in der Pastoralsynode bzw. als aktiver Laie der katholischen Kirche betrifft, wird sie über die wahre Zielstellung des Gesprächs keine exakten Vorstellungen entwickeln können. Andererseits werden wir feststellen können, ob die (...) überhaupt gewillt ist, uns über die angeschnittenen Fragen zu informieren oder ob sie ein solches Gespräch ablehnt. Das Gespräch soll so gehalten werden, daß es die Möglichkeit weiterer Gespräche offen läßt.

1 Je nach Notwendigkeit des Einsatzes und der Aufgabenstellung eines IM wurden durch das MfS verschiedene Einstufungen vorgenommen, von denen der IM in der Regel keine Kenntnis besaß; grundlegende Voraussetzung für eine inoffizielle Tätigkeit war die Einhaltung der Konspiration.

2. Operative Kontrollmaßnahmen

Zielstellung:

Es soll geprüft werden :   – Macht die (...) Mitteilung über die Gespräche mit dem MfS zu ihrem Pfarrer?

                   – Macht die (...) im Arbeitsbereich Mitteilung
über ihren Kontakt mit dem MfS?

Realisierung: – Absprache mit der KD[1] (...) über den Einsatz des IM (...).
Dieser wird in einem Gespräch mit dem Pfarrer feststellen,
ob dieser über Informationen zu unseren Aktivitäten verfügt.

                   – Maßnahme -A-[2] über den Telefonanschluß der (...) am
Arbeitsplatz, Tel.-Nr. (...) App. (...) und über die Tel.-
Nr. (...) des Kath. Pfarramtes in (...)

                   – Absprache mit der KD (...) über IM-Einsatz im Arbeitsbe-
reich, um Reaktionen der (...) in diesem Bereich zu erhal-
ten.

3. Operative Notwendigkeit und Perspektive des IM-Kandidaten

Auf Grund ihrer Laientätigkeit im Bereich der Katholischen Kirche und ihrer
Tätigkeit als Synodale hat die (...) einen umfangreichen Eindruck über die
Situation innerhalb der Katholischen Kirchen und sie kann Entwicklungsten-
denzen im Verhältnis Kirche/Staat erkennen und einschätzen. Durch ihren
guten Kontakt zu klerikalen Kreisen und ihrer Verbindung zu verschiedenen
Synodalen würden sich Möglichkeiten der operativen Kontrolle dieser Personen durch die (...) ergeben. Auf Grund der Spezifik der katholischen Linie
wird es aber einen längeren Zeitraum beanspruchen, bis die (...) für solch
einen Einsatz zu verwenden ist. In der nächsten Zeit (bis Ende...) soll das
Verhältnis zu Studentenpfarrer (...) geklärt werden, um daraus evtl. kom-
promittierendes Material gegen den (...) und gegen die (...) zu erhalten.
Andere Anhaltspunkte sind zur Zeit in dieser Richtung nicht zu erkennen.

4. Konzeption zum Ausbau des IM-Vorlaufes

Die (...) wird am (...) zwecks Klärung einiger Fragen zu ihren Personalanga-
ben auf das VPKA[3] bestellt. Hier wird sie vom Unterzeichnenden empfangen
und ein Gespräch mit ihr zu folgendem Problem geführt:

       Bei der Einreisekontrolle an der GÜST[4] (...) wurde bei der Überprüfung
der Toilette eines D-Zuges beiliegender KASSIBER festgestellt. Nach den

---

1 KD: In jeder Kreisstadt eines Bezirkes der ehemaligen DDR gab es eine Kreisdienststelle des Ministeriums für Staatssicherheit.
2 Maßnahme -A-: Telefonüberwachung.
3 VPKA: Volkspolizeikreisamt
4 GÜST: Grenzübergangsstelle

uns vorliegenden Kenntnissen handelt es sich dabei um eine bei den ZEU-
GEN JEHOVAS übliche Art der Nachrichtenübermittlung.
Der (...) wird danach anheimgestellt, sich zu diesem Problem zu äußern. Im
weiteren Gesprächsverlauf wird die (...) befragt, welche Zusammenhänge sie
zwischen dem Kassiber und ihrer Person sieht:
Hat sie schon Verbindungen zu Anhängern der Zeugen Jehovas oder
Symphatiebekundungen gehabt?
Wie kann sie sich den Inhalt des Kassibers erklären?
Wie kann ihre Adresse in der BRD bekannt geworden sein?
Gibt es in der DDR Personen, die der (...) bekannt sind, die Verbindungen
zu Zeugen Jehovas unterhalten bzw. selbst welche sind?
Nach Klärung dieser Fragen wird das Gespräch mit der (...) beendet. Durch
die von uns weiter einzuleitenden Maßnahmen in dieser Hinsicht, wird der
Ausbau des Kontaktes zur (...) möglich sein.

5. Vorgesehene Maßnahmen
– Absprache mit Genosse (...) zwecks Bestellung der (...) zum VPKA
– Schreiben eines Kassibers, der den üblichen Methoden der Nachrichten-
   übermittlung der Zeugen Jehovas entspricht – Termin (...)
– Gesprächsführung entsprechend der Konzeption durch Unterzeichnenden
– Weitere Aktivitäten unsererseits, die ein scheinbares Interesse der Zeugen
   Jehovas an der (...) vortäuschen sollen: Versand von ZJ – Materialien
   (Wachturm/Erwachet) in größeren zeitlichen Abständen mit fingierten
   Adressen aus dem süddeutschen Raum.
Dadurch gibt es die Möglichkeiten, die Gespräche auszubauen bzw. die Ehr-
lichkeit der (...) zu überprüfen und es wird ihr Interesse an der Klärung der
Problematik stimuliert.

Es ist gut zu wissen, daß auch diese IM-Kandidatin nach kurzer Zeit
weitere Kontakte mit dem MfS verweigerte.

Im Mittelpunkt der «IM-Bestandsaufnahme», die in regelmäßigen Abständen – jährlich mindestens einmal im Zusammenhang
mit der «Erstellung von politisch-operativen Lageeinschätzun-
gen» – zu fertigen war, wurden immer wieder Fragen zur «Effektivität» und «Intensität» der Zusammenarbeit mit den IM aufge-
worfen. Auf der Grundlage einer Planvorgabe durch den Leiter
der jeweiligen Bezirksverwaltung ging es um eine detaillierte Analyse der Arbeit des IM-führenden Mitarbeiters mit seinen «Quel-

len».[1] Die Einschätzungen bezogen sich auf die Anzahl der durchgeführten Treffs, Treffdauer, die Einhaltung des festgelegten Treffrhythmus, den Auslastungsgrad von konspirativen Wohnungen und anderes mehr. Durch die «ständige Klärung der Frage – Wer ist wer?»[2] wurden die Inoffiziellen Mitarbeiter laufenden Überprüfungen ausgesetzt, um möglichst frühzeitig Anzeichen von Unehrlichkeit, Dekonspiration oder gar Doppelagententätigkeit zu erkennen. Wichtig waren ebenso Aussagen zum «operativen Aussagewert» der erarbeiteten Informationen sowie über Ursachen und Umstände von IM-Verlusten bzw. Archivierungen.

Im folgenden beispielhaft einige Aussagen und Schlußfolgerungen aus einer IM-Bestandsaufnahme:

1. IMS «Siegfried»

IMS und Ehefrau (mitverpflichtet) werden genutzt zur operativen Kontrolle kirchlicher Hauskreise, entsprechend der Schwerpunkte der Linie XX.[3] IMS ist operativ erfahren, da er mehr als dreißig Jahre IM. Er bearbeitete mehrere OV[4] und war bei Durchführung OPK[5] beteiligt, zuletzt bis 1988 OPK «Weis». 1987/88 erfolgte auch Nutzung zur Aufklärung einer Verbindung ins Operationsgebiet (BRD/West-Berlin). Informationen des IMS zu kirchlichem Hauskreis sind operativ bedeutsam für Lageeinschätzung unter diesem Personenkreis. Treffs erfolgen regelmäßig in Abständen von 3 Wochen. Weitere Perspektive ist gegeben (1989 bis 30. 7. 89 – 10 Treffs mit 9 Informationen).

---

1 Informationsträger, die «politisch-operativ bedeutsame Informationen» zu Personen und Sachverhalten lieferten; es gab a) inoffizielle Quellen: Inoffizielle Mitarbeiter; b) offizielle Quellen: u. a. Tagespresse, Zeitschriften, Informationsspeicher etwa der Volkspolizei, Kaderunterlagen, oftmals Direktoren von Schulen, Betriebsdirektoren u. a. m. Für Quellen bestand ein genereller Schutz, eine generelle Geheimhaltungspflicht.
2 Grundsatzfrage im MfS-Betrieb, um das Persönlichkeitsbild bzw. Handlungen einer Person zu hinterfragen: Wann – Wo – Wie – Womit – Was – Warum – Wen – Wer – Was wurde veranlaßt – Geschlecht – Alter – Gestalt – Kopfform – Gesicht – Körperhaltung und Besonderheiten – Stimme und Sprache – Bekleidung.
3 Organisationsaufbau des MfS, wonach alle Diensteinheiten auf zentraler (Berlin) und bezirklicher Ebene miteinander in Kooperation standen, um Aktivitäten und Erscheinungen des «politischen Untergrundes» (PUT) bzw. der «politisch-ideologischen Diversion» (PiD) zu beobachten, zu untersuchen und zu bekämpfen (Beziehungen zu OPK und OV).
4 Operativer Vorgang
5 Operative Personenkontrolle

2. IMS «Musiker»

Die Einsatzrichtung des IM ist unter dem Aspekt seiner neuen Tätigkeit in einer Profi-Musikgruppe zu überarbeiten, wobei nach wie vor seine operativen Möglichkeiten im Klub der Jugend und Sportler genutzt werden müssen. Daraus ableitend ist der IMS mit einer solchen Legende auszurüsten, daß er jederzeit die Möglichkeit hat, sich in diesem Personenkreis zu bewegen.

3. IMS «Günther»

Der IMS fiel mit einem versuchten ungesetzlichen Grenzübertritt an. Im Ermittlungsverfahren wurde herausgearbeitet, daß der IMS bis zu diesem Zeitpunkt ehrlich mit dem MfS zusammengearbeitet hat. Eine Anhäufung persönlicher Probleme, über die er nicht berichtet hatte, führte zum Entschluß eines ungesetzlichen Grenzübertritts. Es ist zu prüfen, ob und wie eine inoffizielle Zusammenarbeit weitergeführt werden kann.

4. IMS «Brenner»

– Dekonspiration gegenüber Kontaktperson im NSW[1]
– Zeitlich begrenzte Zusammenarbeit nur noch in Form von Abschöpfung, ohne ihm weiteres Wissen zu vermitteln
– Abbruch der Zusammenarbeit ca. 12/89 mit der Begründung gegenüber IMS, daß «keine Notwendigkeit der ZA» mehr besteht.

5. IMS «Viktor Henze»

Der Einsatz des IM erfolgte seit 20 Jahren vorrangig in operativ-interessanten Personenkreisen, in deren Rahmen nutzbare Informationen erarbeitet werden konnten. Auf Grund vorliegender Hinweise (K I)[2] über ein nichtauszuschließendes Verbleiben bei einer Reise in die BRD, wurde diese abgelehnt (durch VP), aus Gründen der Sicherheit wurde die Zusammenarbeit formell eingestellt.

IV Exkurs: «Kassation» und einige Folgerungen für die Erschließung der Akten

Diese Beispiele sollen nicht nur aufzeigen, wie konkret auf dem Hintergrund der sicherheitspolitischen Bedürfnisse des Staates die Beurteilung von IM vorgenommen wurde. Sie können auch als wichtige Hinweise verstanden werden, auf welche Weise verlorene MfS-Be-

---

1 Nichtsozialistisches Wirtschaftsgebiet
2 Dezernat I der Kriminalpolizei

stände sich unter Umständen rekonstruieren lassen. Bevor ich zum Schluß noch einmal auf das MfS-Überwachungssystem – und seine extremen Folgen – zurückkomme, möchte ich deshalb zunächst einige Schlußfolgerungen aus meiner bisherigen Arbeit im Außenarchiv Gera einfließen lassen.

Die Arbeit mit allen «Bestandsaufnahmen» und «IM/GMS-Nachweisen»[1] bietet zum gegenwärtigen Zeitpunkt im Verein mit den Vorgangsheften der IM-führenden Mitarbeiter sowie mit der Sicherheits- und Auskunftsverfilmung die Chance, Lücken aufzuspüren und möglichst rasch zu schließen: Das betrifft insbesondere sämtliche Karteien (Form 16/Form 22/Form 77/Form 78/Form 505)[2], auf deren alleiniger Grundlage über einen langen Zeitraum Überprüfungen realisiert und Auskunftsersuchen gefertigt wurden. Diese Karteien strotzen nur so von Lücken; denn das Verdecken, Beseitigen, Wegoperieren und Weglügen gehörte zur Realität während des gesamten Auflösungsprozesses. Im Sprachgebrauch des ehemaligen MfS/AfNS wurde dies nobel als «KASSATION» bezeichnet. Die Vernichtung betraf nicht nur brisantes Material laufender Vorgänge, sondern auch eine unerträgliche Menge von bereits archivierten Operativen Vorgängen, Operativen Personenkontrollen und IM-Vorgängen.

In den Archivregistrierbüchern («Operative Hauptablage») sind diese Akten fein säuberlich mit einem Rotstift eingekreist. Die «Kassation» wurde zudem mit einem Paginierstempel vermerkt:

---

1 GMS: Bürger der DDR mit einer auch in der Öffentlichkeit bekannten staatsbewußten Einstellung und Haltung, der sich zu einer Zusammenarbeit mit dem MfS bereit erklärte. Der Einsatz von GMS zielte auf die Erlangung von Informationen aus deren jeweiligen Verantwortungsbereichen (z. B. Theater, Verband Bildender Künstler, Universität u. a. m.)

2 F(orm) 16: Personenkartei (Klarnamen) über alle aktiven und passiven Erfassungen zu Personen und Objekten eines Bezirkes. Inoffizielle Mitarbeiter, Operative Vorgänge, Operative Personenkontrollen, Zelleninformanten, Sicherungsvorgänge, Untersuchungsvorgänge etc.; F 22: Vorgangskartei über Gesamtbestand der aktiv registrierten Vorgänge und Akten eines Bezirkes; F 77: Arbeitskartei über Gesamtbestand der aktiven registrierten Vorgänge geordnet nach Decknamen und Diensteinheiten – Decknamenkartei; F 78: Territorialkartei bzw. Straßenkartei über Gesamtbestand der IM/GMS, OV eines Bezirkes geordnet nach Wohnorten, Straßen, Hausnummern und Wohnungsnummern; F 505: Kerblochkartei zum Gesamtbestand der aktiven registrierten Inoffiziellen Mitarbeiter.

29.11.89-V-Liste 77! Diese Angaben deuten neben dem Datum und «-V-», das für «Vernichtung» steht, auch auf den Computer-Ausdruck, der dann auch noch auf die nächtlichen «Kassierungsarbeiten» schließen läßt: 29.11.89 Uhrzeit: 05:04:15 – 01.12.89 Uhrzeit: 03:48:27 – 05.12.89 Uhrzeit: 02:36:43 usw. Ich habe durch Zufall mehrere Kassationslisten und die dazugehörigen Karteikarten F 16; F 22; F 77 gefunden, die allesamt aus ihren Schränken entfernt waren: Bisher stieß ich auf 481 Operative Vorgänge bzw. Operative Personenkontrollen, die aus dem Archiv heraus die Reise zur Vernichtung angetreten sind, und es läßt sich leicht vermuten, daß es sich dabei um mehrere tausend Blatt handelt.

Der bisherige Vergleich zwischen allen «Findhilfsmitteln»[1] und dem Vorhandensein der Akten ergab, daß 150 Operative Vorgänge bzw. Operative Personenkontrollen mit einer sehr unterschiedlichen Anzahl von Bänden tatsächlich nicht mehr aufzufinden waren. Wesentliche Konsequenzen, die sich aus dem Fund ergeben:

- Die möglich gewordene Vervollständigung aller Karteien läßt mit Blick auf das Akteneinsichtgesetz für mehrere hundert Personen überhaupt erst einmal die Auskunft zu, daß über sie ein Operativer Vorgang bzw. eine Operative Personenkontrolle angelegt wurde.
- Durch Vergleiche kann schnell festgestellt werden, welche Akten der Vernichtung anheimfielen. Für Betroffene, deren Vorgangsakten nicht mehr auffindbar sind, ergibt sich dann die folgende Möglichkeit einer Akteneinsicht: Wenn laufende Vorgänge vernichtet worden sind, muß dem Betroffenen die AKG-Akte[2] vorgelegt werden; er erhält dadurch verdichtete Informationen zum

1 Alle Karteien, Registrierbücher, Vorgangshefte der IM-führenden Mitarbeiter, Verfilmungen, IM-Bestandsaufnahmen, Nachweise über Inoffizielle Mitarbeiter u. a. m., die zur Feststellung einer inoffiziellen Tätigkeit von Personen bzw. ihrer Observierung durch das MfS führen über die Registriernummer zu den Akten über eine Person (z. B. IM-Vorgang oder OV).
2 Auswertungs- und Kontrollgruppe: Analytische Tätigkeit zur Verarbeitung und Nutzbarmachung der aus inoffiziellen und offiziellen Quellen gewonnenen Informationen. AKG-Akten beinhalten verdichtete Informationen zu Operativen Personenkontrollen und Operativen Vorgängen, wurden unabhängig angelegt und in der Struktureinheit «AKG» geführt und archiviert.

eigentlichen Vorgang; solche AKG-Akten können durchaus 100 Blatt umfassen, in Einzelfällen sogar mehrere Bände.

Sollte auch die AKG-Akte fehlen, dann gibt es alledings nur noch die Aussicht auf Informationen über Ermittlungsberichte aus der «Zentralen Materialablage» (ZMA) oder durch das Auffinden interner, diverser Mitteilungen bzw. Rückmeldungen.

- Sollte es sich bei vernichteten Vorgängen um bereits archivierte, d. h. vor dem Herbst 1989 abgeschlossene Vorgänge handeln, so sollte eine Akteneinsicht über die Verfilmung ermöglicht werden. Denn alle archivierten Akten sind in der Regel verfilmt worden: Dies betrifft sowohl IM-Vorgänge als auch Operative Vorgänge, Operative Personenkontrollen, Untersuchungsvorgänge aus den Untersuchungshaftanstalten und Vorgänge, die zur Ermittlung gegen allgemeine kriminelle Straftaten angelegt wurden. Zu diesen Filmen gehört eine Filmkartei, die eine schnelle Orientierung bei der Suche nach der Registriernummer/Archivnummer[1] des jeweiligen Vorgangs zuläßt.

- Weiterhin möchte ich auf unkenntlich gemachte Decknamen in den Vorgangsakten oder AKG-Akten hinweisen, weil diese Auslöschung auf den Sinn der Verfilmung deutet: Mit ihrer Hilfe wäre es zu jeder Zeit möglich gewesen, die IM wieder den Vorgängen zuzuordnen, in denen sie eingesetzt waren. Über die Durchsicht der Filme kann gewährleistet werden, die Klarnamen zügig bereitzustellen. Dies ist eine notwendige Ergänzung zur Arbeit mit der Decknamenkartei vor allem dann, wenn die IM-Akte gesäubert bzw. vernichtet worden ist. Fehlt die Decknamenkartei, so muß gänzlich auf die Arbeit mit den Verfilmungen zurückgegriffen werden. Bei gesuchten laufenden inoffiziellen Mitarbeitern sollte die sogenannte Sicherheitsverfilmung zu Rate gezogen werden, weil eben dort die Klarnamen fixiert sind.

Die Verwendung der unterschiedlichsten Dokumente und Materialien – IM-Bestandsaufnahmen, IM/GMS-Nachweise, Handkarteien der Mitarbeiter in allen Struktureinheiten des MfS, IM-Kerb-

---

1 Verbindliche Zahlenkombination zur Nachweisführung von Operativen Vorgängen, IM-Vorläufen, IM-Vorgängen, OPK-Akten u. a. m. Registriernummern sind in den Findhilfsmitteln angegeben und führen zur Aktenlage über eine Person.

lochkarteien (F 505) – sowie aller zur Verfügung stehenden Karteien würde die Erstarrung in begrenzten Handlungsmöglichkeiten rasch und beträchtlich lockern, in die uns der alleinige Umgang mit den bisher üblichen Karteien (F 16, F 22, F 77, F 78 etc.) versetzt hat. Dazu gehört natürlich auch ein effektiver Umgang mit den Verfilmungen und Registrierbüchern im Archiv. Das schleppende Tempo, in dem solche Möglichkeiten seit Inkrafttreten des Stasi-Unterlagen-Gesetzes verfolgt werden, ist auf ungenügende Vorbereitungen im Vorfeld zurückzuführen: Das betrifft insbesondere die Personalsituation und die völlig unzureichende materiell-technische Ausstattung.

Zur umfassenden Erschließung der archivalischen Hinterlassenschaften müssen rasch und unkonventionell Sachverständige und erfahrene Bürgerrechtler hinzugezogen werden.

V Auskunftspersonen

In der Auseinandersetzung mit unserer Vergangenheit dominiert seit geraumer Zeit der Begriff «Belastung». Es heißt: «Du bist belastet, als IM gearbeitet zu haben.» Ich finde, die Ausschließlichkeit seiner Anwendung auf die Enttarnung von Spitzeln verkürzt den anzustrebenden Prozeß der umfassenden Diskussion um das lebhafte Mitmachen und Mitlaufen in einer Gesellschaft, die durch Korruption, Amtsanmaßung und Komplizenschaft versottet war. Es ist insofern nicht unwichtig, den Begriff der «Auskunftsperson» in die Diskussion einzuführen, weil er viele Menschen meint, die in ständiger Bereitschaft lebten, über den Nachbarn zu informieren, über den Schläger oder Säufer im Nachbarhaus, über den bärtigen Studenten im Haus gegenüber...

Ich spreche von einer Mentalität, die auf dem Neid beruhte, daß der andere vom Leben mehr haben könnte als man selber, die hinter der Gardine lugte; die daherkam mit strengem Blick, die aufpaßte, daß nichts schiefging... Diese Mentalität wurde benutzt und ausgenutzt. Im Verständnis des MfS waren «Auskunftspersonen» zumeist legendiert anzusprechen, um sie zu Informationen – natürlich zu operativ-bedeutsamen Informationen – über Personen zu bewegen,

gegen die ermittelt wurde. Vor dem «Ansprechen» einer Auskunftsperson war ihre «wahrscheinliche Informiertheit» einzuschätzen. Es
war klarzustellen, ob es Möglichkeiten der Beeinflussung zu nutzen
galt, um die Auskunftsbereitschaft zu erlangen.

Im Wirrwarr des Archivgutes und der Panzerschränke stieß ich
auf einen Schrank, der mit dem Kürzel «AKP» gekennzeichnet war:
Darin befanden sich die roten Karteikarten (Form 401), die nach
Wohnbezirken, Straßennamen und -nummern geordnet sind. Unter
dem Namen der Auskunftsperson – handschriftlich vermerkt – cha-
rakteristische Hinweise zur Auskunftsbereitschaft! Hier ein nach-
träglicher Streifzug durch eine Straße in Gera:

– Herr (...); aufgeschlossen, höflich, kennt sich im Wohnbezirk gut aus. –
  Vorsitzender im Wohnbezirksausschuß
– Frau (...); zugänglich, parteilich, kritisch, Rentnerin, Information zu EB
  (Ermittlungsbericht 718/B9)
– Familie (...); aus persönlichen Gründen aus der SED ausgetreten, geben
  keine Auskunft mehr seit 1988
– Herr und Frau (...); nicht geeignet
– Frau (...); primitiv, abweisend
– Genosse (...); kennt sich gut aus, 11 operativ-bedeutsame Informationen
– Frau (...), Postzustellerin, kennt sich gut aus
– Genosse (...); Major NVA, offen, ehrlich, parteilich
– Frau (...) Hausfrau, sehr gute Quelle, wird aber zu oft angelaufen, 30 In-
  formationen zu Ermittlungsberichten
– Genosse (...), seit Geburt im Haus wohnhaft, kennt sich sehr gut aus,
– Genosse (...); Abteilung Inneres, sehr positiv
– Genosse (...); NVA, politisch gefestigt, ruhig ausgeglichen, guter Leu-
  mund, nicht unter der Legende NVA nutzen, er kennt sich aus, daß NVA
  keine Ermittlungen führt.
– Herr (...); nicht mehr als AKP nutzen, Nichtwähler und Antragsteller
– Genossin (...); Schuldirektorin, sehr gute AKP
– Frau (...); Pförtner beim Rat des Bezirkes, 5 Kinder alleine großgezogen,
  positiv
– Familie (...); ungeeignet, leben isoliert und sind desinteressiert an ihrer
  Umwelt –...

Der Ruf des MfS, eine flächendeckende Überwachung installiert zu
haben, gründet sich zu einem nicht geringen Teil auf der Bereitwillig-
keit von «Auskunftspersonen», Ermittlungen durch gezielte Aussagen zu unterstützen. In der «Zentralen Materialablage» (ZMA) häu-
fen sich Tausende solcher Ermittlungsberichte, die zu einem großen

Teil einfache Persönlichkeitseinschätzungen darstellen, um staatsfeindliche Aktivitäten, SED-Gegner, Neigungen zum Nichtwählertum, zur Aussteigerszene, Sektenzugehörigkeit, bekanntschaftliche Verbindungen ins «NSW», Aktivitäten von Antragstellern und anderes mehr festzustellen bzw. «vorbeugend» zu erkennen. Mitunter dienten diese Ermittlungsberichte dazu festzustellen, ob eine Person sicherheitspolitischen Erfordernissen genügte, ob sie noch für einen bestimmten Posten in Frage kam...

Das Bedürfnis des Staates, in dieser Weise zu verfahren, folgte gleichsam aus der Erkenntnis, daß ein großer Teil der Menschen eine öffentliche und eine private Meinung vertraten, und es galt zu ermitteln, was viele am Arbeitsplatz, in den Kollektiven an wirklicher Gesinnung verbargen; was sich in den Nischen der Gesellschaft allmählich an die Oberfläche schipperte.

Man kann sich wundern über jene Auskunftspersonen, die an Bildung, beruflicher und sozialer Stellung weit über dem Durchschnitt standen. Offenbar war es ihr Wunsch zur Identifikation mit diesem Staat. Er saß tief. Und sie standen mitten auf der sozialistischen Leiter. Und der Zusammenbruch des totalitären Regimes bedeutet noch lang nicht das automatische Ablegen des Korsetts totalitärer Gewohnheiten...

VI Festnahme – Isolierung

Zwei Jahre unentwegten Forschens in den Kellern des Archivs gehen nicht wie eine Episode an einem vorüber. Die Zweifel am Vermögen der Menschen, ein versöhnlicheres Verhältnis zueinander zu gewinnen, nähren sich und stehen in einer merkwürdigen Verbindung mit den Zahlen, Fakten und dem Wissen, auf welch elementare und auch banale Weise sich Menschen gegenseitig Schmerz und Wunden zugefügt haben. Andererseits bin ich froh über die nachsozialistischen Lehrstunden, weil sie mir Erfahrungen vermitteln aus dem Tiegel des Unrechts und mich davor bewahren, in aller Raschheit und Eile vor Erfahrungen zu fliehen, die vor wenigen Augenblicken noch alltäglich waren und es in anderen Teilen der Welt noch sind.

Ich habe keinen fertigen Standpunkt und keine fertige Antwort auf die Frage: «Was wäre im Herbst '89 geschehen, wenn...?» Aber meine Vorstellungskraft speist sich noch immer aus den Ereignissen auf dem «Platz des Himmlischen Friedens», und ich kann mir noch immer Gewaltakte, Haßgebrüll, Würgegriffe, Stiefelschlagen und -tritte ausmalen..., was mich alles gar nicht von so weit her – aus den Akten zumal – erreicht:

	Nebelwerfer	
Fangarm	Granitfelsen	Finallauf
	Grünstein	
	Baumschlag	

Diese Wörter, denen an sich schon das Odium von Gewalt anhaftet, sind Losungen und Kontrollkennworte, die zu jenen «schlagartigen und konspirativen» Aktionen führen sollten, in denen nach geheimen Planungen der Staatssicherheit in sogenannten Spannungsperioden «binnen 24 h» ausgewählte Personen festgenommen bzw. isoliert werden sollten.

Im Verständnis des MfS betraf die «Festnahme» nicht nur Personen, die unter dem dringenden Verdacht standen, «Straftaten gegen die Volkswirtschaft, gegen die allgemeine Sicherheit und staatliche Ordnung» zu begehen, sondern auch Personen, die

- «den organisatorischen Zusammenschluß von feindlich-negativ gesinnten Personen anstrebten bzw. betreiben,
- innerhalb einer sogenannten staatlich unabhängigen Friedensbewegung aktiv in Erscheinung getreten sind,
- unter demagogischer Tarnung, wie der Wahrung der Menschenrechte bzw. des Umweltschutzes, massive Aktivitäten entwickelt haben,
- unter dem Schutz reaktionärer klerikaler Kräfte mit relevanten Handlungen aufgetreten sind,
- Forderungen nach einer Veränderung der Staats- und Gesellschaftsordnung in der DDR durch die Verbreitung von Auffassungen über einen ‹demokratischen Sozialismus› und neue Sozialismusmodelle aufgestellt haben (‹Dissidenten.›).»

Festnahme und Unterbringung in Strafvollzugseinrichtungen und Untersuchungshaftanstalten waren die Ziele der Aktion «Fangarm». Verhaftung und Verbringung in sogenannte «Isolierungsobjekte», wie Jugendwerkhöfe, Kinderferienlager und ehemalige Kriegsgefangenenlager waren die Ziele der Aktion «Finallauf». Isoliert werden sollten Personen, die wegen ihrer «verfestigten Staatsfeindlichkeit» in der Lage schienen, «bestimmte Bevölkerungskreise gegen den Staat aufzuwiegeln»; vorbestrafte Personen im Sinne von «Rowdytum, Zusammenrottung, öffentlicher Herabwürdigung», Untersuchungsgefangene, Strafgefangene, die eine «Gefährdung» bei «gesellschaftlicher Wiedereingliederung» darstellten...

Als wenige Monate nach Beginn der Auflösung der Staatssicherheit das Wissen von der Planung sogenannter «Isolierungslager» in der Bevölkerung durchsickerte, wurde von verantwortlicher Seite – dem damaligen Leiter der MfS-Bezirksverwaltung Gera und den Vertretern von Militärstaatsanwalt und Polizei – immer wieder behauptet, es handele sich lediglich um vorbereitende Planungen für Internierungslager entsprechend den Bestimmungen der Haager und Genfer Menschenrechtskonventionen, die im Falle des Kriegszustandes eine schützende Verwahrung von ausländischen Bürgern, Bürgern diplomatischer Vertretung usw. vorsehen. Später versuchte man die vorliegenden Erkenntnisse dadurch ins Episodenhafte zu verklären, daß man sich auf gewissermaßen übliche Vorbeugungsmaßnahmen im Zustand der Verteidigungsbereitschaft berief. Aber selbst derartige Argumentationen, die das Ungeheuerliche zu verharmlosen suchen, verraten noch die verzerrte Sicht auf Menschen, mit denen man am Ende auch noch «Fangarm» und «Finallauf» spielen wollte: «Zur Gewährleistung der erforderlichen gezielten Selektierung von Personen» hatte man schon vorsorglich Personalkarten, Auskunftsberichte und Einstufungsvorschläge angelegt bzw. erarbeitet. Und die Grundlage dafür waren die Operativen Vorgänge, Operativen Personenkontrollen, aber auch KK-Erfassungen: Sie bildeten das Fundament für die Aufnahme, Ausgliederung oder Wiederaufnahme in den so bezeichneten «spezifisch-operativen Vorbeugungskomplex».

Zu diesem Zweck wurden Auskunftsberichte geschrieben und mit einem Einstufungsvorschlag versehen. Ein Auskunftsbericht beinhaltete im ersten Teil Angaben zum biographischen, sozialen und beruflichen Werdegang des oder der Betroffenen, die mit den Angaben identisch sind, die zuvor auf einer gesondert angelegten Personalkarte festgeschrieben worden waren. Dann folgt:

Ausführliche Begründung
Die Bearbeitung des Pfarrers (...) erfolgt seit Juli 1984 im Rahmen des operativen Ausgangsmaterials (OAM) «Kreuz» und seit Mai 1987 in der OPK «Abendmahl». Pfarrer (...) ist seit 1982 in (...) tätig. Mit dem Wirksamwerden des Pfarrers wurde das Gemeindehaus zielgerichtet für die Gründung einer Jungen Gemeinde ausgebaut und nachfolgend genutzt. In seinem gesamten Auftreten gegenüber staatlichen Organen zeigt sich Pfarrer (...) provokativ und feindlich-negativ. Er verweigerte bisher mehrfach seine Teilnahme an Wahlen und begründete dies damit: «Er ist mit dem Wahlsystem nicht einverstanden, die Kandidaten werden ihm vor die Nase gesetzt und er könne nicht frei entscheiden.»
Pfarrer (...) unterhält umfangreiche Kontakte zu Patengemeinden in der BRD und zu kirchlichen Amtsträgern außerhalb des Kreisgebietes sowie zu Mitgliedern Junger Gemeinden innerhalb des Bezirkes.
Derzeit ist Pfarrer (...) bestrebt, eine selbständige «Umweltschutzgruppe» in (...) aufzubauen. Im Rahmen dieser Arbeit führte er am (...) den ersten Umwelttag in (...) durch. Inhaltlich ging es um
– Dokumentationen
– Auswirkungen von «Tschernobyl»
– Puppenspiel
– Diskussionsstunden.
Während dieses Umwelttages trat Pfarrer (...) erneut offen negativ-feindlich in Erscheinung. Er forderte die Teilnehmer offen auf, zukünftig nicht an Wahlen teilzunehmen, griff die staatlichen Organe in provokatorischer Art und Weise an, und machte den Staat für die Katastrophe im Bereich der Umwelt verantwortlich. Weiterhin bemerkte er, daß Eingaben durch die staatlichen Organe nicht bearbeitet werden.
Beweismittel: OPK «Abendmahl» – KD (...)
zu beachtende Verbindungen: OV «Helfer» und OPK «Altar»
besondere Hinweise: großes Fachwerkhaus mit Garten, keine Klingel an der Haustür, nur ein Hauszugang, aber mehrere Möglichkeiten, das Grundstück über Gartenwege zu verlassen.
Stellungnahme des Dienstvorgesetzten:
Die Aufnahme in die Kennziffer 4.1.3. (Isolierung) ist gerechtfertigt.
Vorschlag zur Einstufung:
Kennziffer 4.1.3.
Bestätigung:
(Unterschrift des Leiters der Kreisdienststelle)

Es mag Menschen geben, die unter dem Eindruck dieser Fakten zusammenzucken. Es werden zuallererst die direkt Betroffenen sein. Andere wieder möchten sie gerne bagatellisieren, als gewöhnlich hinstellen, ihnen jegliche Bedeutung absprechen. Es sind vor allem die Primärverantwortlichen – die Herren der Bezirkseinsatz- und Kreiseinsatzleitungen (BEL/KEL), Offiziere vom Wehrbezirkskommando und die hauptamtlichen Mitarbeiter der Arbeitsgruppe des Leiters (AGL) in den ehemaligen MfS-Bezirksverwaltungen. Sie schweigen und warten gelassen darauf, daß ihnen juristisch einwandfrei die berühmte Individualschuld nachgewiesen werden kann: Was sind schon bereitliegende Befehle? Was sind schon Maßnahmepläne? Was sind schon Richtlinien, Direktiven, Geheimbefehle und Planungen? Es macht ihnen nichts aus, daß auf ihrer Basis Menschen mürbe gemacht, unterdrückt, entrechtet, eingesperrt und belogen werden. Aber diese Schriften und Planungen lügen nicht. Sie sind der perfide Auswuchs eines diktatorischen Anspruches, das Rückgrat von Menschen zu brechen.

All die Gesichter, mit Sommersprossen, Narben, Warzen oder Muttermalen, mit spitzer, schiefer oder Knollen-Nase, mit schmalen oder dicken Lippen, mit Kinngrübchen, gespaltenem Kinn oder Doppelkinn, auf den Paßbildern, in den Ordnern der Kennziffer 4.1.1. (Festnahme) und 4.1.3. (Isolierung), die in den MfS-Bezirksverwaltungen lagern, sind eine massive Warnung und erinnern an das totalitäre Korsett, zusammengehalten aus Konspiration, Lüge und Denunziation.

Ulrich Schacht

Versteinerte «Quellen»

**Fragmente zu einer politischen Fossilienkunde
im Fundhorizont des Elbe-Oder-Gebietes**

I

Ich hatte schon immer einen Hang zum Dokumentarischen. Diese
Leidenschaft, begrenzte Lebens-Räume sprengend, zweideutige Les-
Arten entschlüsselnd, erstreckte sich frühzeitig auch auf das Sammeln
von Dokumenten zur Erdgeschichte: Steine, Mineralien, Fossilien.

Das ist eine Analogie.

Seit Januar 1992 sammle ich – mich und meine Freunde betref-
fende – Akten des Ministeriums für Staatssicherheit der untergegangenen zweiten deutschen Diktatur. Vierzig Jahre lang wurde sie von
ihren Erfindern und Profiteuren «Deutsche Demokratische Republik» genannt. Die letzten zwei Jahrzehnte davon beteiligten sich *un-
natürlicherweise* auch ihre natürlichen Feinde an diesem semanti-
schen Verschüttungs-Prozeß.

Im politisch-administrativ nun wiedervereinigten Terrain zwischen Rhein und Oder ist über die Freigabe der Geheimdienst-Akten,
obwohl einem hochdifferenzierten Präparations-Gesetz unterwor-
fen, der zu erwartende Kampf entbrannt: *Aufklärung* ist auch heute
noch «der Ausgang des Menschen aus seiner selbstverschuldeten Un-
mündigkeit». Oder das Gegenteil?

Die Einsicht in die Akten zu verwehren, um die Herauspräparie-
rung von Dimensionen und Details, von Namen und Adressen des

195

innerdeutschen, deutsch-deutschen und gesamtdeutschen Massen-
verrats zu verhindern, der ein moralisch-ökonomisches Katastro-
phen-System bis über dessen Tod hinaus am Leben zu erhalten versucht (fast ein Stück aus dem Reich politischen Vampirismus), gibt es
jedoch nur rein böse bis rein dümmste Gründe. Anständige oder gute
jedenfalls gibt es rein gar nicht.

An der Akten-Einsicht – das Wort schimmert in der präzisen
Pracht seiner Ambivalenz – scheiden sich mithin die Geister, also die
Lebenden von den Toten, und der aus scheinheiliger Menschen-
freundlichkeit inzwischen inflationär oft beschworene angebliche
«späte Sieg» des Ministeriums für Staatssicherheit besteht nun gerade *nicht* darin, daß die von ihm angelegten Geheimdossiers über
fast alles und fast jeden öffentlich *die* Bedeutung haben, die sie tatsächlich *haben*, sondern ausschließlich darin, daß es deutsche Ge-
richte (befangen in einem sich selbst vergötternden rechtspositivisti-
schen Wahn) und deutsche parlamentarische Untersuchungsausschüsse (gefangen in mafiotischer Kumpanen-Solidarität) gibt, die
sich mit Hilfe der Dossier-Produzenten das ans Licht gebrachte Dun-
kelmänner-Material aufs Hellste interpretieren, das heißt: wertvoll-
wertlos machen lassen.

So gelingt es, mit Hilfe einer – sagen wir –: speziell Wiegandschen
Relativitäts-Theorie aus dem luftleeren Stasi-Kosmos einen allgemeinen Stolpeschen Spiel-Raum zu fabrizieren, in dem sich alle gra-
vierenden Unterschiede zwischen Licht und Finsternis, Vergangenheit und Zukunft, Anfang und Ende, vorne und hinten, oben und
unten schlicht aufheben – und eine motivierte Mehrheit staunt zu-
frieden über die Kunst der Natur, sich so verwirrend menschen-
freundlich, d. h. erkenntnisfeindlich zu gebärden.

Das Geheimnis der Geheimen soll geheim bleiben, weil es – an-
dersherum betrachtet und gewendet begriffen – so unheimlich eindeutig ist. Im eindeutig Un-Heimlichen aber leben wir nicht gerne;
schon gar nicht, wenn wir es auf höchst zweideutige Weise *über*lebt
haben.

Auf die Akten-Funde bezogen bedeutet das (auch): Nicht das, *was*
sie aussagen, macht ihren einst verborgenen und heute offenbaren
Schreckens-Gehalt aus, sondern *wer* wann wie und wo etwas über
wen mitgeteilt hat.

Wer wen?

Diese rhetorische Figur aus der frühen und mittleren Propaganda-Periode der zweiten deutschen Diktatur ist in der Tat ein hochinteressantes Fund-Stück im Phrasen- und Denunziations-Schutt des erodierten Regimes. Unsere Erinnerungs-Phantasie bewahrte zwar einen Umriß der ursprünglichen Stoß- und Zweck-Richtung besagter Pressions-Formel (zugehörig zur leitfossilen Gruppe Ulbricht); aber die durch die tektonischen Vor-Gänge völlig umgekehrte Be-Deutungs-Dimension überrascht denn doch. Der Präparations-Prozeß wird dadurch allerdings nicht unkomplizierter.

Nun hilft jedoch gegen jenes vorhin erwähnte Des-Interpretations-Verfahren, das auf der Medien- und Parteien-Agora der dritten deutschen Demokratie konsensfähig zu werden scheint, die appellativ-emotionale oder gar human-pädagogische Wider-Rede allein nicht:

Die Unbetroffenen wissen kaum, wovon die Rede ist; sie kennen derartig Dramatisches, in dem es um die tapfere Verteidigung oder feige Vernichtung von Menschen-Würde geht, fast nur aus zweiter Hand und deuten ihr diesbezügliches Erlebnis-Minus nicht etwa als unwahrscheinliches Glück, sondern das Erfahrungs-Plus der Betroffenen als unwahrscheinliches Unglück. Was tendenziell zwar selbstmörderisch, wohl aber nicht bösartig ist.

Die Täter – vom hoch-Inoffiziellen Mitarbeiter des Geheimdienst-Regimes bis hin zum den Geheimdienst strategisch und taktisch totalitär nutzenden Massenmörder im Amt und auf der Flucht – wissen nur zu genau, wovon die Rede ist. Deshalb (ver-)schweigen sie in den bekannten Varianten.

Die Opfer schließlich – moralische Sieger und Zeugen mit Erfahrungskompetenz, die das rechtsstaatliche Gemeinwesen benötigt, um im Wesen rechtsstaatlich bleiben zu können –, sie stehen vor allem den Befriedungs-Phrasen der gesamtdeutschen politischen Klasse im Wege, deren größte Pein eben jener Sieg ist, den sie wie einen überraschend sinnlosen, weil absurd hohen Lotto-Gewinn erfahren hat und in dessen Gefolge den Deutschen zwischen Rhein und Oder nicht nur der Blick in eine human-reichere Zukunft, sondern auch in einen zweiten a-moralischen Abgrund beschert wurde. Und keine rauchenden Trümmer – das naßkalte und furchtbar stille Zertrümmern des, geographisch-national gesehen, *halben* Lebens-Geländes blieb fast unbemerkt – lenken von dem peinlichen Paradoxon ab, daß der Abgrund zwar tief ist, gleichzeitig aber auch wieder nicht. Denn gleichzeitig ist er angefüllt; angefüllt mit Papier-Schichten. Eine gewaltige Einbruchstelle im gesamtdeutschen Seelen-Gelände; entstanden durch die Tektonik der von Menschen gemachten Geschichte (primär hat hier *natürlich* jene gegriffen, die zwischen Oder, Moldau, Donau und Ural bewegt wurde), mit der die einen nie und die anderen immer gerechnet hatten.

Das Beben ist vorbei, der Bruch da – und freigelegt sind die Geheimnisse einer untergründigen Geschichte, die wir so gerne vordergründig verstanden hätten. Das heißt: oberflächlich.

Für kategorische Dokumentaristen allerdings hat ein goldenes Zeitalter begonnen. Der skizzierte Ab-Grund ist für sie die reinste Glücks-Quelle. In der Fundstätten-Topographie der Erdgeschichtler und Fossiliensammler: ein Solnhofen und Messel zusammen.

Aber selbst die berühmte und unerschöpfliche «Grube Messel», nördlich von Darmstadt gelegen und Ablagerungsort einzigartiger Zeugnisse lebensgeschichtlicher Vor-Zeit, sollte zwischenzeitlich vom «Zweckverband Abfallbeseitigung Südhessen» mit Müll zugeschüttet werden.

Womit wir bei der Analogie in der Analogie wären.

Nun: Paläontologen lassen sich im Felde, auf der Fundstelle, vor allem eins nicht abhetzen: Ruhe. Ihre Erkenntnis-Erfolge basieren zum einen auf einer schier revolutionären Geduld, zum anderen auf profundester Phantasie, die immer auch eine Form *radikalen* Erinnerungs-Vermögens ist, mit deren Hilfe sie zunächst nichts anderes als kleine Realitäten ent-decken.

Aus solchen Partikeln, mit zielorientiertem Durchhalte-Vermögen herauspräpariert, setzen sie dann ganze Zeit-Horizonte zusammen, Lebens-Bilder, Geschichts-Prozesse.

Vergangenheit, die sich verschwunden oder undurchdringlich gab, wird plötzlich durchschaubar, gewinnt Gestalt, Kontur, paradigmatische Qualität – und wir *gewahren* Wesentliches über unseren Weg ins Heute, über die, die ihn versuchten oder auf ihm in Versuchung gerieten, ihr erlagen: Fuß- und Fingerabdrücke unseres moralischen Corpus auf den Haupt- und Neben-, Ab- und Irrwegen der jüngeren Geschichte zwischen Elbe und Oder und Elbe und Rhein.

Das «Freilegen von Fossilien», schreibt ein 1988 in Leipzig erschienenes «Lexikon Geologischer Begriffe», «betrifft auch die Freilegung innerer Strukturen».

Und wir verstehen: Das konzentriert-heitere Lächeln des Paläontologen beim Herauspräparieren solcher lebensgeschichtlichen Operativ-Vor-Gänge – es hat vor allem mit der Tat-Sache zu tun, daß der Präparations-Akt nicht nur, wie besagtes Lexikon weiter schreibt, das «Sichtbarmachen von Details» betreibt, sondern zuerst und zuletzt das Ziel einer «möglichst langen Konservierung» im Auge hat.

Erkenntnisse dauerhaft machen, Anschauungsmaterial herstellen, greifbare Beweise bergen: Der Beginn solcher Rekonstruktion ist das Ende jeder Spekulation.

Diese Arbeit ist vieles, aber vor allem ist sie not-wendig. Die Fossilien aus der «Grube Mielke» müssen so exakt herauspräpariert werden, daß sie nicht mehr interpretiert, sondern nur noch erkannt werden können.

Gemessen an den Normen einer ästhetischen Humanitätsidee (nach Lessing, Herder und anderen) kommt uns dabei Gräßlichstes und Häßlichstes unter die Augen: Die schlichte Wahrheit, daß das unerträglich Amorphe und Deformierte immer wieder möglich ist. Zugleich ent-decken wir als ebenfalls immer wieder möglich: Schönstes und Wunderbares.

Nebeneinandergestellt, komplettiert sich das Bild: Die Monster werden zwar nicht kleiner, aber sie beherrschen es auch nicht alleine. Der Fund-Horizont bekommt eine Dimension, die Wahrheit heißt, weil Wirklichkeit genaue Gestalt annimmt.

Darum geht es.

II

Im Folgenden werden Fund-Stücke, kategorial erfaßt, aufgeführt, beschrieben und gewertet. Hinzu kommen Verweise auf entwicklungsgeschichtliche Kontexte, Prämissen und Konsequenzen.

Spurenfossilien:
Das Fachbuch sagt, es handele sich hierbei um «Abdrücke von Versteinerungen, die dem Fachmann die Anwesenheit von Organismen verraten, aber keinen Rest des ehemaligen Lebewesens beinhalten».

Ältestes Spurenfossil in meiner MfS-Akte, Fundort Nebengrube «Korth/Schwerin», ist ein Bericht der «Quelle: GI ‹Helmfried›» vom 4. Mai 1968 «um 10 Uhr, Stadt». Hinter «Stadt» verbirgt sich meine Heimatstadt Wismar; GI, das Vorläuferkürzel von IM, bedeutet: «Gesellschaftlicher Informant». «Helmfried» ist der Deckname. Meine Erinnerungs-Phantasie hat sich den Umrissen des damaligen Geschehens, ich war gerade 17 Jahre alt geworden, angenähert. Aber «Helmfried» bleibt ein Spurenfossil, ohne Rest von Lebendigkeit. Angenommen wurde «Helmfrieds» Bericht von einem «Ltn. Wobst», der den Bericht anschließend, so ein «Maßnahme»-Vermerk, «abschriftlich zur Information an die BV und Gen. Ltn. Mertins» weitergeleitet hat.

«Helmfried» war mir am 30. April 1968 – in Böhmen, Mähren und der Slowakei entwickelte sich der Prager Frühling unter Alexander Dubček auf geradezu atemberaubend extensive Weise – «in der Gaststätte ‹Culinar›» begegnet. Es ergab sich eine von mir aus offen geführte Diskussion, die «Helmfried» nicht nur mitführte, sondern vor allem mitstenografierte: im Kopf.

«Helmfried» unterstellt mir bei der Wiedergabe des Stenogramms in der Kreisdienststelle des MfS Wismar nichts. Er hat genau zugehört und gibt korrekt wieder:

«Es ist eine Schweinerei, daß wir Schütz nicht durch das Gebiet der DDR reisen lassen und uns nicht an das Potsdamer Abkommen halten.»

Ich habe es mit Sicherheit gesagt.

«Den Christen ist in der neuen Verfassung zuwenig Garantie gegeben. Die alte war diesbezüglich besser.»

Ich habe es mit Sicherheit gesagt.

«Die faschistische Partei in Westdeutschland NPD vergleicht er mit der NDPD in der DDR. Als Begründung sagte er, in der NDPD sind auch die alten Nazis drin.»

Ich habe es mit Sicherheit gesagt.

«Helmfried» zählt weitere Ansichten konterrevolutionärer Art aus meinem Mund auf und teilt dann mit, daß wir uns verabredet hätten, das Gespräch fortzusetzen: «... an diesem Gespräch soll ich mehrere Jugendliche und Genossen einladen, er kommt gleichfalls mit einer Gruppe der Jungen Gemeinde. Dieses Gespräch soll Anfang Juli geführt werden. Ort und genaue Zeit sollen noch vereinbart werden.»

«Helmfried», ich erinnere mich, stellte sich mir im Laufe unserer Begegnung als ein junger, offener Genosse vor. Ich nahm die damals schon herrschende Phrase vom Dialog zwischen Christen und Marxisten auf, um ihn in einer Selbstbedienungskneipe der mecklenburgischen Kreisstadt Wismar sofort und offensiv zu eröffnen. Ich erinnere mich zugleich, daß er zwischen «Helmfried» und mir allerdings nicht fortgesetzt wurde. «Helmfried» verschwand spurlos. Nun ist er wieder aufgetaucht: als Spurenfossil der «Grube Mielke / Nebengrube Korth». Fundort: Schwerin in Mecklenburg. Korth, zuletzt im Generalsrang, war bis zum Zusammenbruch des Regimes Chef der Bezirksverwaltung (BV) Schwerin des MfS.

Ein anderes Spurenfossil ist mit «Auszug aus dem Monatsbericht der Arbeitsgruppe XX der KD Schwerin vom 03. 12. 69» überschrieben. Die Arbeitsgruppe XX im MfS war zuständig für die Beobachtung der «politischen Untergrundtätigkeit» (PUT). Der Auszug hält ein Ereignis vom 21. 10. 69 fest: «Bei dem am 21. 10. 69 im ‹Haus des Kulturbundes› stattgefundenen Forum mit Dr. Petras traten zwei Jugendliche durch zweideutige und zum Teil aufdringliche Fragestellung in Erscheinung. Von ihnen wurden u. a. folgende Fragen gestellt: – Werden in der DDR auch Giftstoffe, Munition und andere hochgefährliche Stoffe transportiert und wie werden diese Dinge gesichert? – Ist es richtig, daß außer Dr. Petras noch andere Wissenschaftler in die DDR gekommen sind? – Was wurde von Dr. Petras unternommen, um die Bevölkerung in WD aufzuklären?»

Der Auszug gibt korrekt wieder, was ich damals öffentlich fragte.

Ich erinnere mich deutlich an jenen Abend mit dem Agenten der Hauptverwaltung Aufklärung des MfS, Dr. Heinz Petras, in Schwerin – ein wegen befürchteter Enttarnung aus der Bundesrepublik abberufener Spion, der als ein um den Frieden schwer besorgter westdeutscher Wissenschaftler auf Propagandatour durch die zweite deutsche Diktatur geschickt wurde. Er hatte das Märchen von den Kriegsvorbereitungen der «Bonner Ultras» zu verbreiten. Ich erinnere

mich an den mit zahlreichen Uniformierten besetzten Saal, an die
ungläubig-empörten Blicke auf meinen Freund und mich, nachdem
wir zu sagen versuchten, daß der Kaiser da vorne ja nackt sei.

Ich erinnere mich an unser Amüsement über diese Empörung: Sie
waren die kritische Anfrage nicht nur nicht mehr gewöhnt, sie hielten
sie für schier unmöglich – so offen und direkt. Sie reagierten darauf:
zuerst fassungslos, dann gewohnt konspirativ. Aber die Quelle hörte
nicht genug, um korrekter Weiterrecherche zu dienen: Der aufge-
führte Freund an meiner Seite war nicht der, den man «herausgefun-
den» zu haben glaubte; es war ein anderer Freund, denn es gab mehrere von ihnen. Das Spurenfossil «Auszug» ist fehlerhaft.

Schließlich das Spurenfossil «Ministerrat der Deutschen Demokratischen Republik, Ministerium für Staatssicherheit, Geheim!,
Hauptabteilung / Abteilung VIII, Bezirksverwaltung Schwerin, Beobachtungsbericht, Betr. Schacht, Ulrich, wohnhaft Wismar, Bött-
cherstraße 16 a, Deckname ‹Hose›, Für die Zeit vom 14. 08. –
15. 08. 70 von 13. 30 Uhr bis 06. 15 Uhr»:

14. 08. 1970

	Die Beobachtung von «Hose» wurde am 14. 08. 1970 um
13. 30 Uhr	in der Nähe des VPKA begonnen.
14. 20 Uhr	verließ «Hose» das VPKA und ging über den Markt zum Rei-sebüro. Hier übernahm er die Unterlagen für die Auslands-fahrt, in die CSSR, kaufte eine Fahrkarte nach Rostock und erkundigte sich nach den Zuganschlüssen, über Rostock, die CSSR.
14. 40 Uhr	verließ «Hose» das Reisebüro und ging in die Bank am Markt. Hier begab er sich zu einem Schalter und führte ein kurzes Gespräch, danach verließ er die Bank. Von hier aus begab er sich zur Reinigung in der Lübschen Straße. Nach kurzer Zeit kam «Hose» wieder heraus und ging in seine Wohnung, Böttcherstraße 16 a. Nach ca. 2 Minuten verließ «Hose» das Objekthaus und be-gab sich zur «Kogge» am Markt. In der Gaststätte traf er sich mit einer männlichen Person. Die Person erhält den Deckna-men

                                          «Jacke»
Personenbeschreibung: «Jacke»
scheinbares Alter: ca. 20 Jahre
Größe: ca. 170 cm

Figur	: schlank
Gesichtsform	: lang
Haarfarbe	: schwarz
	Lippenbart und Backenbart,
	leicht angedeutet
Bekleidung :	grün-braune Windjacke
	mit breitem Gürtel und Ärmelbund
	dunkelgraue Hose – enganliegend
	weißer Pullover
	ständig eine Sonnenbrille getragen

«Jacke» wurde von «Hose» aufgefordert sofort zu bezahlen. Danach verließen sie die Gaststätte. Beide begaben sich jetzt in schnellem Tempo zur Reinigung in der Pöeler Straße – Ecke Hoher Damm. Nach kurzer Zeit verließen sie wieder die Reinigung und begaben sich zurück in die Böttcher-Straße.

16.00 Uhr betraten sie das Haus Nr. 11.

17.15 Uhr verließen beide das Haus und begaben sich zur Bank, am Markt.
Hier wollten sie Geld umtauschen.
Nachdem das Vorhaben mißlang schimpften sie kräftig darüber und gingen zum Hafengelände, in der Nähe des «Internationalen Seemanns Club».
Hier blieben sie ca. 5 Minuten stehen ohne etwas zu unternehmen. Danach begaben sie sich ca.

17.30 Uhr ins Hafengelände, Kopenhagener Straße.
Hier wurden sie vom Zoll nicht gehindert das gesperrte Hafengelände zu betreten.

17.40 Uhr verließen sie das Hafengelände und begaben sich durch die Blüffel Straße in Richtung Markt. Unterwegs wurden in einem Bäckerladen und Gemüseladen Einkäufe gemacht.
Vom Markt aus gingen sie in die Karl Liebknecht Straße, Dahlmann Straße in die Neue Wall Straße und betraten das Haus Nr. 6 um

18.10 Uhr

18.35 Uhr verließen sie das Haus und gingen zur Böttcher Straße, dort betraten sie das Haus Nr. 11.
Nach kurzer Zeit verließen sie das Haus Nr. 11 und gingen in das Objekthaus Nr. 16 a.

20.15 Uhr verließen beide und eine weibliche Person das Haus und begaben sich zum Bahnhof.
Am Bahnhof auf dem Bahnsteig wurde «Hose» herzlich, mit Kuß, von der älteren weiblichen Person verabschiedet.
«Hose» fuhr mit dem planmäßigen Zug nach Rostock ab.

«Jacke» und die weibliche Person verließen das Bahnhofsgebäude.

Im Zug, bei der Fahrkartenkontrolle gab es Auseinandersetzungen mit dem Schaffner.

«Hose» verweigerte die Bezahlung des Zuschlages. Daraufhin wurde der Zugführer herangeholt.

Es stellte sich heraus, daß er keinen Zuschlag bezahlen brauchte.

Während der Fahrt saß «Hose» allein und las in einem Buch. (Titel «Das offene Fenster»)

22.46 Uhr traf der Zug mit 25 Minuten Verspätung in Rostock ein.

«Hose» stieg aus und traf sich mit einer männlichen Person, die er mit Toni ansprach.

Diese Person (männlich) erhält den Decknamen

«Gürtel»

Im laufe des Gesprächs zog «Hose» seinen Personalausweis und zeigte ihn «Gürtel», dabei lachten sie beide.

Danach gingen sie in die Mitropa, wo sie Brause tranken.

Nach Einlauf des Zuges verließen sie die Mitropa und bestiegen den Wagen Nr. 44.

Nach kurzer Zeit stiegen sie aus und suchten am anderen Ende des Zuges den Wagen Nr. 45 auf. Für diesen Wagen hatten beide die Karten gelöst. Der Zug fuhr planmäßig in Richtung Prag über Berlin und Dresden ab.

In Berlin, am Ostbahnhof, stieg eine weitere unbekannte männliche Person zu.

Die männliche Person erhält den Decknamen

«Hemd»

Personenbeschreibung:

scheinbares Alter : ca. 20 Jahre
Größe : 175 cm
Figur : schlank
Gesichtsform : lang
Haarfarbe : dunkelblond
Bekleidung : dunkle Jacke
dunkelblaue Hose
dunkles, weißgepunktes Hemd

Alle drei kannten sich. Nach der Begrüßung verließ «Hose» den Zug und ging zur Bahnhofshalle. Er hatte eine kleine, schwarze Tasche bei sich. In der Bahnhofshalle drehte er um und ging zum Zug zurück.

Gleich darauf verließen alle drei den Zug und gingen in die Bahnhofshalle, zum Schalter für Geldumtausch. Hier haben sie nichts erreicht.

Danach kehrten sie in den Zug zurück, der planmäßig abfuhr.
Aus einem Gespräch konnte entnommen werden, daß sie es
in Bad-Schandau nochmals versuchen wollten.
Danach begaben sich alle drei zum Abteil und schliefen bis
Dresden.
Nach Einfahrt des Zuges in Dresden-Hauptbahnhof stellten
sie ihr Gepäck um und wechselten die Plätze, vom Fenster
zum Mittelgang.
Mit dem planmäßigen Zug nach Prag über Bad-Schandau
fuhren die drei weiter.

06.15 Uhr   wurde die Beobachtung beendet.

Die Personen führten folgendes Gepäck bei sich:
«Hose» einen großen, grauen Koffer
«Gürtel» einen alten, braunen Lord
«Hemd» einen kleinen, grauen Koffer

Ott

Leutnant

Ott hat korrekt berichtet, minimalste Fehler ändern daran nichts. Das
Buch, in dem ich las, trug den Titel «Offene Fenster». Aber Ott saß
nicht auf meinem Schoß, da konnte schon aus vielen offenen Fenstern
ein einziges werden. Ott saß nur neben mir oder gegenüber oder
schräg seitlich vor mir oder – superkonspirativ – genau hinter mir:
mit einem Taschenspiegel in der Hand und in der anderen einen
Kamm, die Spiegelschrift nicht ganz so beherrschend; aber vielleicht
das Chargenfach «eitler Herr».

Das Spurenfossil «Beobachtungsbericht», zu dem noch zwei Fotos
gehören, die mich beim Verlassen des Reisebüros der Stadt Wismar
zeigen – junger Mann mit Pfeife im Mund und Aktentasche unterm
Arm, sich konspirativ nach links und rechts umschauend –, dieses
Fossil gehört zur Sorte mit den skurrileren Mustern.

Faziesfossilien:

Das Fachbuch sagt, es handele sich hierbei und im Gegensatz zu
«Leitfossilien», auf die wir noch kommen, um Fossilien, die «einen
bestimmten Ablagerungsbereich kennzeichnen, etwa den eines Riffes
oder eines Binnensees».

Bedeutendstes Faziesfossil meiner vorläufigen Sammlung, wobei
ich Hinweisen auf mich betreffendes Material in sächsischen und
thüringischen Neben-Gruben noch gar nicht nachgehen konnte, ist

zweifelsohne der «Aktenvermerk Abteilung XX Schwerin, den 22. 3. 1973 über die Absprache mit dem Genossen Oberstleutnant SKRAJA von der Hauptabteilung XX / 4 zum Vorgang ‹Vereinigung› am 21. 3. 1973.»:

Genosse SKRAJA hatte den Auftrag, sich noch einmal über die unmittelbare Vorbereitung des Abschlusses des Vorgangs «Vereinigung» zu informieren.

Hauptfragen waren:

1. Ist die strafrechtliche Seite hinsichtlich der Erfüllung des subjektiven und objektiven Tatbestandes nach § 106 StGB voll gewährleistet? Welche Haltung hat die Abteilung IX zu diesem Problem?

2. Wäre nach der jetzigen Sachlage eventuell ein Ermittlungsverfahren ohne Haft vertretbar?

3. Ist gesichert, daß, im Zusammenhang mit der Inhaftierung des SCHACHT, Ulrich keine Aktionen der Kirche bzw. der ESG vorgetragen werden, die unsere Politik stören könnten?

Unter Beachtung dieser 3 Fragestellungen wurde nochmals der Bearbeitungsstand analysiert und eine Konsultation mit dem Leiter der Abt. IX, Gen. Oberstleutnant TRAUTENBERGER, durchgeführt.

Im Ergebnis der gemeinsamen Beratung und der Prüfung der vorhandenen Materialien wurde eingeschätzt, daß es auf Bezirksebene keine Gründe gibt, die der Realisierung des Vorgangs in der vorgesehenen und in der Realisierungskonzeption vorgeschlagenen Form entgegenwirken.

Die Abt. IX, die den Operativ-Vorgang seit der Entstehung bis zum gegenwärtigen Zeitpunkt von den Zusammenhängen her kennt und die Beweislage direkt mit beeinflußte, begründete den Abschluß des Vorgangs durch Einleitung eines EV mit Haft.

Gen. Oberstleutnant SKRAJA war mit der Analyse und Einschätzung der aktuellen Vorgangssituation voll einverstanden und erklärte, daß diese Übereinstimmung schon in der schriftlichen Stellungnahme der HA XX / 4 mit Vorschlag dem Gen. Generalleutnant SCHRÖDER unterbreitet wurde.

Diese übereinstimmende Auffassung will Gen. Oberstleutnant SKRAJA in einem erneuten Bericht darlegen.

Unsererseits wurde auf die zu beachtenden Umstände, insbesondere hinsichtlich des Zeitfaktors für den Abschluß des Vorganges, hinsichtlich eines möglichen Wohnungs- und Arbeitswechsels des Verdächtigen und der damit verbundenen Gefahr der Verlagerung wichtiger Beweismittel aufmerksam gemacht.

Genosse Oberstleutnant SKRAJA versprach, unverzüglich Bericht zu erstatten, um eine schnelle Entscheidung mit herbeizuführen.

Freyer
Oberstleutnant

AKTENVERMERK

über den telefonischen Anruf des Genossen Oberstleutnant SKRAJA.
Gen. Oberstleutnant SKRAJA teilte mit, daß er am Donnerstag, dem
22. 3. 73, Bericht erstattet hätte zum Vorgang «Vereinigung».
Es wurde entschieden, daß der Genosse Willi BARTH vom ZK der SED (Kir-
chenfragen) über den beabsichtigten Abschluß zu informieren ist durch die
HA XX, um von dieser Seite eine politische Entscheidung einzuholen.
Das Ergebnis wird unverzüglich der BV Schwerin mitgeteilt.

Freyer
Oberstleutnant

Der «bestimmte Ablagerungsbereich», der hier ganz präzise und pro-
filiert zum Vorschein kommt, ist das Verhältnis der zweiten deutschen Diktatur zur evangelischen Kirche. Meine Verhaftung, so können wir ablesen, stand unmittelbar bevor (tatsächlich fand sie dann
am 29. März 1973 statt). Zwischen den zuständigen Schweriner MfS-
Abteilungen XX und IX (Untersuchungsabteilung) einerseits sowie
der Berliner Hauptabteilung XX / 4 (politische Untergrundtätigkeit
im Bereich der Kirchen) laufen die Drähte heiß. Der Operativ-Vorgang «Vereinigung», der am 29. Oktober 1970 gestartet worden war,
sollte endlich abgeschlossen werden. Oberstleutnant Sgraja (die
Schreibweise in dem mich betreffenden Dokument ist falsch und
wahrscheinlich in einem phonetischen Übermittlungsfehler begründet), Chef der Berliner Hauptabteilung XX / 4 und Scharnier-Offizier
zwischen dem letztentscheidenden SED-Zentralkomitee und der vor
Jagdfieber bereits herumhechelnden MfS-Meute in Schwerin, hat eigentlich nur ein wirkliches Problem: «Ist gesichert, daß, im Zusammenhang mit der Inhaftierung des SCHACHT, Ulrich keine
Aktionen (Anm. des Autors: das Wort steht im Original handschriftlich über dem maschinenschriftlich gesetzten Wort «Instruktionen»)
der Kirche bzw. der ESG vorgetragen werden, die unsere Politik stören könnten?» – «Unsere Politik».
«Unsere Politik» gestaltet Oberstleutnant Sgraja zu diesem Zeitpunkt (da er ansonsten bekundet, alles zu tun, damit Schacht, Ulrich
endlich verhaftet werden kann) zusammen mit dem brandenburgischen Kirchenfunktionär Manfred Stolpe, damals Leiter des Sekreta-
riats des Bundes der Evangelischen Kirchen in der DDR.

Sgraja versteht sich 1973 als Führungsoffizier des Kirchenmannes, den er in seinen Gesprächsprotokollen mit dem Decknamen «IM Sekretär» tarnt.

Ob sich diese beiden «Partner» einer ganz speziellen deutschen «Wegegemeinschaft» (Leitbegriffe aus der gegenwärtigen Interpretations-Strategie der Interessen-Gemeinschaft ehemaliger tschekistischer und evangelisch-unierter oder evangelisch-lutherischer Dia-Logisten) an jenem 21. März 1973, da Sgraja mit seinem Kollegen in Schwerin, Oberstleutnant Freyer, telefonierte, zu einem konspirativen Dialog in der konspirativen Wohnung «Hagen» einfanden, um bei Kaffee und Kuchen vielleicht auch den Fall des konterrevolutionären Theologiestudenten aus der mecklenburgischen Provinz kurz zu streifen, der das Konzept einer «Kirche im Sozialismus» nicht nur nicht goutierte, sondern es als feigen, heillosen Verrat am Kern der Botschaft des Mannes aus Nazareth begriff und angriff?

Gewiß, das ist eine Spekulation; und die Präparierung des Fossils beantwortet diese Frage mit keiner rekonstruierbaren Verbindungslinie. Dafür erscheint eine andere um so vollständiger: die vom MfS zum ZK der SED. Es ist zugleich das ablesbare Erscheinen einer direkten Befehlslinie vom ZK der SED zum MfS, das an dieser Stelle in seiner öffentlichen Selbstdarstellung allerdings auch nie gemogelt hat. Es wollte «Schild und Schwert der Partei» sein, und es war es auch.

Sgraja holte sich die Abschuß-Genehmigung für seine Schweriner Genossen, in der Aktennotiz «Abschluß»-Genehmigung genannt, vom «Genossen Willi Barth vom ZK der SED (Kirchenfragen)» persönlich. Das teilte Sgraja Freyer vier Tage später, am 26. März 1973, mit – drei Tage vor der Verhaftung des Schacht, Ulrich, über den er am 22. März 1973 seinem «Gen. Generalleutnant SCHRÖDER» berichtet hatte.

Zur Vorlage gehörte gewiß auch ein weiteres Faziesfossil, ein Prachtexemplar nach Erhaltung und Aussagekraft. Sein Name: «Hauptabteilung XX/4 Berlin, den 12. Januar 1973 Stellungnahme zum Vorlauf Operativ ‹Vereinigung› der BV Schwerin, Abt. XX/4»:

Die Einleitung strafrechtlicher Maßnahmen zum jetzigen Zeitpunkt wäre eine wirksame Möglichkeit zur Liquidierung des Vorgangs. Der Hauptabteilung XX / 4 wurde zusätzlich zu den Informationen der BV Schwerin bekannt, daß die negative Gruppierung, der **Schacht** angehört, plante, negative Aktivitäten anläßlich der Weltfestspiele in Berlin zu entwickeln. Aus der Bearbeitung des Vorgangs «Vereinigung» und aus der Bearbeitung des Jugendpfarrers **Lietz** in Güstrow, der ebenfalls zu dieser Gruppierung gehört, ist bekannt, daß diese angefallenen Personen in der Vergangenheit sich nicht davor gescheut haben, in der Öffentlichkeit feindliche Aktionen durchzuführen. Es ist deshalb notwendig, diese Gruppierung mit wirksamen Mitteln zu zerschlagen.

Die Liquidierung des Vorgangs ist auch für die Zurückdrängung politisch negativer Aktivitäten innerhalb der Evangelischen Studentengemeinde (ESG) von Bedeutung. Der Vorgang hat seinen Ursprung in der ESG Schwerin. Die ESG in Schwerin ist wie die meisten dieser evangelischen Studentengruppen in der DDR die Ausgangsbasis für negative und feindliche Aktivitäten. Die Realisierung wirksamer Maßnahmen gegen **Schacht** würde allen reaktionären Kräften innerhalb der Evangelischen Studentengemeinden zeigen, was die Auswirkungen ihrer Liberalisierungstendenzen und Aktivitäten zur Verunglimpfung des sozialistischen Staates sind.

Mit Hilfe von qualifizierten IM in leitenden Positionen der Evangelischen Studentengemeinden der DDR könnte eine wirksame Auswertung der Liquidierung der Feindtätigkeit von **Schacht** erfolgen.

Ein aktives Vorgehen gegen **Schacht** hätte auch sehr wirksame Auswirkungen auf die Theologischen Sektionen in der DDR und auf Bausoldatengruppierungen. Die bearbeiteten Personen unterhalten enge Verbindungen zu Theologiestudenten und Bausoldatengruppierungen (durch Pfarrer **Lietz**, Güstrow, erfolgt eine aktive Mitarbeit in der von ehemaligen Bausoldaten unterwanderten Jugendkommission der Christlichen Friedenskonferenz). Mit der wirksamen Liquidierung der Feindtätigkeit **Schachts** würden ähnliche Aktivitäten unter Theologiestudenten und Bausoldatengruppierungen gelähmt werden.

Von der HA XX / 4 wird eingeschätzt, daß es bei einer Festnahme **Schachts** zu keinen Protesten kirchenleitender Personen kommen wird. In der Leitung der Evangelisch-lutherischen Landeskirche Mecklenburg (Schwerin) sind qualifizierte IM vorhanden, welche evtl. negative Auswirkungen verhindern können. Außerdem ist der Bischof sowie ein weiterer Teil der Kirchenleitung durch den Einsatz dieser IM bereits in Zusammenhang mit anderen Vorkommnissen (Republikflucht des Pfarrers **Romberg**) auf die negativen Aktivitäten **Schachts** und seiner Freunde und auf evtl. Folgen aufmerksam gemacht worden.

Ein Dokument aus dem Bereich, der «unsere Politik» genannt wurde; das ihn qualifiziert und das, was die evangelischen Dia-Logisten dazu beitrugen.

Da ich noch von vielen weiteren und im Wesentlichen unpräparierten Fundstücken dieser Art in meiner Sammlung weiß, überkommt mich manchmal das paläontologische Lächeln, konzentriert und heiter, das ein Ziel meint und um seine Erreichbarkeit weiß. Es ist eine schneidend-stille Antwort auf das pathologisch-starre Lächeln, das wir auf vielen Fundstücken aus der Kategorie der Faziesfossilien herauspräparieren können. Vergangenes Grienen, das Lebendigkeit vortäuscht; tatsächlich aber handelt es sich um Verzerrungen in Toten-Masken.

Ich wiederhole: Der Beginn der Rekonstruktion ist das Ende der Spekulation.

Leitfossilien:

Das Fachbuch sagt, es handele sich hier um Fossilien, die «nur innerhalb einer bestimmten, geologisch kurzen Zeitspanne vertreten» seien, wiesen aber gleichwohl «eine große geographische Verbreitung auf» und erlaubten es, «unterschiedliche Gesteine an weit voneinander entfernten Orten mit Hilfe dieser Fossilien als zeitlich gleich einzustufen».

Es ist inzwischen bekannt, daß das am weitesten in der «Grube Mielke» verbreitete Leitfossil der «IM» ist. Es gibt ihn in den Unterarten «IMS» gleich «Inoffizieller Mitarbeiter im Sicherungsbereich», «IMV» gleich «Inoffizieller Mitarbeiter mit vertraulichen Beziehungen» oder «IMB» gleich «Inoffizieller Mitarbeiter mit Feindberührung».

Es sind allesamt Abkürzungen für den Nächsten-Verrat. *Die* entscheidende Voraussetzung für das Anlegen von Operativ-Vorgängen über viele und vieles im SED-MfS-Staat. IM waren Eltern, die ihre Kinder verrieten, und Kinder, die die Eltern denunzierten. IM waren Freunde, die ihre Freunde bespitzelten, Kollegen ihre Kollegen, Christen ihre Mit-Christen, Genossen ihre Genossen: Theologieprofessoren und Kindergärtnerinnen, Medizinstudenten und Rechtsanwälte, Schauspieler und Liedermacher, Lyriker und Romanciers, Dirigenten und Komponisten, Bibliothekare und Oberkirchenräte,

Taxifahrer und Barkeeper, Reinemachefrauen und Krankenschwe-
stern, Lehrer und ehemalige politische Häftlinge, Alt-Kommunisten
und Ex-Nazis, Rentner und FDJ-Sekretäre, Ehemänner und Ehefrauen, Nachbarn und Untermieter...

Leitfossilien. Sie machen, durch ihre Häufigkeit, das Areal kennt-
lich: Halbdeutschland als heilloses Nächsten-Verrats-Gelände, von
vergifteten «Quellen» durchsetzt, die heute, versteinert, schweigen
und nicht mehr sprudeln. Und auch ich kann nur bestätigen, daß
Leitfossilien den größten Teil meiner Sammlung ausmachen – allein
24 Prachtstücke mit der Bezeichnung «IMS» oder «IMV» «Karl
Heinz» fand ich in meinem Akten-Claim. Drei von ihnen seien hier
ausgestellt:

IMS «Karl Heinz»   Tonband mündlich angenommen am
                            27. 04. 1971 durch Oltn. SCHRÖDER in
                            IMV «Am See» gef. 3 Expl.

<u>Bericht</u>

Begegnung mit SCHACHT

Ich bin am Abend des 26. April nach Rostock gefahren mit dem Ziel,
SCHACHT auftragsgemäß zu treffen. Ich hatte mich vorher nicht angemel-
det, der Besuch war zufällig, galt als zufällig.
Im Studentenwohnheim Thierfelder Straße 1, Wohnung 24 habe ich SCH.
nicht angetroffen, aber einen Mitstudenten.
Ich habe einen Zettel hinterlassen, mit der Nachricht, daß ich am Bahnhof sein
werde, 22.30 Uhr zurückfahre nach Schwerin und SCH. noch gerne treffen
würde.
SCH. kam kurz nach 22.00 Uhr, wir trafen uns in der Mitropa am Rostocker
Hauptbahnhof. Er kam so spät, weil er bei seiner Freundin gewesen war.
Wir hatten für das Gespräch, das nach einem ¾ Jahr das erste Gespräch wieder
war zwischen uns, nur eine halbe Stunde Zeit. So konnten einzelne Fragen
nur angetippt werden, ohne daß Probleme genauer und tiefgründiger erörtert
werden konnten.
SCH. zeigte mir gleich zu Beginn des Gespräches das Mitgliedsbuch der CDU
und deutete damit an, daß er in diese Partei eingetreten ist, ohne zu dem
Motiv seines Eintritts Stellung zu nehmen.
Er ist seit dem 12. 01. 1971 Mitglied der CDU.
Zu den Problemen, die im Gespräch auftauchten:
1. Ich fragte ihn, ob er noch «Chefredakteur» des Mitteilungsblattes der sog.
   «Kritischen Gemeinde» sei.
   Er sagte mir, daß es das nicht mehr gäbe. Es habe ein Gespräch stattgefun-

den zwischen dem Sekretär der Bezirksleitung der SED, Hans WANDT und dem Oberkirchenrat. Dort wurde dem OKR gesagt, wenn er nicht fähig ist, eine antisozialistische Gruppierung innerhalb der Kirche aufzulösen, dann werde die Gruppe von außen aufgelöst. Den Ausdruck antisozialistische Gruppierung gebrauchte SCH. im Gespräch.

2. SCH. zeigte mir Gedichte von Wolf BIERMANN, die offensichtlich an der Universität Rostock in mehreren Sektionen kreisen. Von der Quelle ist mir nichts bekannt. Ich habe die Gedichte nur angelesen, es waren mehr alegorische Gedichte, die sich gegen die Macht im allgemeinen richteten, aber natürlich gegen die Staatsmacht der DDR ausgelegt werden können.

3. SCH. zeigte mir auch einige eigene Gedichte, zum Teil sind diese sehr abstrakt geschrieben und berühren Fragen, die seine ganze ideologische Unklarheit ausdrücken, aber es sind keine Gedichte, die Massenwirksamkeit erreichen könnten.

(...)

5. SCH. äußerte sich sehr unzufrieden über den gesellschaftswissenschaftlichen Unterricht an der Uni.

Er nannte z. B. die Zahl, daß auch in anderen Sektionen der Unterricht nicht gut ankomme und z. B. von 190 Medizin-Studenten nur 24 zu einer solchen Vorlesung erschienen seien.

An der theolog. Sektion verhalte es sich ähnlich. Zahlen nannte er nicht.

Er bemängelte hauptsächlich, daß der Unterricht einseitig agitatorisch geführt wird und Fragen, die die Studenten bewegen, nicht genügend zur Sprache kommen.

(...)

8. SCH. erzählte mir auch, daß er im August 1970 aus der CSSR ausgewiesen wurde und in Dresden kurze Zeit bei der Staatssicherheit, er sagt in Einzelhaft, war, weil er demonstrativ am Grabmal von Jan PALLACH Blumen niedergelegt hat.

Mir ist in Erinnerung, daß er 1968 z. Zt. der Ereignisse in der CSSR mit einem Abzeichen, das die tschechische Nationalfahne im Trauerrand zeigte, demonstrativ vor dem Gebäude des MfS in Schwerin am Demmlerplatz aufgetreten ist, ohne aufzufallen. Er hatte aber die Absicht, aufzufallen und zu provozieren – hier mischen sich die Gefühle eines Märtyrers und eines Abenteurers.

Als er mir vor längerer Zeit diese Geschichte erzählte, sagte er, daß das Abzeichen wohl zu klein gewesen sei, um am Demmlerplatz bei den Genossen des MfS bemerkt zu werden bzw. Aufsehen zu erregen.

SCHACHT wird mit mir in Verbindung bleiben. Er hat mir versprochen, einen Brief zu schreiben und ganz locker wurde vereinbart, daß wir uns wiedertreffen, z. B. soll ich übers Wochenende oder zu einer anderen Gelegenheit nach Rostock kommen.

gez. «Karl Heinz»

Quelle: IMV «Karl Heinz»
Treff am: 24.11.1972
angenommen durch: Leutnant RICCIUS
in der: Wohnung des IMV
Tonbandaufnahme

Bericht

In der ersten Novemberwoche suchte mich Ulrich SCHACHT mit zwei mir
nicht bekannten Personen in meiner Wohnung auf.
Bei dem einen handelt es sich um seinen Cousin MÄKER, Friedhelm, geb. am
5.3.1955, der andere ist ein Mitstudent des SCHACHT.
MÄKER ist von Beruf Bäcker. Ich konnte in Erfahrung bringen, daß er nicht
konfirmiert ist. Trotzdem hat er sich entschieden, Katechet zu werden. Aus
den Unterhaltungen zwischen SCHACHT und MÄKER ist zu entnehmen,
daß MÄKER ganz und gar abhängig ist von ihm und diese Entscheidung meiner Meinung nach unter SCHACHTS Einfluß zustandegekommen ist.
(...)
Seit dem 15. November arbeiten sie beim Schweriner Staatstheater als Büh-
nenarbeiter. Ihr Dienst ist sehr unregelmäßig. So haben sie zum Beispiel mitten in der Woche frei und sonntags Dienst. Mein erster Eindruck ist, daß sie
Wert auf eine gute Arbeitsdisziplin legen. Abends sehen sie sich manchmal
noch Vorstellungen an, das ist aber meiner Meinung nach nur der Reiz des
Neuen.
Beide hatten sie von zu Haus Essen mitgebracht und haben sehr wenig Geld.
Ich habe ihnen auch 50,– Mark geborgt, damit sie sich etwas kaufen können.
Gestern müssen sie Geld bekommen haben, entweder von zu Haus oder vom
Betrieb, denn sie hatten eingekauft: Ein Paar Schuhe und Bücher aus dem
Antiquariat.
SCHACHT schätzt mich als überzeugten Bürger der DDR und guten Genos-
sen, weil ich in Kirchenfragen nicht dogmatisch bin, wie er es bei anderen
Genossen erlebt hat. Auch gebe ich mir Mühe, in der Diskussion beweglich zu
sein, ohne meinen Standpunkt aufzugeben.
In politischen Fragen haben wir durchaus verschiedene Auffassungen, aber
gerade das reizt ihn, mit mir zu diskutieren, was nahezu ununterbrochen geschieht, wenn wir zusammen sind.
Ich bin der Meinung, daß SCHACHT zu mir volles Vertrauen hat, wobei er
einmal sagte, es wäre immerhin möglich, daß ich nur zum Schein mit ihm
diskutieren und in Wirklichkeit dem SSD Bericht erstatte. Er sagte dies aber
nur so nebenbei und ich ging auch nicht weiter darauf ein.
Ein Zeichen für sein Vertrauen ist, daß er seine Gedichte, schriftlichen Ab-
handlungen und Material, was er aus Prag über die Grenze geschleust hat, bei
mir in der Wohnung aufbewahrt. Daneben hat er noch einige westdeutsche
Bücher hier.
(...)

SCHACHTS Einstellung zur DDR ist sehr wesentlich beeinflußt von den 68er CSSR-Ereignissen. Er hält unseren Staat für einen Unrechtstaat, eine überholte Hirarchie und plädiert für einen «demokratischen» Sozialismus. Er macht auch kaum Konzessionen, daß er diese Teile befürwortet bei uns und jene Teile verurteilt, sondern er verurteilt den Staat generell und äußert dies auch sehr aggressiv. Als Grund dafür gibt er an, daß unserem Staat dieser Sozialismus durch die Sowjetunion aufgezwungen wurde und nicht die Mehrheit der Bevölkerung hinter sich hätte. Die Mehrheit der Bevölkerung seien lediglich Mitläufer, die durch die Partei eingespannt werden. In den 60er Jahren, besonders 1962/63 habe die SU die äußerst schnelle Entwicklung unseres Lebensstandards gebremst, damit sich bei uns kein neues deutsches Wirtschaftswunder entwickelt. Die deutschen Werktätigen wären durchaus dazu in der Lage.

(...)

Ich glaube er hat ein unkonventionelles Bild über die kirchlichen Auffassungen. Er ist für die Kirche als Institution, aber mehr noch für freie Gemeinden und tritt dafür ein, daß die Kirche eine Art Korrektiv der Gesellschaft ist.

Seine Einstellung zur Partei ist generell negativ und vom Haß geprägt, wobei er darauf hofft, daß es auch in der Partei viele Kräfte gibt, die einen «demokratischen» Sozialismus anstreben. Er glaubt nicht daran, daß die Blockparteien eine gesellschaftliche Rolle spielen, sondern daß diese nur zum Schein existieren. Das habe er erkannt als er versuchte, in der CDU eine vernünftige Plattform zu finden. SCHACHT tritt dagegen auf, daß *eine* Ideologie oder Kraft die Vorherrschaft inne hat und tritt ein für eine pluralistische Gesellschaft, für eine Gleichberechtigung der bestehenden Ideen, die sich untereinander bekämpfen oder sich zumindest gegenseitig korrigieren.

SCHACHT diskutiert sehr gern offensiv und legt seine politischen Ansichten offen dar, ohne sich seine Diskussionspartner vorher genau anzusehen. Ich glaube nicht, daß er für eine konspirative Untergrundarbeit geeignet ist, da es ihm an der notwendigen Disziplin und Unterordnung dazu fehlt. Auch hat er ein großes Geltungsbedürfnis und ist auch mehr auf einen schnellen Erfolg bedacht.

SCHACHT erzählte mir, daß er 1971 Wolf BIERMANN besucht hätte. Diesem habe er seine Gedichte gezeigt, um mit ihm darüber zu diskutieren. Mehr ist mir darüber nicht bekannt.

(...)

gez. Karl-Heinz

Quelle: IMV «Karl-Heinz»
Treff am: 10.3.1973
angenommen durch: Leutnant RICCIUS
in der: IMK «Blume»
4 Exemplare

Bericht

Besuch bei SCHACHT am 9.3. in Wismar

Auftragsgemäß besuchte ich am 9.3.1973 Ulrich SCHACHT anläßlich seines
Geburtstages. An der Geburtstagsfeier nahmen teil: SCHACHT, MÄKER,
MATTHES, Schachts Freundin, Frau SCHACHT und ich.
Frau SCHACHT und SCHACHTS Freundin hielten sich hauptsächlich in der
Küche auf und nahmen kaum an den Gesprächen teil.
MATTHES war erst angekommen. Er hatte SCHACHT einen Kugelschreiber
mit *Großraumminen* mitgebracht.
Das Gespräch wurde hauptsächlich von MATTHES bestritten. SCHACHT
und MÄKER kamen kaum zu Wort.
MATTHES ist etwas über 20 Jahre alt, er ist mittelgroß, dunkelblond, hat eine
breite Gestalt und ein rundes Gesicht. Er war bekleidet mit einer Kordhose,
Pullover, kariertem Hemd und gesteppten Schuhen.
MATTHES ist ein ruhiger, gemessener, intellektueller Typ. In seiner Mimik,
Gestik und Sprechweise kommt ein starkes Selbstbewußtsein zum Ausdruck
und eine Tendenz zum Hochmut. MATTHES ist Diakon und arbeitet im Ge-
sundheitswesen, aber wahrscheinlich belegt er noch Vorlesungen an der Universität. Er hat verschiedene Länder besucht: Tansania (½ Jahr), England,
Frankreich, Österreich. Sein Bruder soll Personalchef einer US-Firma in Wien
sein und sich zur Zeit im Auftrag der Firma in Bonn aufhalten.
Aus dem Gespräch ging hervor, daß MATTHES vor etwa einem Jahr schon
einmal in Wismar gewesen sein muß.
MATTHES erzählte, er wohne direkt an der Mauer, das Licht der Grenzbe-
leuchtung scheine in sein Zimmer. Er ist Untermieter bei einer etwa siebzig-
jährigen Frau. (...)
Das Gespräch verlief sehr einseitig, hauptsächlich hat MATTHES berichtet
und seine Ansichten dargelegt, ohne sie zur Diskussion zu stellen.
SCHACHT und MÄKER haben interessiert und teilweise auch bewundernd
zugehört. MÄKER versuchte einige Male ungeschickt seine Kenntnisse über
den Westen anzubringen. Er wurde aber nicht weiter beachtet.
SCHACHT behauptete, er und MÄKER hätten Urlaub, MÄKER machte eine
Bemerkung darüber, daß kein Geld da sei. Sie wollen sich Montagvormittag
Geld besorgen, deshalb können sie am Sonntag MATTHES nicht nach Berlin
begleiten und auch erst Montagmittag nach Leipzig zur Messe fahren. Es ist
vereinbart, daß wir uns Montag 18.00 Uhr in Leipzig vor der internationalen
Buchhandlung treffen.

Als ich mich zum Abschluß kurz mit SCHACHT allein unterhielt, sagte er, daß er im ersten Augenblick erstaunt gewesen sei und dachte, «es sei etwas passiert», dann hat er sich aber über den Besuch gefreut.

SCHACHT hat in seinem Buchregal ungefähr noch zwölf Mappen mit je etwa 50 Blatt. Auf meine Frage, ob er das alles gedichtet habe, antwortete er ausweichend.

gez. Karl-Heinz

Zusatz:
SCHACHT bekräftigte noch einmal, daß er zur Messe den Suhrkampverlag besuchen wolle, um Gedichte anzubieten. Er sagte, er habe den Lektor *für Lyrik* kennengelernt bei früheren Messebesuchen, den er aber nicht namentlich kennt.

gez. Karl-Heinz

Wenn «Karl Heinz» nicht über mich berichtet hat, hat er mir berichtet: von sich und von dem, was ihn beschäftigt und was wir gemeinsam machen könnten. Wir: Zwei Freunde und Freunde der Literatur, des Gedichts, die wir Gedichte nicht nur lasen, sondern auch schrieben und uns zeigten. Einmal, im April 1971, im Monat des Berichts über eine Rostocker Begegnung von «Karl Heinz» mit mir an den MfS-Oberleutnant Schröder in der Schweriner IMK (Konspirative Wohnung) «Am See», vermutlich idyllisch gelegen, einmal erreicht mich ganz offiziell eine Postkarte meines offiziellen Freundes und inoffiziellen Feindes mit Namen Peter Tille:

«31. 3. 71
Lieber Ulrich, eben habe ich Deine Adresse wiederentdeckt. Weil ich schreibfaul bin, darfst Du nicht viel von mir erwarten. Wann machen wir wieder mal ein kleines Poetenseminar? Oder kommst Du überhaupt nicht mehr nach Schwerin?

Ich bin wieder in die Bezirksleitung der FDJ gewählt worden. Lies Bobrowski und sei fröhlich! Peter»

Der Poststempel trägt das Datum 4. 4. 71; ein Stempelzusatz zeigt das Emblem der Einheitspartei sowie die Zeilen «XXV Jahre SED».

Ich habe damals seinen Rat befolgt, habe Bobrowski gelesen und war fröhlich.

Ein Gedicht Bobrowskis las ich damals besonders oft:

«DAS WORT MENSCH, ALS VOKABEL / eingeordnet, wohin sie gehört, / im Duden: / zwischen Mensa und Menschengedenken. // Die Stadt / alt und neu, / schön belebt, mit Bäumen / auch / und

Fahrzeugen, hier // hör ich das Wort, die Vokabel / hör ich hier häufig, ich kann / aufzählen von wem, ich kann / anfangen damit. // Wo Liebe nicht ist, / sprich das Wort nicht aus.»

Der Dichter Peter Tille wurde 1938 in Leipzig geboren. 1945 stirbt dem Jungen der nationalsozialistische Vater im Endkampf um Leipzig weg, fünf Jahre später folgt die Mutter. Eine Schwester, Zwillingsschwester, bleibt ihm. Und die Partei. Auf dem Nachttisch in seinem Schweriner Zimmer stand ein Porträt Lenins. Als wir uns kennenlernen, um 1970 in der ehemaligen Landeshauptstadt Mecklenburgs (heute ist sie es wieder), arbeitet Tille als «Literaturpropagandist». Ein blasser, feingliedriger, magenkranker und schnapsliebender Mann. Eine etwas mönchische, rastlos dem Gott «Literatur» dienende Figur. Irgend etwas macht ihn nicht unsympathisch; irgend etwas unterscheidet ihn von sonstigen Funktionären und Mitgliedern der Einheitspartei.

Aber was?

Daß er Bobrowski kennt? Und Peter Hille? Und Trakl, Huchel, altjapanische Lyrik? Weil er selber Gedichte schreibt und mir auf einer Bank im Schweriner Schloßpark gesteht, daß er im August 1968 an selber Stelle, der Einmarsch in Prag sei gerade im Gange gewesen, mit einem dünnen Ast den Namen Dubčeks in den Kies des Weges vor der Bank geritzt hätte?

Ein anderer hat diesen Mann in einer Broschüre mit Porträts von Bezirks-Schriftstellern einen «blassen Leipziger Fragezeichenpoeten» genannt, hat sein «schräges Lächeln» festgehalten, und dann: «Er nimmt eines seiner Karteiblätter, die immer in seiner Jackentasche stecken und notiert.»

1972 habe ich das schon gelesen und mich geweigert, diese Charakteristika als Indizien zu nehmen; Skurrilitäten wollte ich darin erkennen, weil ich nicht bereit war, Nächsten-Verrat zu üben. Nicht einmal in Gedanken.

Am 9. März 1973 sehen wir uns zum letztenmal. An meinem Geburtstag. Er ist nicht eingeladen, aber er kommt. Von Schwerin nach Wismar. Ich habe Besuch. Ein Freund aus dem Westen ist angereist, und es gibt keine Abhöranlage in der Wohnung.

Die Quelle «Karl Heinz» sprudelt am 10. März 1973 reichlich.

Neunzehn Tage später werde ich verhaftet. Die Akten beweisen

Tilles zahlreiche Aktien an dem Coup. Sein Talent zum Nächsten-Verrat wird, so dokumentiert es seine IM-Akte, mit einem Orden vergoldet und Büchern, die erscheinen dürfen: Lyrikbände, Kindertexte, Aphorismen- und Prosasammlungen.

Zwei von 666 in einem Buch des Mitteldeutschen Verlages ausgebreiteten Tilleschen Weisheiten lauten:

«Xantippe, Judas, Mephisto – wer dankt schon denen, die die Dreckarbeit verrichten?» Und:

«Vertrauen ist immer ein ungedeckter Scheck.»

In meiner geretteten Bibliothek befindet sich noch immer ein Buch, das mir dieser Mann am 9. März 1973, meinem 22. Geburtstag, spät abends und mit auffällig gehetztem Blick, wortkarg-verlegen in die Hand drückt: «Rotes Laub. Altjapanische Lyrik».

Ein Gedicht darin rührte mich besonders an und begleitete mich in den nachfolgenden fast vier Gefängnisjahren wie eine bewußt übersehene Vor-Warnung:

«Märzenschnee // Schon lange verblüht / sind die Blüten der Pflaumen, / doch trotzdem fällt Schnee / unaufhörlich hernieder / und deckt weiß meinen Garten.»

Mitte der siebziger Jahre verließ «Karl Heinz» Peter Tille Schwerin und begann zugleich, aus seiner bisherigen Biographie auszuwandern. Er ließ sich auf dem Lande nieder, suchte die Nähe der evangelischen Kirche und prominenter Schriftsteller, die unweit von seinem Dorf sommersiedelten. Später tauchte er in Vorpommern auf: nunmehr Mitglied der Block-CDU. Nach der Wende wird er einer der regionalen Wortführer der Neuen Zeit und Präsident des Kreistages zu Pasewalk. Seine Wähler und Parteifreunde wissen nichts von jenem Peter Tille, der mir einst – und wie vielen anderen noch? – über den Lebensweg lief.

Öffentlich konfrontiert mit der «Dreckarbeit», die er an mir – und an wem noch? – vor zwei Jahrzehnten verrichtete, kam nichts als Ausrede und Interpretation. Eine Art säkularer Stolpe sei er gewesen, beteuerte er und ging mir bis zuletzt aus dem Weg.

Als ich ihm in den Februartagen des Jahres 1992 zum erstenmal wiederbegegnete, in einem Schweriner Café, das wir in jenen prähistorischen Zeiten sehr oft besucht hatten, gelang es mir nicht, ihn als etwas Lebendiges zu erkennen. Ich hatte das Gefühl, einem weitverbreiteten Fossil zu begegnen, einem Leitfossil, wie es in der Fachsprache heißt. Ein erstarrtes Wesen, das mich an Zeiten erinnerte, die ich immer als versteinert gewußt hatte.

Eine versteinerte «Quelle».

Daß ich sie herauspräpariere aus meiner Sammlung politischer Fossilien hat seinen beschriebenen Grund; daß sie nur eine von mehreren in meiner Sammlung ist, soll hier der Vollständigkeit halber angemerkt werden. Ihre Namen sind so zufällig, wie ihr Auftauchen in meiner Nähe systematisch genannt werden muß:

IMV «Kaltenhofer» (Schwerin), IMV «Hans-Jürgen» (Schwerin), IMV «Schütz» (Schwerin), IMV «Schmitt» (Schwerin), IMS «Inge Wulf» (Schwerin), IM «Heinz Graf» (Rostock), IMV «Wilhelm» (Rostock), IMV «Conrad» (Erfurt) und so weiter und so fort: Leitfossilien, denen das Fachbuch eine «große geographische Verbreitung» zuschreibt. Ihre Fülle, das ist besagtes Gräßliche und Häßliche der Fund-Stücke aus der «Grube Mielke». Aber stand da nicht auch noch die Behauptung, der Fossilien-Präparator gerate bei seiner geduldigen Arbeit eben auch an Schönes, ja Wunderbares, das das Bild komplettiere?

III

Lebende Fossilien:
Das Fachbuch sagt, wenn heute noch Lebendiges «bereits vor Millionen Jahren vorhanden» war und seine «Reste mehr oder weniger vollständig überliefert sind», dann handele es sich um lebende Fossilien.

Sie haben durchgehalten, haben überstanden, die Substanz verteidigt, und das ist die ganz spezielle Analogie. Es gibt eine strukturelle Treue, die schön ist und wunderbar. Sie läßt sich an der Oberfläche versehren, um im Kern unversehrt zu bleiben.

In meiner Sammlung finden sich die Namen Friedhelm Mäker, Peter Voß, Norbert Behnk, Anton Beer, Hans-Joachim Huhnke, Anna Muche, Heiko Lietz. Es sind Klarnamen, denen keine Decknamen zugeordnet werden konnten. Sie waren nie «Quellen». Sie haben sich stumm oder beredt verweigert oder, wenn es Mißverständnisse gab, sofort «dekonspiriert». Sie waren evangelische Pastoren und katholischer Pfarrer, Krankenpfleger und Dichter, Metallarbeiter und Kunstmaler, Theologiestudent oder Alles-Jobber. Sie wußten, daß man nicht zwei Herren gleichzeitig dienen kann, und den Betreibern der «Grube Mielke» schon gar nicht. Und sie wußten, daß «nur reine Hände reine Gedichte» (Celan) schreiben können oder Bilder malen.

Sie sind ganz einfach in einer Versteinerungs-Gesellschaft lebendig geblieben und bringen nun die Logik und Systematik meiner kleinen politischen Fossilienkunde durcheinander, was diese erst recht zur *reinen* Analogie macht. Aber damit wiederhole ich mich ...

Zum Glück.

Denn das ist die entscheidende Methode, um zu verhindern, daß ein «Zweckverband Abfallbeseitigung Ostelbien» die «Grube Mielke» bei Potsdam einfach zuschütten läßt.

Sigmar Schollak

Untersuchung einer Ausreise

Es war der 10. August 1982, als ich mitsamt Familie den Grenzübergang Heinrich-Heine-Str. von Ost- nach Westberlin passierte. Eine aus Westdeutschland eigens angereiste Verwandte knipste auf der weißen Trennlinie das privathistorische Foto. Minuten später standen wir im Atelier der Berliner Handpresse, wo schon die Fahnen für ein Buch hingen, und blickten hinüber über das Monster aus Beton auf das Haus, das wir kurz zuvor verlassen hatten.

Wir hatten unseren Willen trotz erheblicher Widerstände durchgesetzt. Egal, wie andere ausgereiste Autoren ihren Schritt begründen, ihre Entscheidung wurde von mir, wurde von vielen nie anders denn als Protest gewertet. Es war ein Protest gegen das reglementierte Wort, aber ebensosehr gegen den argen Wirklichkeitszustand, ohne den, das verstand sich, keine Zensur hätte geschehen müssen. In meinem an den Ideologiechef des ZK der SED, Kurt Hager, gerichteten 1. Antrag auf Ausreise schrieb ich darum sehr klar, daß ich mich zerrieben fühlte zwischen dem von mir erlebten Alltag und einer ganz anderen Wirklichkeitsvorgabe durch die Medien. Daß ich unter diesen Umständen nicht mehr schreiben könne.

Die DDR wird nach ihrem Verschwinden oft allzu psychologisierend zum Thema gemacht, Verhaltensweisen werden mit der Goldwaage gewogen. Mir, der ich diese DDR seit ihrer Entstehung kannte, scheint, eine der früher üblichen Kohlenwaagen würde günstiger sein für eine erste Betrachtung. Die DDR war eine Diktatur und besaß das Instrumentarium einer solchen, das sie benutzte oder – und das allein macht einen wichtigen graduellen Unterschied aus – das sie nicht benutzte. Verhalten konnte sich jeder auch in ihr nach seinem Gewissen: er konnte sich andienen und aufsteigen oder sich unbeliebt machen und fallen oder gar nicht erst herankommen an die Leitersprossen. Er konnte schuldig werden oder nicht. Von ihm hing es ab.

Vor mir liegt eine Akte, eine dürre Akte. Es ist noch nicht die der Gauck-Behörde. Ein Abschnittsbevollmächtigter (wie das so hieß), ein Polizist hatte sie zusammen mit seinem Hauptmann verfaßt, später, als ich einen zweiten Ausreiseantrag stellen mußte. Denn, das fällt mir wieder ein, ich war wohl der einzige Buchautor des ganz realen Unrechtsstaates, dessen Antrag vom Kulturministerium abgeschmettert wurde.

Die Akte: Klatsch, Getratsch über viele Ecken hinweg. Vergröberungen bis hin zu Entstellungen. Die Auskunftspersonen (APs), bis auf eine im Haus, dem Stasi-Mann, mir sämtlich nicht einmal vom Sehen bekannt, Parteigruppenvorsitzender im Wohnbezirk und ähnliche Leute.

Das Lesen wird zum Puzzle. Erneut fällt auf, es gibt Angaben, die darauf schließen lassen, daß noch anderes Material über meine Frau und mich vorlag, als das nun vom abschnittsbevollmächtigten Unterleutnant gesammelte. Wann war es entstanden und woraufhin?

Ich puzzle. Ich rekonstruiere die Vorgeschichte dieser Akte. Ich sehe mich den Antrag schreiben. Ich bin kein Held. Ich will vorsichtig sein. Ich kenne die DDR, heißt, ich kenne ihre Methoden. Jeder kennt sie. Jeder weiß. Ich weiß es recht gut. Einmal, in den sehr frühen fünfziger Jahren, hatte mein Vater, vorher von den Nationalsozialisten verfolgt, geäußert, es gäbe in der DDR keine freien Wahlen. Man hatte ihm die Verfolgtenrente entzogen und ihn mit Verhaftung bedroht. Um sich zu retten, war er in den Westen gezogen (wo man ihm die bisher gehabte östliche Rente, versteht sich oder versteht sich nicht, von der Wiedergutmachung 1 : 1 abzog). Mir, im Osten, wurde damals ein Studienplatz verweigert.

Ich kenne die DDR. Kannte ich die DDR wirklich? Wir können auch anders, hatte ein mir vom Schriftstellerverband unter Kant zugesandter Stasi-Mann gesagt, leichthin, so daß ich glauben konnte, er meine nicht mich. Später, im Westen, im Auffanglager, hörte ich Berichte von einfachen, viel zu wenig interviewten Leuten, die mir erzählten, was so alles verübt wurde: wie man Ehen, wie man Gesundheit, wie man Gemüter zerstörte, einfach aus einem Machtwillen heraus, der keinen Widerspruch duldete. Was ich vernehme, erinnert an die Schäbigkeit übler Groschenhefte. Kurz darauf beobachtete ich die Ankunft einer Gruppe Spastiker, die man gleich anderen Behindertengruppen vorher zum Umzug in den Westen überredet hatte. Warum? Um in der Weltstatistik als Land guter Gesundheit dazustehen.

Kannte ich diesen Staat wirklich? Hatte ich nicht genau hingesehen? So ungenau wie viele Westjournalisten? So wie manche bundesrepublikanischen Politiker, die die schwierige Balance auf dem schmalen Grat der notwendigen Verständigung nicht hielten und mit ihren sich häufenden Pilgerfahrten zum DDR-Staatsrat hin einem Ohnmachtsgefühl förderlich wurden? –

Nein, das nun nicht. Ich überprüfe mich. Von meiner Hoffnung nach der Nazizeit bis zu meinem Bruch mit dem unfriedlichen Friedensstaat gab es eine Entwicklung von Erkenntnissen bis zur Abneigung, bis zu dem Wissen: Die DDR war ein zum Westen hin umgänglich erscheinender Vorposten des Gulag.

«Schollak», lese ich in dem Ermittlungsbericht, «wird als freundlicher, jedoch zurückhaltender Typ charakterisiert.» Das betrifft das Private. Ich frage mich dennoch: Und darüber hinaus?

Die DDR, das wird klar, schuf sich die Verärgerten selbst. Ein abgelehntes Studium, ein zum Druck nicht zugelassenes (gar nicht einmal schlimmes) Buch, grobe Angriffe auf andere in der Presse zwangen zum Protest. Dann das Aufbegehren gegen die Aussperrung Biermanns (in dessen Folge ich eine Buchauszeichnung nicht annahm).

Freundlich warst du nicht, sage ich mir, aber du warst dennoch zu freundlich. Ich halte für mich fest, ich bin manchem Ärger ausgewichen. Der Tropfen, der das Faß dann zum Überlaufen brachte, war das Ausschlußverfahren gegen Kollegen aus dem Schriftstellerverband, das darin enthaltene, unausgesprochene Berufsverbot. Es war eine dreiste, beschämende Inszenierung. Der Druck auf die Versammelten, die triumphierende Lüge – für mich gab es nur eine Antwort. Nach Regelung von Privatem schrieb ich das Ausreisegesuch. Es war meine Form des Protests.

Sie machte mich frei von Gewissensbissen wie Zwängen.

Kannte ich die DDR?

Nur Erfahrung, glaube ich, führt zu wirklicher Kenntnis. Vom Grobinstrumentarium hatte ich gehört, von der Verfeinerung nicht. Ich wurde nicht verhaftet. Es geschah nur nichts. Ich schrieb zwingender an das ZK-Büro, telefonierte. Ich schrieb: «Über meinen Rükken nicht noch mal die deutsche Geschichte.» Ich sandte den Brief ab. Keiner kam zurück. Ein halbes Jahr geschah nichts, ein sehr lang währendes halbes Jahr. Zeit genug, um Informationen zu sammeln. Dann kam Bescheid: Der Chefideologe des ZK der Partei gab meinen Antrag an den für Autoren zuständigen Teil des Kulturministeriums weiter, dem Klaus Höpcke vorstand, der stellvertretende Minister und jetzige Landtagsabgeordnete Thüringens. Umgehend erhielt ich einen Gesprächstermin. Ein Mann empfing mich, der Mitarbeiter Höpckes, Dr. Richard M.

«Zum Motiv der Antragstellung», lese ich in diesem späten Ermittlungsbericht, «wurde direkt nichts bekannt.» Ebenfalls lese ich die Vermutung, daß meine Frau «der treibende Keil» meines Ersuchens ist. Zwei ganz normale, berichtende Sätze. Beim zweiten fällt eine Schuldzuweisung auf und das sich hier seltsam ausnehmende Wort «Keil». Beim ersten Satz wäre über das Wort «direkt» zu stolpern. Von beiden Sätzen weiß ich nichts, als ich das Kulturministerium, Hauptverwaltung Buchhandel und Verlage betrete. (Die eigentlich treffende Bezeichnung «und Zensur» ist ausgespart.) Ich kenne den Dr. M. von mehrmaligem Sehen. Die Begrüßung ist freundlich. Eine Unterhaltung läßt sich an. Mein Antrag scheint relativ geringgewichtig, ähnlich dem Ersuchen mancher vor mir gegangener Autoren. Plötzlich dann die Frage nach dem Grund, die, wird gesagt, auch der Minister Höpcke gern beantwortet wüßte. Die Freundlichkeit enttarnt sich. Intuitiv weiche ich ins sehr Allgemeine aus. Da mein Ausreiseantrag hierher überwiesen war, war die Begründung es auch. Wieso da die Frage? Was bezweckte sie? Nach Möglichkeit wollte ich keine Diskussion über die Staatsverlogenheit. Im Detail lag der Teufel der Staatsverleumdung, verbargen sich die üblen Paragraphenschlingen. Einem, der den Begriff Gestapo nicht erst aus Geschichtsbüchern kennt, haftet die Vorsicht im Hinterkopf. Ich redete das, was ich danach Slalom nannte.

«Sie und Ihre Frau erhalten die Ausreise», sagte nach einer Weile der wissenschaftliche Mitarbeiter des Ministers Höpcke. «Wegen Ihrem achtjährigen Sohn müssen Sie sich an das Volksbildungsministerium von Margot Honecker wenden.»

Das Gespräch war beendet. Ich war verblüfft. Ich suchte nach dem Haken. Das alles ging mir plötzlich zu einfach.

Allein, der Haken war mir gewiesen worden. Meine Frau und ich hatten die Ausreise versprochen erhalten, unser Sohn hatte sie nicht. Ich wollte nicht glauben, daß man mir, einem, wie Höpcke ja wußte, bereits vom NS-Regime Geschädigten, mit der möglichen Kindesentziehung drohte.

Das Volksbildungsministerium meldete sich nicht. Wieder das Wartespiel.

Irre ich mich, wenn ich gewisse Inhalte der späten, dürren Akte einer anderen früheren zuordne, die entstanden sein muß, während mein Ausreiseersuchen bei Kurt Hager lag? Ich stoße auf mein Psychogramm und auf das meiner Frau. Die Charakterisierungen sind extrem, auf Differenzierungen wurde keine Mühe verwandt.

Ich würde mich nicht so sehen, ich würde meine Frau so nicht sehen. Zum Beispiel hat meine Freundlichkeit durchaus ihre Grenzen, und das meiner Frau attestierte klare Durchsetzungsvermögen leider auch. Maßlos übertrieben, ja, ins Tratschhafte gebracht, will uns der Bericht über unser Verhalten zu unserem Kind erscheinen. Und warum, frage ich mich, da Schlimmes nicht zu berichten war, hat man sich so eingehend damit befaßt?

Ich lese: «Die Frau legt bei der Erziehung des Kindes besondere Strenge an den Tag, während der Vater seinem Jungen jeden Willen erfüllen will. Er soll abgöttisch in ihn vernarrt sein und versucht, ihn zu einem Musterknaben zu erziehen.»

Etwas ist meist an allem, auch an der Verzerrung. Wir hingen an dem Kind und versuchten, es weder mit besonderer Strenge noch mit närrischer Zuneigung zu erziehen (wobei, altes Rollenverhalten, die eine mehr, der andere weniger erzog). Aber wir hingen an dem Kind. Das war registriert. Es war dieser Strang, der von Höpckes Literaturministerium bedient wurde.

Ich schrieb, ich telefonierte, uns wurde bange. Wir hatten keine Arbeit und kaum noch Geld. Ich schrieb an höchste Stellen. Antwort blieb aus. «Es bleibt bei dem, was gesagt wurde», erklärte Dr. M., Höpckes Mitarbeiter. «Sie müssen warten.»

Es war klar, ich sollte aufgeben. Ich war in die Ecke gedrängt. Lese ich mein Psychogramm, so merke ich, daß ich mehrere Angriffspunkte bot. Sie werden in der Akte durch in Möglichkeitsform gebrachte Unterstellungen erkennbar, selbst durch die freundlich ausweichenden Auskünfte von Hausbewohnern, daß man ja kaum Gelegenheit bekam, unsere Wohnung zu betreten. Wie benutzbar jeder Hinweis ist, hätte ich nie gedacht. Jetzt erst lernte ich die DDR kennen, den ihr innewohnenden Geist, die enge Verwandtschaft mit totalitären Methoden, wie ich sie schon einmal kennengelernt hatte. Ich bedauerte jeden Kompromiß, den ich je geschlossen hatte. Ich schrieb an ausgewählte Kollegen. Ihnen schilderte ich meinen Fall. «Der Minister möchte wissen», fragte Dr. M., «was Sie damit bezwecken?» Der Minister im Hintergrund, der an den Fäden zog.

Wer immer diesen Strang der Beziehung zwischen Eltern und Kind zu benutzen vorgeschlagen hatte, hatte sich auf das Gedankengleis von Faschisten begeben. Aber er hatte auch zu sehr auf die im Psychogramm geschilderte Freundlichkeit und «Weichheit» meines Naturells gebaut.

Ich ging zu den Korrespondenten von ZDF und dpa. «Ihr Fall ist politisch», höre ich Dr. M., dessen Name seitenweise das Telefonbuch füllt, «damit haben wir nichts zu tun.» Er hing den Telefonhörer ein.

Einmal, zwischendurch, hatte ich Hoffnung auf baldigen Fortgang. Obwohl also noch auf dem Boden der DDR, versuchte ich in einem Schreiben an den damaligen Minister – und heutigen Landtagsabgeordneten in Thüringen –, die Möglichkeit einer späteren besuchsweisen Wiedereinreise zu sichern, um nahe Verwandte sehen zu können. Und Höpcke antwortete, Höpcke schrieb:

«Bitte verschonen Sie uns mit neuen Sonderwünschen. Wer der sozialistischen Gesellschaft – sachlich unbegründet – vorwirft, daß er in ihr nicht mehr schöpferisch arbeiten könnte... dem sollte, wenn er das wirklich selber glaubt, die zugesagte Regelung genügen.»

Es gab keine Regelung. Sie war eine Lüge. Ich vergegenwärtige mir den Zeitpunkt, zu dem das alles geschah: Die DDR hatte eine Anzahl von Autoren aus dem Staat entlassen und ungewollt einen

Anklang an 1933 evoziert. Nun sollte Beruhigung eintreten, Ruhe, Stille. In diesen Zeitpunkt hinein war mein Antrag gefallen. Sollte ein Exempel statuiert, ein Zeichen gesetzt werden? Es gab auch ein einziges Telefonat mit Klaus Höpcke. «Das Volksbildungsministerium», sagte er, «hat geschrieben, wir entscheiden nicht. – Wir haben darunter gesetzt: Wir auch nicht.»

«Heißt das Nein für die Ausreise?»

«Ich würde das so nehmen.»

«Dann schreiben Sie es», sagte ich.

Aber er schrieb es nicht.

Wir hätten uns trennen müssen von unserem Sohn, trennen oder bleiben, jetzt als Gegner bekannt.

Wenig später gingen wir zu dem Anwalt Vogel, der uns unseren Antrag zeigte, die angeblich unbekannte Begründung mit vielen Rotstrichen am Rand. «Da haben Sie sich allerhand geleistet», sagte er. Sagte: «Stellen Sie einen neuen Antrag an den Rat Ihres Stadtbezirks. Stellen Sie ihn unprovokativ. Weisen Sie darauf hin, daß Sie beide die Ausreise schon haben. Ersuchen Sie um Entlassung aus der Staatsbürgerschaft.» Was geschah.

«Demonstrativ provokatorische Handlungen sind bei beiden Ehepartnern im Falle einer Ablehnung im Augenblick wahrscheinlich nicht zu erwarten», lese ich in der daraufhin entstandenen dürren Polizeiakte. «Möglich wäre die Aufnahme von Kontakten über Dritte zu Organisationen in der BRD/Berlin (West), um so Druck ausüben zu wollen.»

Aber da war ich längst schon und ostentativ oft zu den westlichen Korrespondentenbüros gegangen, die gegenüber dem Höpcke-Ministerium ihren Sitz hatten. Schon um gesehen zu werden, um zu zeigen, daß ich nicht einlenken würde.

Nach nunmehr nur noch sechs Monaten reibungslosen Verlaufs der Dinge geschah das Bürokratisch-Kuriose: Auf dem Boden der DDR fand ein Kompromiß, fand gewissermaßen die vorauseilende Zusammenführung von Eltern mit dem Kinde mit Bezug auf die beidstaatlich vereinbarte Familienzusammenführung statt.

Zurück blieb die Akte mit Tratsch und Klatsch, zurück blieb der Schreibtischtäter Klaus Höpcke samt Paladin. Ich, mit Familie, durfte jedoch gehen. Gefragt warum, müßte ich zur Vermutung greifen. Die DDR, wo es nur anging, scheute Öffentlichkeit. Man vermied kein Unrecht, aber die Kunde davon. Die Partei war traditionell konspirativ geblieben. Weitere Unruhe um Autoren sollte vermieden werden. Ich störte die Absicht. Darum, und bürokratisch-trickreich, ließ man mich – wenn auch nicht über das Kulturministerium – schließlich ziehen.

Hubertus Knabe

Akteneinsicht eines Westdeutschen

I «Wer ist wer?»[1]

«Beim MfS liegen Erkenntnisse vor, daß der BRD-Bürger

Knabe, Hubertus
geboren am: 19. 7. 1959 in Unna
wohnhaft: Lübecker Str. 19, Bremen 1 / BRD, 2800

im Juli 1987 seinen Studienaufenthalt in Budapest/Ungarische Volksrepublik beendet hat. Er arbeitet zur Zeit an einem vom Bundesministerium für innerdeutsche Beziehungen der BRD finanzierten Forschungsprojekt zu Problemen der Umweltbelastungen und in diesem Zusammenhang geführten Diskussionen in den sozialistischen Ländern (einschließlich Deutsche Demokratische Republik und Ungarische Volksrepublik), insbesondere in Kreisen der inneren Opposition.

KNABE steht der Partei der ‹Grünen› nahe. Er trat in der Vergangenheit als Vertreter des «Sozialistischen Osteuropa-Komitees» mit der Einschleusung antisozialistischer Literatur in die DDR in Erscheinung und unterhielt Kontakte zu Vertretern der sogenannten unabhängigen Basis- und Friedensgruppen.

---

1 Schlüsselfrage, deren Klärung das Ministerium für Staatssicherheit (MfS) in den Mittelpunkt seiner Tätigkeit rückte.

Desweiteren steht KNABE in Verbindung mit dem «Europäischen Netzwerk für den Ost-West-Dialog», arbeitet als freischaffender Journalist für die ‹taz› (Tageszeitung / WB[1]) und tritt als Referent zu ‹DDR-Forschertagungen› mit antisozialistischen Beiträgen in der BRD auf.»

(Aus einer Information des Ministeriums für Staatssicherheit an den ungarischen Geheimdienst vom 13.6.1988[2])

II Akteneinsicht

In der DDR habe ich nie gelebt. Das Ministerium für Staatssicherheit (MfS) hat mich gleichwohl seit meinem 19. Lebensjahr «operativ bearbeitet». Im Juni 1979 erfaßte mich die für die Kirchen zuständige Hauptabteilung XX/4 zum erstenmal in einem «Operativ-Vorgang» (OV) als Feindperson. Ins Visier gebracht hatte mich der Inoffizielle Mitarbeiter (IM) «Klaus» – noch bevor ich ihn überhaupt kannte.

Was das MfS im Laufe eines Jahrzehnts über mich gesammelt, was es angeordnet und unternommen hat, um mich «aufzuklären», zu «beeinflussen» und zu «zersetzen», ist mir bislang nur in Umrissen bekannt geworden. Die Ordner und Hefter, die im zentralen MfS-Archiv in der Normannenstraße über mich gefunden wurden, sind schmal und wenig bedeutsam: Eine 121 Seiten starke Akte eines Operativ-Vorgangs mit dem Decknamen «Kleber» (Reg.-Nr. XV/3035/79); zwei dünne, ungeordnete Handakten aus der Allgemeinen Personenablage mit Materialien über die ungarische Friedensbewegung und einer mich betreffenden Korrespondenz zwischen osteuropäischen Geheimdiensten und dem MfS (Reg.-Nr. AP 6396/82); schließlich vereinzelte Schriftstücke zu meiner Person, die in den Akten anderer Betroffener aufgetaucht sind. Bruchstücke aus dem großen Laboratorium der Staatssicherheit, die im Archiv wahrscheinlich

---

1 West-Berlin
2 Die zitierten Dokumente werden im Folgenden unverändert, also einschließlich ihrer orthographischen, grammatikalischen und sonstigen Fehler wiedergegeben.

übersehen wurden, als Oberst Wiegand die Unterlagen seiner Abteilung dem Reißwolf überantwortete.

Zu den wichtigsten Stationen meiner politischen Biographie fehlt bislang das Aktenmaterial: die Aktivitäten im Bahro-Komitee und im Sozialistischen Osteuropakomitee Ende der siebziger Jahre; die Auftritte in der Friedensbewegung, nachdem ich (unter Pseudonym) das Buch «Schwerter zu Pflugscharen» geschrieben hatte; die Beratung der ersten Bundestagsfraktion der Grünen und ihres damaligen deutschlandpolitischen Sprechers Dirk Schneider; die Kontakte zu osteuropäischen Oppositionellen und die Zusammenarbeit mit Dieter Esche, Hans Hücking, Elisabeth Weber und anderen in der Ost-West-Arbeit Engagierten; die Mitarbeit beim Aufbau der Forschungsstelle Osteuropa in Bremen und bei den jährlichen DDR-Forschertagungen in Bonn; mein zweijähriger Forschungsaufenthalt in Ungarn, den das MfS zum Anlaß nahm, einen «zuverlässigen» IM für mehrere Monate dorthin zu entsenden; meine Zeit an der Evangelischen Akademie in West-Berlin, als meine kritische Haltung zur DDR im Kollegenkreis und im Umfeld der Akademie massive Widerstände auslöste.

Die Schriftstücke, die ich bislang gesehen habe, lassen gleichwohl erahnen, wie weit der Einfluß des MfS auf mein immerhin zum größten Teil fernab von der DDR geführtes Leben reichte. Vor allem den zusammenfassenden Berichten, die das MfS an den ungarischen Geheimdienst sandte, ist zu entnehmen, daß mich das MfS die meiste Zeit mit seiner unerbetenen Fürsorge begleitete. Die Quellen der oftmals sehr detaillierten Informationen bleiben in diesen operativen Hinweisen allerdings undeutlich – welche Maßnahmen und Schluß- · folgerungen das MfS für sich daraus ableitete, wird gar nicht mitgeteilt.

Andere Westdeutsche haben noch weniger zu Gesicht bekommen – leere Aktendeckel, zwei oder drei lose Blätter mit unbedeutenden Informationen. Wahrscheinlich war es mein «Vorteil», daß mich die Kirchenabteilung des MfS «bearbeitet» hat und nicht die für Auslandsspionage zuständige «Hauptverwaltung Aufklärung» (HV A). Diese hat sich bekanntlich – einem Beschluß des Zentralen Runden Tisches folgend – selber aufgelöst und ihre Aktenbestände fast vollständig vernichtet; Kopien lagern wohl in Moskau.

In den nächsten Monaten und Jahren, davon ist freilich auszugehen, wird weiteres Material ans Tageslicht kommen. Als das MfS
gestürmt und aufgelöst wurde, befand sich nämlich ein Großteil der
«aktiven» Unterlagen in den Diensträumen, Material, das erst jetzt
nach und nach erschlossen wird; Kopien relevanter Schriftstücke gingen nicht nur an andere Diensteinheiten, sondern finden sich häufig
auch in verschiedenen Operativ-Vorgängen wieder. Selbst prominente Inoffizielle Mitarbeiter, deren Arbeitsakten vollständig vernichtet wurden, sehen sich mit einer erdrückenden Beweislast konfrontiert, wenn man nur lange genug sucht.

Einfacher wäre es freilich, wenn die Täter – Hauptamtliche und
Inoffizielle – von sich aus ihr Schweigen brächen. Wenn sie endlich
dem Leben in der Lüge ein Ende setzten.

III Mädchen aus Ostberlin

Es war im Jahr 1979. Ein westdeutscher Student kommt in Kontakt
mit kritischen Leuten in der DDR und verliebt sich in eine junge
Theologiestudentin. Beide neigen zur Rebellion und stoßen sich an
den Opportunisten in ihrer Umgebung. Die politischen Vorzeichen
für ihre Haltung sind freilich auf paradoxe Weise verkehrt: Für *ihn*
sind Marx, Engels und Lenin die Leitbilder des Aufbegehrens, für *sie*
sind es die Kirche und das Christentum. Wenn sie sich nicht in den
Armen liegen, streiten sie über das «Opium für das Volk», über Sozialismus, Kapitalismus und über den Wert der Bibel. So lange, bis sie
überstürzt zum Grenzübergang aufbrechen müssen; seine Aufent-
haltsgenehmigung läuft um 24 Uhr ab.

Nur in einem Punkt finden sie einen gemeinsamen Nenner: in
Rudolf Bahro und seinem Buch «Die Alternative», das den real existierenden Sozialismus mit seinem eigenen theoretischen Instrumentarium kritisiert. *Sie* gehört in der DDR einem Kreis an, der über
das Buch und die Möglichkeiten, es in die Praxis umzusetzen, ausführlich diskutiert hat. *Er* war beim 1. Bahro-Kongreß im November
1978 in West-Berlin und gründete in Bremen ein Komitee zur Freilassung des Inhaftierten. Als sie sich kennenlernen, schmuggelt er

Bahros Buch im Stiefel über die Grenze, später auch eine Handvoll Aufkleber und einige Broschüren. Als besonders sicheres Versteck erweist sich sein schwarzer Mantel, dessen Innentasche eingerissen ist, so daß man relativ unbemerkt das eine oder andere darin verschwinden lassen kann.

Initiator des Bahro-Kreises (Ost) ist der Pfarrer Frank Rudolph, damals 40 Jahre alt, mit wallendem Bart und politischem Charisma. Seinen Schreibtisch ziert ein Foto Bahros, seine Bücherregale verraten den belesenen Intellektuellen. Er spricht viel von Hegel und Marx und hat für seine Kirchenleitung wenig freundliche Worte übrig. Er ist voll Tatkraft und immer ein interessierter Zuhörer. Im Vorjahr hat er einige Ost- und Westdeutsche zu einem Bahro-Seminar eingeladen, darunter auch die junge Theologiestudentin. Die Freundschaft zwischen ihm und ihr erweitert sich zu einem oppositionellen Dreigestirn, als der Student aus Westdeutschland hinzustößt.

In dieser Zeit erscheint in der DDR der vierte Band von Rosa Luxemburgs Gesammelten Werken und ist im Nu vergriffen. In kirchlichen Kreisen zirkuliert ein vervielfältigtes, schwer leserliches Papier mit Auszügen aus ihrer messerscharfen Kritik der russischen Revolution. Auch der berühmte Satz: «Freiheit ist immer die Freiheit des Andersdenkenden» fällt darin. Der Student aus Westdeutschland sucht ein Satzbüro und eine Druckerei auf, um den folgenden Aufkleber drucken zu lassen:

«Lieber Herr Honecker!
Ohne allgemeine Wahlen, ungehemmte Presse- und Versammlungsfreiheit, freien Meinungskampf erstirbt das Leben in jeder öffentlichen Institution, wird zum Scheinleben, in der die Bürokratie allein das tätige Element bleibt. Das öffentliche Leben schläft allmählich ein, einige Dutzend Parteiführer von unerschöpflicher Energie und grenzenlosem Idealismus dirigieren und regieren, unter ihnen leitet in Wirklichkeit ein Dutzend hervorragender Köpfe, und eine Elite der Arbeiterschaft wird von Zeit zu Zeit zu Versammlungen aufgeboten, um den Reden der Führer Beifall zu klatschen, vorgelegenen Resolutionen einstimmig zuzustimmen, im Grunde also eine Cliquenwirtschaft – eine Diktatur allerdings, aber nicht die Diktatur des Proletariats, sondern die Diktatur einer Handvoll Politiker, d. h. Diktatur im rein bürgerlichen Sinne, im Sinne der Jakobinerherrschaft.
Sozialistische Demokratie beginnt aber nicht erst im gelobten Lande, wenn der Unterbau der sozialistischen Wirtschaft geschaffen ist, als fertiges Weih-

nachtsgeschenk für das brave Volk, das inzwischen treu die Handvoll sozialistischer Diktatoren unterstützt hat. Sozialistische Demokratie beginnt zugleich mit dem Abbau der Klassenherrschaft und dem Aufbau des Sozialismus.

Rosa Luxemburg, Mitbegründerin der KPD»

So harmlos die Kritik, so offenkundig die Konsequenzen, die sie haben würde, sollte die Aktion bekannt werden. Kein Wort dringt über die Lippen der Beteiligten – zehn Jahre lang. Die Angst freilich ist groß. Ist dem Drucker zu trauen? Wie sollen die Zettel geklebt werden, ohne daß Rückschlüsse auf die Urheber möglich sind? Als der Student aus Westdeutschland eines Tages atemlos in der Wohnung seiner Freundin anlangt und berichtet, ein Mann habe ihn verfolgt, lacht sie ihn noch aus. Doch dann hat sie plötzlich das Gefühl, daß in ihrer Abwesenheit jemand in der Wohnung war. Eine Handvoll Aufkleber, die unbemerkt in dem Mantel die Grenze passiert haben, werden dem Pfarrer zur Verwahrung übergeben. Als sich die Lage zuspitzt, verbrennt er sie.

IV Operativ-Vorgang «Kleber»

Akteneinsicht in der Ostberliner Behrensstraße. Ein flaues Gefühl in der Magengegend begleitet mich seit dem Aufstehen. In der Nacht habe ich geträumt, wie die Damen im Lesesaal einen ein Meter langen Zinksarg, randvoll gefüllt mit Akten, vor mir abstellten. Statt dessen bekomme ich einen schmalen, braunen Aktenordner mit dem Decknamen «Kleber» ausgehändigt. Ich überfliege das Inhaltsverzeichnis und schlage als erstes auf den «Auszug Treffbericht IM ‹Klaus› vom 18.6.1979»:

«Auf unsere Bitte schilderte der IM nochmals den ihm bekanntgewordenen Sachverhalt.

Am 9.6.79 bei seiner Geburtstagsfeier habe ihn Anette unter 4 Augen gebeten, die Person Hubertus KNABE, 28 Bremen, Isarstr. 43 Telefon: 501436 anzurufen und auszurichten, daß er am 16. oder 23.6.79 zu Anette kommen möchte.

234

Am 30. Juni sei der 2. Jahrestag der Verhaftung von Rudolf Bahro. Aus diesem Anlaß würde das Bahro-Komitee, wozu der Knabe gehöre, im Westen einen Kongreß planen.

K. würde nun hierher kommen, Material und speziell diese Schnellklebezettel mitbringen.

Auf die Frage, wie das geschieht, habe Anette erklärt, daß K. bei seinen Einreisen schon oft einschließlich von Leibesvisitationen kontrolliert worden sei, aber seinen Mantel habe man nie untersucht. Darin seien diese Schnellklebezettel eingenäht.

Nach Einschätzung des IM sind die o. g. Angaben von ANETTE BUCHE ernst zu nehmen.»

Beim vorangegangenen Treff hatten der IM «Klaus» und sein Führungsoffizier Peter Heinrich bereits vereinbart, daß der IM mich, wie erbeten, für den 23. Juni 1979 nach Berlin bestellen solle. Diesmal fertigt der IM eine Skizze von Anettes Wohnung an, liefert eine detaillierte Personenbeschreibung und berichtet, wann sie längere Zeit abwesend wäre und wer über einen zweiten Schlüssel verfüge. Führungsoffizier Heinrich verfaßt eine «Operative Information über Hinweise zu geplanten staatsfeindlichen Aktivitäten im Zusammenhang mit dem sog. Bahro-Kongreß»:

«Inoffiziell wurde der HA XX/4 aus zuverlässiger Quelle bekannt, daß der BRD-Bürger

Knabe,   Hubertus
wh.:   28 Bremen, Isarstr. 43
(z. Z. erfaßt für BV Dresden, Abteilung XV[1])

feindliche Aktivitäten plant.

Knabe ist Teilnehmer des am 30. 6. 1979 in Westberlin stattfindenden «Bahro-Kongresses». In diesem Zusammenhang beabsichtigt er, im Zeitraum vom 16. 6. 79 – 30. 6. 79 in die Hauptstadt der DDR einzureisen. Bei der Einreise beabsichtigt K. Schnellaufkleber mit dem sinngemäßen Text «Freiheit für Bahro» illegal einzuschleusen. (...)

---

1 Offensichtlich war ich bei der Dresdener Bezirksverwaltung (BV) der Staatssicherheit bereits erfaßt – durch die für Auslandsspionage zuständige Abteilung XV wegen einiger Reisen zu Verwandten in Dresden.

K. hat die Absicht, diese Schnellaufkleber (Größe und Format z. Z. nicht bekannt) in seinem Mantel eingenäht über die Grenze zu transportieren und an die DDR-Bürgerin

Buche Annette
geb.:   24. 4. 53 in Falkensee (Ledig 1 Kind)
wohnhaft: Berlin-Pankow, Retzbacher Weg 76
Tätigkeit: Theologiestudentin an der Humboldt-Universität Berlin
(erfaßt für BV Berlin, Abt. XX[1])

zu übergeben. (...)

Die B. unterhält aktive Verbindungen zu Personen und Gruppen, die sich mit der Diskussion und der Verbreitung von «Bahro-Thesen» befassen. (...) Gemeinsam mit den genannten BRD-Bürgern nahm die B. an konspirativen Treffen zwischen DDR-Bürgern in der DDR und in der CSSR teil. Bei diesen Treffen wurden Möglichkeiten und Wege zur Schaffung einer inneren Opposition in der DDR diskutiert. (siehe dazu die als Anlage beigefügte operative Information[2]).

Inoffiziell wird die B. als aktive Anhängerin und Verbreiterin der Ideen von Bahro eingeschätzt. Sie gilt als intelligente Studentin mit verfestigter negativer Haltung zur sozialistischen Entwicklung in der DDR. (...)

Zur Verhinderung der geplanten feindlichen Aktivitäten wurden folgende Maßnahmen eingeleitet:

1. Mit BV Dresden, Abt. XV, erfolgt Rücksprache zur Klärung des Erfassungsverhältnisses (KK für BV Dresden)[3].
   Die Person K. wird von der BV Dresden zugunsten der HA XX/4 gelöscht. Vorhandenes Material wird übersandt.
2. Bei der HA VI[4] wurde am 15. 6. 79 Einreisefahndung in die Hauptstadt der DDR mit Zollkontrolle eingeleitet.

1 BV = Bezirksverwaltung; Abt. XX: zuständig für Staatsapparat, Kirche, Kunst, Kultur, Opposition).
2 Die «Operative Information», die dem OV «Spaten» entnommen wurde, schildert auf sieben Seiten detailliert den Diskussionsverlauf während eines Bahro-Seminars von Ost- und Westdeutschen 1978 in Neuschadow/Kreis Lübben.
3 KK = Kerblochkartei; in dieser Kartei wurden alle «auffälligen» Personen registriert.
4 HA VI = Hauptabteilung VI des MfS, zuständig für alle Aufgaben bei der Paßkon-

3. Bei Bestätigung des Verdachts wird K. zur Untersuchung des Sachverhaltes der HA IX [1] zugeführt.
4. Speicherüberprüfung zur weiteren Personenfeststellung [2].
5. Eröffnung eines OV nach § 106 gegen Knabe. [3]»

Bestätigt werden die Maßnahmen von Mielkes Stellvertreter, Mittig. Darüber hinaus ergeht ein Beobachtungsauftrag an die HA VIII [4]. Fahndungs-Nr.: 244787. Begründung: «Objekt steht im Verdacht der Kuriertätigkeit für eine Feindorganisation. Durch die Beobachtung sollen weitere Hinweise zu Anlaufstellen, sowie zu seinem Verhalten erarbeitet werden.» Mit IM Klaus wird festgelegt: «Zur Abschöpfung evtl. Reaktionen von Anette auf die von uns geplanten Maßnahmen zu KNABE wird der IM für den 25. 6. 79, 7. 30 Uhr seinen Besuch bei ihr ankündigen (IM ist als Frühaufsteher bekannt). Zuvor, gegen 7.00 Uhr, wird mit dem IM ein Kurztreff durchgeführt.»

Anders als erwartet, kommt es zu keiner Festnahme am Grenzübergang. Die HA XX/4 erhält auch keine Nachricht von dort. Da IM «Klaus» jedoch mitteilt, die «feindliche Person» sei wie geplant am 23. Juni eingereist, stellt Oberleutnant Heinrich die Fahndungsleitstelle zur Rede. Diese teilt daraufhin mit: «Da in den Personalunterlagen des Fahndungsobjektes vom Fahndungsauftrag abweichende Wohnanschriften verzeichnet waren, wurde durch die PKE GüSt [5] Bahnhof Friedrichstraße entschieden, die Einreise der betreffenden Person der HA XX/4 nicht mitzuteilen.» Glück gehabt.

---

trolle und der Fahndung im grenzüberschreitenden Verkehr. Die Einreisefahndung wurde eingeleitet wegen des Verdachts des «illegalen Einschleusens von Hetzmaterial»; die Grenzorgane wurden angewiesen, eine Durchsuchung von Person und Gepäck vorzunehmen und im Falle meiner Einreise die HA XX/4 sofort zu benachrichtigen.
1 HA IX = Hauptabteilung IX, zuständig für strafrechtliche Untersuchungsverfahren mit politischem Hintergrund.
2 Die Abteilung Speicherführung der Hauptabteilung VI lieferte daraufhin eine Liste all meiner Einreisen in die DDR.
3 Am 22. Juni 1979 bestätigte der Leiter der Hauptabteilung XX/4, Joachim Wiegand, den Beschluß, einen Operativen Vorgang mit dem Decknamen «Kleber» wegen des Verdachts auf Verstoß gegen den Paragraphen 106 des Strafgesetzbuches der DDR («Staatsfeindliche Hetze») anzulegen.
4 Hauptabteilung VIII, zuständig für Observation und Festnahmen.
5 PKE GüSt = Paßkontrolleinheit Grenzübergangsstelle.

Am 19. Juli 1979 schreibt Oberleutnant Heinrich einen «Eröffnungsbericht zum Anlegen eines Operativ-Vorganges gemäß § 106 StGB», den der Leiter der HA XX/4, Joachim Wiegand, mit dem handschriftlichen Zusatz versieht: «M-Plan vorlegen. T. 15. 8. 79»[1]. Wiegand ist es auch, der am 30. August 1979 die Abteilung M[2] mit der «Einleitung einer Sonderkastenleerung» beauftragt, was der Dienstanweisung Nr. 3/85 zufolge bedeutet: «Sicherstellung von Postsendungen, die von observierten Personen in Briefkästen eingeworfen bzw. an Postschaltern ausgeliefert werden, durch außerplanmäßige Leerungen von Briefkästen.» Darüber hinaus werden auf 25 Seiten die Pässe zahlloser Westdeutscher dokumentiert – Fahrer und Mitfahrer auf der Transitstrecke all meiner Reisen nach Berlin.

Die Hauptabteilung VIII nimmt auftragsgemäß die Beobachtung auf. Elf Seiten umfassen ihre Observationsberichte, denen konspirativ erstellte Fotos mit handschriftlichen Erläuterungen beigefügt sind. Verdacht habe ich nur ein einziges Mal geschöpft – wie aus dem folgenden Beobachtungsbericht hervorgeht:

«Betr. **Knabe**, Hubertus – geb. 19. 07. 1959 in Kuna / BRD
Wohnhaft   28 Bremen, Isarstraße 43
Decknamen   « 2 4 4 7 8 7 »
Für die Zeit vom 21. 10. 1979, 09.25 – 09.58 Uhr

09.25 Uhr wurde « 2 4 4 7 8 7 » nach Verlassen der Güst Bhf. Friedrichstraße zur Beobachtung aufgenommen. Er verließ durch die obere Bahnhofshalle – Ausgang Fußgängerschutzweg – den S-Bahnhof und betrat ihn sofort wieder durch den Eingang am Taxistand. Die zu beobachtende Person rannte die Treppe zum S-Bahnsteig hinauf und stellte sich sofort hinter das Häuschen der Zugabfertigung / Auskunft. Während dieser gesamten Wegstrecke schaute er sich des öfteren intensiv um.

09.33 fuhr « 2 4 4 7 8 7 » mit einer S-Bahn zum Alexanderplatz. Den S-Bahnhof Alexanderplatz verließ das Objekt durch den Ausgang Karl-Liebknecht-Straße, überquerte sich des öfteren umschau-

1 Maßnahmeplan vorlegen. Termin: 15. 8. 79.
2 Die Abteilung M des MfS war zuständig für die Postkontrolle

end den gesamten Alexanderplatz und betrat die U-Bahn durch den Eingang Selbstbedienungsgaststätte, Hotel «Stadt Berlin». Die gesamte Wegstrecke war wenig belebt.

09.42 fuhr « 2 4 4 7 8 7 » mit einer U-Bahn bis Pankow-Vinetastr. Den U-Bahnhof verließ er im Laufschritt, wobei er seinen Anorak unter dem Arm trug, durch den Ausgang zur Straßenbahn.

Die zu beobachtende Person ging schnellen Schrittes über Berliner Straße zum Busbahnhof und stellte sich hier so hinter eine Hecke, daß er nicht gesehen wurde. « 2 4 4 7 8 7 » ließ alle ihm nachfolgenden Personen vorbeigehen und begab sich anschließend normalen Schrittes zur Binzstraße. Die zu beobachtende Person begab sich zügig über die Binzstraße und betrat

09.58 Uhr in
Berlin-Pankow
Binzstraße
die Gartengemeinschaft «Insel Rügen».

Auf dieser Wegstrecke und beim Betreten der Gartenanlage schaute sich « 2 4 4 7 8 7 » wiederholt um. Das gesamte Verhalten des Objektes wird als Kontrolle eingeschätzt.

Die Beobachtung von « 2 4 4 7 8 7 » wurde beendet.»
Im Klartext: Ich hatte meinen Verfolger abgeschüttelt.

Am 4. September 1979 wird in der Hauptabteilung XX/4 eine erneute «Operative Information» verfaßt, in der der Sachstand des Vorgangs vorläufig zusammengefaßt wird:

«Durch einen zuverlässigen IM, der Kontakt zu dem BRD-Bürger
        Knabe, Hubertus
        geb. am 19. 7. 1959 in Unna
        wh.: 1. Mülheim/Ruhr, Rumbachtal 69
              2. 28 Bremen, Isarstr. 43
und der DDR-Bürgerin
        BUCHE, Anette
        geb. am: 24. 4. 1953 in Falkensee
        wh.: Berlin Pankow

hat, wurde festgestellt:

KNABE hat von der ursprünglich geplanten Einschleusung von 500 Klebezetteln (selbstklebend) Abstand genommen.

Die bereits in Westberlin gefertigten Probemuster (21) wurden illegal in die DDR eingeschleust und bei der BUCHE deponiert. Durch den IM wurden die Probeexemplare (als Anlage 1 Exemplar) von der Buche zur Aufbewahrung übernommen. Damit ist ein Mißbrauch ausgeschaltet. (...)

Unter dem Einfluß von KNABE hat auch die Theologiestudentin Anette BUCHE (Freundin des KNABE) von dem Vorhaben der Verbreitung der Aufkleber Abstand genommen.»

V Die Koffergeschichte

«Wir brauchen Bücher, wir brauchen Bücher», sagt der Pfarrer mit ausholender Bewegung, als die beiden Liebenden aus Deutschland-Ost und Deutschland-West im September 1979 einige Tage in seinem Pfarrhaus in Herzfelde, Kreis Templin, verbringen. Zu dritt überlegen sie, ob es nicht einen effektiveren und weniger riskanten Weg gibt, Bahros Buch in die DDR zu bringen, als im Mantel oder Stiefel. «Wer die Kontakte hält, darf selber nicht mehr schmuggeln», erklärt der Student aus Westdeutschland, «sonst darf er bald nicht mehr rein». Tatsächlich erhält er einige Wochen später, am 30. Jahrestag der DDR, zum erstenmal für einige Tage Einreiseverbot.

Der Pfarrer schlägt eine Übergabe auf der Transitstrecke vor – doch diese wird mit Sicherheit streng überwacht. Also soll ein Diplomat die Bücher im Kofferraum herüberschaffen. Ein Angehöriger des Westberliner Bahro-Komitees wird um Mithilfe gebeten und kauft für 1000 DM Bücher. Er verstaut sie in zwei Koffern und gibt sie einem Diplomaten mit, der hin und wieder Motorradersatzteile in den Osten transportiert. Abholen soll sie beim Ost-Berliner Empfänger Pfarrer Rudolph, da dieser ein Auto besitzt und am wenigsten gefährdet ist.

In einer dunklen Oktobernacht fährt Frank Rudolph mit seiner Freundin bei der vereinbarten Anschrift vor. Er bestellt einen schönen «Gruß von Jochen» und erhält tatsächlich die beiden Koffer ausgehändigt. Er bringt sie in sein Pfarrhaus, wo sie eine Zeitlang lagern sollen, bis sich die Dinge etwas beruhigt haben.

Als die beiden Liebenden darauf drängen, allmählich an die Verteilung zu gehen, zögert der Pfarrer. Er sei, erklärt er, durch die Verhaftung eines Freundes ohnehin gefährdet; die beiden vermuten, er möchte die Bücher gerne selbst behalten.

Im Dezember taucht plötzlich ein Herr von der Polizei vor der Tür der Theologiestudentin auf und möchte sich mit ihr unterhalten. Ob sie öfter Besuch von einem Herrn Knabe bekomme, und ob dieser ihr nicht manchmal Druckschriften mitbringe? Sie läßt den Mann nicht über die Schwelle, aber der Schreck fährt allen in die Glieder. Sollte doch etwas durchgesickert sein von den Büchern? Warum dann aber solch eine plumpe Vorstellung und ausgerechnet an einem Tag, an dem der Student aus Westdeutschland nicht im Lande weilt?

Die Theologiestudentin hat Angst vor Festnahmen. Da sie alleinerziehend ist, könnte man ihren vierjährigen Sohn in ein Heim stecken. Der Student aus Westdeutschland wiederum weiß nicht, ob er, der «Drahtzieher» der Aktion, es überhaupt noch wagen kann, die DDR-Grenze zu überschreiten. Doch die Sehnsucht ist stärker als die Angst. Ende Dezember kommt er erneut nach Berlin. Zuvor bittet er einen Korrespondenten, im Notfall die Ständige Vertretung zu alarmieren.

Tatsächlich wartet an diesem Tag vor der Wohnung der Studentin ein Wartburg, der umgehend die Verfolgung aufzunehmen scheint. Man flüchtet über Schleichwege, versteckt das Adreßbuch, vernichtet belastendes Material – weiter passiert jedoch nichts. Beinahe friedlich feiert man dann gemeinsam im Pfarrhaus die Sylvesternacht. Man spricht von Bob Dylan und ob der Student aus Westdeutschland dem Pfarrer nicht ein bestimmtes Buch über Techniken der Liebe mitbringen könnte, was dieser als «unpolitisch» ablehnt. Auch von der Stasi ist kurz die Rede, als der Pfarrer dem Eindruck entgegentritt, in deren Reihen würden nur Dummköpfe und Schweinehunde arbeiten. Als man ihn einmal vorgeladen habe, hätte ihn ein feinsinniger Mann mit dunklen Augen empfangen – «Rehauge» wird von nun an zum geflügelten Stichwort für die Stasi.

Da alles ruhig bleibt, sollen die Bücher nun doch wie besprochen nach Berlin gebracht werden. Zum vereinbarten Zeitpunkt allerdings kommen der Pfarrer und seine Freundin verstört in die Wohnung der

Theologiestudentin und bringen eine schockierende Nachricht: Das Auto ist gestohlen worden, als man es für einige Minuten unbeaufsichtigt abgestellt hat. Drei Tage später melden sie sich erneut und berichten, bei der Abreise zum Pfarrhaus, die nun notgedrungen mit der Eisenbahn erfolgen mußte, sei man am Ostbahnhof auf das gestohlene Auto gestoßen – ohne Bücher.

Der Student aus Westdeutschland ist zu diesem Zeitpunkt gerade in Berlin. Dieser Besuch soll sein letzter werden. Vier Wochen später weisen ihn die Grenzbeamten mit dem Satz ab: «Ihre Einreise ist nicht gestattet.» Die beiden Liebenden müssen nun nach Prag, Budapest oder Bulgarien fahren, wenn sie sich wiedersehen wollen. Sie stellen einen Antrag auf Familienzusammenführung, dem im Januar 1981 stattgegeben wird. Das Einreiseverbot gegen beide besteht siebeneinhalb Jahre.

VI «Kuriertätigkeit für eine Feindorganisation»

Fortsetzung der Aktenlektüre im Operativ-Vorgang «Kleber».
Bericht von Major Kullick über ein Treffen mit IM «Klaus» am 26. 10. 1979:

«In der letzten Zeit wurde durch den IM festgestellt, daß von **Knabe** in der Wohnung der Anette **Buche** (erfaßt im OV «Kleber») häufige Besuche stattfinden. (...) Zwischen dem **Knabe** und der Anette **Buche** haben sich intime Beziehungen entwickelt. Die feindliche Haltung von **Knabe** und der Anette **Buche** zur DDR ist immer mehr offensichtlich. **Knabe** hat die Einschleusung von 2 Koffern mit untergründiger Literatur von Westberlin in die Hauptstadt der DDR organisiert. (...)

Knabe und Anette **Buche** baten den IM, die 2 Koffer von der genannten Adresse abzuholen und bei sich aufzubewahren, mit der Begründung, daß **Knabe** beobachtet und durch die Zollorgane kontrolliert würde. (...)

Am 25. 10. begab sich der IM gemeinsam mit der (...) zum (...) (klein, schmächtig, ca. 38 Jahre) und bestellte den «Gruß von Jo-

242

chen», daraufhin sagte (...), ja hier sind 2 Koffer abgegeben worden. Der IM fügte hinzu: Deswegen kommen wir.

(...) Danach begab sich der IM mit der Literatur in seine Wohnung. Er verständigte die Anette **Buche**, daß er die Literatur abgeholt habe. Der IM erhielt folgenden Auftrag:

1. Eine listenmäßige Aufstellung der Literatur anzufertigen.
2. Am 1. 11. 79 erfolgt eine Dokumentation[1].
3. Die Literatur bleibt beim IM unter Verschluß mit der Begründung, daß gegenwärtig die Gefahr zu groß sei, etwas weiterzugeben.
4. Sollte die Anette **Buche** oder **Knabe** auf die Herausgabe bestehen, wird der IM die gesamte Literatur der **Buche** übergeben, wo gleichzeitig zollmäßige Maßnahmen zum Einzug durchgeführt werden.»

Am 15. 11. 1979 fertigt Hauptmann Jürgen Exner einen weiteren ausführlichen Sachstandbericht zum OV «Kleber» an. Darin heißt es unter anderem:

«(...) Inoffiziell wurde über die politisch-feindlich zur DDR eingestellte Anette **Buche** in Erfahrung gebracht, daß der BRD-Bürger Hubertus **Knabe**, welcher mit der B. intime Beziehungen unterhält, feindliche Aktivitäten plante. (...) Die ursprünglich geplante Einschleusung von 500 Bahro-Aufklebern durch **Knabe** wurde durch Maßnahmen der Verunsicherung verhindert. Die von **Knabe** eingeschleusten 21 «Probeexemplare» von diesen Klebezetteln mit dem Text (...) kamen nicht zur Verbreitung, da sie durch den IM sichergestellt wurden.

In der Folgezeit befaßten sich **Knabe** und die **Buche** aktiv mit der Vorbereitung einer illegalen Einschleusung von untergründigen Materialien, vor allem Bahro-Literatur (...). Die eingeschleuste Literatur wurde am 25. 10. 79 bei (...) abgeholt und gegenwärtig bei einem zuverlässigen IM aufbewahrt. Diese eingeschleuste Literatur wurde dokumentiert und listenmäßig erfaßt. Von den im OV erfaßten Personen Hubertus **Knabe** und Anette **Buche** wurde mehrmals der Ver-

---

1 Die Ergebnisse dieser «Dokumentation» finden sich im Anhang der Akte: Eine Fotoserie der kunstvoll aufgebauten Büchersammlung.

such unternommen, den IM zur Herausgabe der Literatur mit dem Ziel der Weiterverbreitung zu bewegen.

Zum Abschluß des OV ‹Kleber› wird ein Vorschlag mit Maßnahmen der Zersetzung erarbeitet.»

Am 3. 12. 1979 trifft sich Hauptmann Exner erneut mit IM «Klaus», und zwar in der konspirativen Wohnung «Falke». Es gibt viel zu besprechen. Die Zusammenkunft dauert von 7 bis 9.45 Uhr und streift die verschiedensten Punkte. Offensichtlich muß man dann aber abbrechen, da sich der IM noch verabschieden will: «Da KNABE am frühen Nachmittag eine sogenannte Mitfahrgelegenheit von Westberlin nach Bremen nutzen wollte, kam es über das Literatur-Problem zu keiner gründlichen Erörterung.» Hauptmann Exner setzt unter sein zusammenfassendes Gesprächsprotokoll den Zusatz: «Entscheidung zum Literaturproblem in Absprache mit der Leitung herbeiführen.»

Zehn Tage später, am 13. 12. 1979, findet ein weiterer Treff statt, während dessen IMV[1] «Klaus» folgendes berichtet:

«Am 11. 12. 79 erhielt der IM einen Anruf von Anette **Buche** mit der Bitte, sie zu besuchen. (...)

Vor der Tür stand einer von der Polizei (sie vermutet MfS), der sich nach **Knabe** erkundigte bzw. wissen wollte, wann er wieder zu ihr einreist.

Auf die Frage von Anette habe der Mann angeführt, es gehe im Auftrage der Zollorgane der DDR um die Klärung eines Problems von Schriftstücken. Sie habe geantwortet, sie wisse nicht, wann **Knabe** wieder kommt. Man solle ihr eine Vorladung für ihn zustellen, die sie ihm dann übergeben will.

Zu dem Besuch des VP-Angehörigen[2] äußerte Anette zum IM folgende Deutungen:
a) **Knabe** schickte vor längerer Zeit eine Zeitung aus der BRD an sie, die nie ankam;

---

1 IMV = Inoffizieller Mitarbeiter mit «vertraulichen Beziehungen zu im Vorgang bearbeiteten Personen» bzw. zur «Bearbeitung im Verdacht der Feindtätigkeit stehender Personen».
2 VP = Volkspolizei

b) daß sie Kontakt zu dem Journalisten (...) hat, der mit **Knabe** zusammen sei und die Verbindung zu G(...) geschaffen habe;

c) Hubertus **Knabe** habe seine 30 Einreisetage bereits überschritten;

d) daß er (Knabe) mit **Bahro** in Bremen / BRD persönlich gesprochen hat;

e) daß man **Knabe** die Einreise sperren wolle (in diesem Falle würde er sich bei entsprechender Stelle beschweren);

f) daß man etwas über die Bücher weiß, deren Einschleusung **Knabe** organisierte.

Zu diesem Punkt habe sie folgende Äußerungen gemacht:

– Woher kann man Kenntnis darüber haben?

Anette habe mit G(...) nur global über die Literatur gesprochen.

(...) [wo die Koffer abgeholt wurden – H. K.] scheidet aus, weil dann die VP zum IM gekommen wäre.

Bleibe nur noch die Möglichkeit, es kommt von «drüben» (WB oder BRD).

Da sei doch in der BRD einer, der vor etwa 2 Jahren aus der DDR weg sei und nun **Knabe** laufend ansprechen würde.

(...)

– Nach der Einschätzung des IM ist Anette durch die Maßnahmen mit dem VP-Angehörigen sehr unsicher geworden. Sie denkt, daß der von der VP heute wieder kommen wird, um mit **Knabe** zu sprechen und dadurch Licht in die Sache kommt, bzw. man weiß, um was es konkret geht. Danach wolle man weiter beraten. Sie hat Angst, daß es gegen **Knabe** geht und er nicht mehr herkommen kann. Sollte es doch um die Literatur gehen, dann wäre es so, daß

1. diese beim IM sicher sei, da in einem Pfarrhaus kaum eine Hausdurchsuchung sein wird (...).

Knabe wird auf jeden Fall alle Anschuldigungen abstreiten.

Zwischen Anette **Buche** und dem IM wurde vereinbart, daß sie sich bei ihm meldet, falls es etwas neues gibt.»

Im Januar 1980 ist es dann soweit. Das «Literaturproblem» wird «gelöst», und der Operativ-Vorgang kann abgeschlossen werden. Hauptmann Exner und sein Referatsleiter Kullik schreiben am 30. 1. 1980 einen Abschlußbericht, den der stellvertretende Leiter der HA XX, Ludwig, bestätigt:

«(...) Der Abschluß des OV «Kleber» erfolgte durch Maßnahmen zur vorbeugenden Verhinderung der Verbreitung der in die DDR eingeschleusten Literatur auf der Grundlage einer operativen Kombination, welche mit dem IM «Klaus» beraten und durchgeführt wurde. Im Ergebnis dieser Maßnahme konnte die Literatur konspirativ sichergestellt werden.

Bei der Realisierung dieser Maßnahmen wurde der Personenkreis um **Knabe** verunsichert.

Zur weiteren vorbeugenden Verhinderung von neuen politischnegativen Aktivitäten des **Knabe** wird gegen K. eine Einreisesperre eingeleitet.»

VII Aus den Handakten

Der Abschluß des OV «Kleber» bedeutet kein Ende der «Bearbeitung». Die Mitarbeiter der HA XX/4 verfassen vielmehr eine «Operative Information», die der Leiter der Hauptabteilung XX, Generalmajor Kienberg, am 11. Juni 1980 an den Leiter der Abteilung X des MfS weiterleitet. Diese ist für den Kontakt zu anderen sozialistischen Geheimdiensten zuständig und wird gebeten zu prüfen, ob Möglichkeiten einer operativen Kontrolle während der Aufenthalte in Prag bestehen. Auszug aus der «Operation Information»:

«Von der HA XX/4 wurde in dem Zeitraum Juni 1979 bis Februar 1980 der BRD-Bürger

KNABE, Hubertus (...)

in einem Operativ-Vorgang bearbeitet. (...) Im Zusammenhang mit dem Abschluß des Operativ-Vorgangs wurde seit Februar 1980 der Person Knabe die Einreise zum besuchsweisen Aufenthalt in der DDR nicht mehr gestattet.

Inoffiziell wurde bekannt, daß Knabe sich seit dieser Zeit in vierwöchigen Abständen in Prag (CSSR) mit der DDR-Bürgerin

BUCHE, Anette (...)

trifft, zu der er intime Beziehungen unterhält. Wie bekannt wurde, übernachteten beide jeweils bei (...), dessen Adresse KNABE von einer Person in Bremen erhielt.»

Die Abteilung X antwortet der Abteilung XX mit Schreiben vom 1.7.1980. Darin heißt es:

«Im Rahmen der Übermittlung von Kontaktinformationen teilten die Sicherheitsorgane der CSSR mit, daß am 1.3.1980 die DDR-Bürgerin BUCHE, Anette gemeinsam mit dem BRD-Bürger KNABE, Hubertus über die Güst Prag-Ruzyne mit der IF[1] 250 aus Berlin kommend einreiste. Auf die Frage des Paßkontrolleurs an Knabe, wo KNABE in Prag wohnen wird, antwortete er, daß er es noch nicht wisse. Im Raum der Zollstation wartete die DDR-Bürgerin auf den genannten BRD-Bürger, der den Pflichtumtausch an Valuta vollzog. Dann fuhren sie gemeinsam mit einem CSA-Bus in das Zentrum von Prag. Sie versuchten ihren Kontakt in keiner Weise geheimzuhalten.»

Am 5.8.1980 teilen die Sicherheitsorgane der CSSR darüber hinaus dem MfS mit: «Bei den Reisen von Knabe in die CSSR wird seine Operative Kontrolle vorgenommen werden. Falls Erkenntnisse zu dem Genannten erlangt werden, werden Ihnen diese mitgeteilt.»

Zwei Jahre später, am 22.9.1982, sendet der Leiter der Abteilung X, Generalmajor Damm, dem ungarischen Innenministerium eine «Information über Erkenntnisse zu Aktivitäten des ‹Sozialistischen Osteuropakomitees› in der BRD gegen die Ungarische Volksrepublik». Wiederum war die Abteilung XX/4 zuvor entsprechend aktiv geworden. In der Information heißt es:

«Aus zuverlässigen inoffiziellen Quellen wurde bekannt, daß im Zusammenhang mit gegnerischen Aktivitäten zur Bildung von sog. unabhängigen Friedensbewegungen in den sozialistischen Ländern das «Sozialistische Osteuropakomitee» (SOK) in zunehmendem Maße bestrebt ist, feindliche Aktivitäten gegen die sozialistischen Länder zu entwickeln und feindlich-negative Personenkreise aus die-

1 IF = Interflug

sen Ländern zusammenzuführen und ihre Tätigkeit zu koordinieren. (...)

Der Mitarbeiter des «SOK» aus Bremen/BRD

KNABE, Hubertus (...)

gehört zu den Personen des «SOK», die sich mit den o. g. feindlichen Aktivitäten gegen die sozialistischen Länder befassen. Es wurde bekannt, daß KNABE unter dem Pseudonym Klaus Ehring in der BRD unter dem Titel «Schwerter zu Pflugscharen – Friedensbewegung in der DDR» ein Buch verfaßte, welches vom ro-ro-ro-Verlang (ro-ro-ro-aktuell Nr. 5019) herausgegeben wurde. KNABE verfolgt das Ziel, diese Veröffentlichung in einer größeren Anzahl von Exemplaren in die DDR einzuschleusen. (...)

Zu den feindlichen Aktivitäten der Person KNABE wurden weitere operative Hinweise erarbeitet, aus denen ersichtlich ist, daß KNABE in der Ungarischen Volksrepublik (UVR) tätig wurde. (...) Dabei wurden von ihm eine Reihe von Personen aufgesucht, die zu den ‹oppositionellen› Kräften in der UVR gehören sollen, wovon bisher folgende Personen bekannt wurden: [es folgen sieben Namen ungarischer Oppositioneller mit Anschrift und Telefon – H. K.].

Die Vorbereitungen der Reise in die UVR erfolgten von Knabe bereits 1981. Dabei sollen die Personen

Vajda, Mihály (...) Gastdozent an der Universität Bremen/BRD (den K. in Bremen kennenlernte)

(sh. Schrb. v. 3. 7. 78-U/545/78)

und

Töröcsik, Mihály (vermutlich Exil-Ungar) Mitarbeiter der Redaktion «Gegenstimmen» des «Sozialistischen Osteuropakomitees» in Wien, Museumstr. 5 eine vermittelnde Rolle gespielt haben.»

Im Begleitschreiben zu der übermittelten Information wird «möglichst um Prüfung und Mitteilung gebeten, ob zu dem genannten BRD-Bürger KNABE, Hubertus Angaben vorliegen und ob Hinweise bekannt sind, daß die genannten Bürger der UVR feindliche Aktivitäten entwickeln». Mit Datum vom 3. 11. 1982 antwortet ein Genosse Roszol aus Budapest per Telegramm, dessen Inhalt der Leiter der Abteilung X am 13. 11. 1982 der HA XX übermittelt. Darin wird ausgeführt:

248

«Bezug nehmend auf die ihnen übergebene Information wurde von den ungarischen Sicherheitsorganen mitgeteilt, daß sich der Mitarbeiter der o. g. Feindorganisation
KNABE, Hubertus
geb. 19. 7. 1959
in der Zeit vom 1. bis 24. 7. 1982 in der UVR als Tourist aufhielt. (...) Während seines Aufenthaltes in der UVR nahm er Kontakt zu (...) auf, der wegen feindlicher Tätigkeit unter operativer Kontrolle steht.

KNABE sagte (...), daß er demnächst erneut in die UVR käme, zusammen mit seiner Verbindung, einer weiblichen Person namens Anette, und daß er ihn dann besuchen werde.

Weiterhin teilten die ungarischen Sicherheitsorgane mit, daß die im obigen Schreiben genannten Personen maßgebliche Vertreter der feindlichen ungarischen Opposition sind. Im Hinblick auf eine Kontaktaufnahme zu KNABE liegen außer zu Vajda, Mihály keine Hinweise vor. Es wurde bekannt, daß sich Vajda im Jahre 1981 an KNABE mit der Bitte um Weiterleitung eines Schreibens an den französischen Bürger (...) wandte. (...) Des weiteren wurde von den ungarischen Sicherheitsorganen darüber informiert, daß der im obigen Schreiben genannte Töröcsik, Mihály identisch ist mit dem Mitarbeiter der trotzkistischen Zeitschrift «Gegenstimmen» Raski, Bela geb. 1. 6. 1957 in Wien, wh. Wien, Hegergasse 2 (...).

Die Person Vajda ist in einem Archivmaterial der Abt. X erfaßt. Zu ihm wurden auf Ersuchen der ungarischen Sicherheitsorgane im Jahre 1977 Überprüfungen geführt. Zu diesem Zeitpunkt hielt er sich gemeinsam mit seiner Ehefrau (...) in Bremen auf. Laut Überprüfungsergebnis der HVA/Abt. IX (Schrb. v. 29. 5. 78 – Tgb.-Nr. 971/78) war Vajda im Studienführer der Universität Bremen vom Januar 1978 als Gastprofessor verzeichnet. Er führte Veranstaltungen zu folgenden Themen durch: (...). Wohnhaft war Vajda zum damaligen Zeitpunkt unter der Anschrift (...). Er arbeitete eng zusammen mit den Professoren (...) und (...).»

Zu einem weiteren Schriftwechsel zwischen MfS und dem ungarischen Geheimdienst kommt es im Jahre 1985. Am 20. 5. 1985 übermittelt der Leiter der HA XX dem Leiter der Abt. X unter Bezugnahme auf die Information aus dem Jahre 1982 «einen operativen Hinweis über Erkenntnisse zu einem geplanten einjährigen Studienaufenthalt des aktiven Vertreters der sog. blockübergreifenden Friedensbewegung, KNABE, Hubertus, BRD, in der UVR mit der Bitte um Weiterleitung an die Sicherheitsorgane der UVR». In dem Schriftstück heißt es:

«Aus zuverlässigen inoffiziellen Quellen wurde bekannt, daß sich der BRD-Bürger
KNABE, Hubertus (...)
ab Juni 1985 zu einem einjährigen historischen Studium in Budapest / UVR aufzuhalten beabsichtigt. Hinweise auf den Geldgeber des dafür gewährten Stipendiums liegen nicht vor. KNABE ist in der Vergangenheit als Vertreter des ‹Sozialistischen Osteuropakomitee› der BRD bekanntgeworden.
Bei seinem Aufenthalt im Juli 1982 als Tourist in der UVR nahm KNABE Kontakt zu Vertretern der sog. unabhängigen Friedensbewegung in der UVR auf und nutzte die dabei gewonnenen Informationen zu publizistischen Veröffentlichungen in Presse und Hörfunk der BRD.
KNABE gehört zu den Organisatoren der feindlichen Konzeption zur Schaffung einer sog. blockübergreifenden Friedensbewegung. Er beabsichtigt seinen Aufenthalt in der UVR für Kontakte zu sog. Basisgruppen der ‹staatlich unabhängigen› Friedensbewegung zu nutzen.»
Am 24. Mai 1985 leitet die Abteilung X die Information nach Ungarn weiter und erhält am 26.6.1985 folgende Antwort:

«Bezugnehmend auf Ihre Anforderung im Schreiben Nr. U/700/85 wurden Maßnahmen eingeleitet in bezug auf den angegebenen Stipendiaten
KNABE, Hubertus (...),
der einen Studienaufenthalt beantragte. (...) Unseren Informationen zufolge wird er sein Auslandsstudium am 01. September 1985 am Lehrstuhl für Geschichte der Neuzeit der Philosophischen Fakultät der Lorand-Eötvös-Universität beginnen. Das Stipendium von Hubertus Knabe wird vom Deutschen Akademischen Austauschdienst

finanziert. Die Überprüfung des Genannten wird – im Falle seiner Einreise – organisiert, über deren Ergebnisse wird Ihnen eine Information zugesendet.»

Auf diese Weise werde ich beim Antritt meines Forschungsaufenthaltes in Ungarn im Sommer 1985 bereits aufmerksam erwartet. Was der ungarische Geheimdienst in den folgenden beiden Jahren ermittelt und was er dem MfS davon mitteilt, erschließt sich nicht aus den vorliegenden Dokumenten. Das MfS schickt aber einen eigenen Inoffiziellen Mitarbeiter nach Budapest, der dort eines Tages vor meiner Haustür steht und mein Vertrauen gewinnt. Allerdings findet sich in den Akten ein Schreiben des ungarischen Innenministeriums an das MfS, das am 27. 4. 1988 – vier Wochen vor der Absetzung von János Kádár – dort eingeht und in dem es heißt:

«Zur Information wird mitgeteilt, daß der BRD-Bürger
  KNABE, Hubertus
  geb. 19. 07. 1959 in Unna
  von unseren Organen operativ bearbeitet wird. In diesem Zusammenhang wird darum gebeten, uns alle Ihren Organen zu dieser Person vorliegenden Angaben und Informationen zu übermitteln. Es wird weiterhin gebeten, uns alle zu der Lebensgefährtin – der jetzigen BRD-Bürgerin und ehemaligen DDR-Bürgerin
  BUCHE, Anette (...)
  mitzuteilen bzw. uns über die Gründe und Umstände zu informieren, unter denen die Genannte die DDR verlassen hat.»

Nachdem eine Nachfrage im Zentralspeicher ergeben hat, daß die gesuchten Personen für die HA XX/4 erfaßt sind, wird die Bitte an diese weitergeleitet. Mit Schreiben vom 13. 6. 1988 und unter Bezugnahme auf die vorangegangenen «Operativen Informationen» beantwortet das MfS die Anfrage aus Ungarn wie eingangs zitiert.

Daß den in der Information genannten Stichworten – Grüne, Sozialistisches Osteuropakomitee, DDR-Forschertagungen, etc. – profunde Kenntnisse und ausführliche IM-Berichte zugrunde liegen, legt eine andere Information nahe, die zufällig in dem Band 2 c des Zentralen Operativ-Vorganges «Weinberg» (Reg.-Nr. AOP 16922/91) gefunden wurde. Unter der Überschrift «zu einem operativ relevanten Forschungsvorhaben des KNABE, Hubertus» und abgelegt unter dem Decknamen «Walter Rosenow» heißt es darin:

«Inoffiziell wurde zuverlässig bekannt, daß
  KNABE, Hubertus (...)
im August 1987 vom Bundesministerium für innerdeutsche Beziehungen, Ministerialrat (...) die Förderung für sein Forschungsprojekt ab 1. 1. 88 für 2 Jahre zugesprochen erhielt. Das Projekt befaßt sich als ‹intrasystemarer Vergleich› mit der ‹Umweltdiskussion› in der DDR, Volksrepublik Ungarn und weiteren sozialistischen Staaten und soll herausarbeiten, wie ‹sozialistische Industriegesellschaften› mit den sich aus der Umweltproblematik ergebenen ‹Herausforderungen umgehen›. KNABE begründete seine Vergleichsabsichten DDR–Ungarn deshalb als ‹... begründet, weil dort (in Ungarn) die Umweltproblematik explizit als ein relevantes Feld gesellschaftlicher Aktivitäten im politischen System betrachtet wird...›. (...) Von besonderer Bedeutung ist in diesem Zusammenhang die Zielstellung, durch die «Umweltdiskussion in der Opposition» der sozialistischen Länder zu untersuchen, weshalb die Absicht besteht, Kontakte zu oppositionellen Kräften innerhalb dieser Länder als auch in der Emigration zu nutzen. (...) Knabe beantragte für die Arbeit finanzielle Mittel: Ausgelegt auf 2 Jahre monatlich aufgeschlüsselt ca. 150000 DM zuzüglich 11000 DM für Nebenkosten. (...)
Von politisch-operativer Bedeutsamkeit ist der Zusammenhang der Forschungsthematik des Knabe und seiner 1985 festgestellten Aktivitäten zur Zuführung grün-alternativer Kräfte zur Westberliner ‹Initiative für den Ost-West-Dialog› im Zusammenwirken mit
  ESCHE, Klaus-Dieter
  (erfaßt für HA XX / 5)
  sowie seine Kontakte zu
  JAHN, Roland
  und
  (...)
Bei operativer Notwendigkeit kann Originalmaterial zum Forschungsvorhaben Knabes in der HA XX / 5 eingesehen werden.»

VIII Nachtrag

Im Januar 1992 erfuhr ich durch die Einsichtnahme in den Operativ-Vorgang «Kleber», daß mein langjähriger Freund, der Herzfelder Pfarrer Frank Rudolph, der Inoffizielle Mitarbeiter «Klaus» war. Fast zeitgleich erhielt ich einen Anruf meines Freundes Karl-Heinz Schädlich, daß er «IM Schäfer» sei und mich in Budapest im Auftrag der Stasi bespitzelt habe; sein Bruder hatte von seiner IM-Tätigkeit durch die Akteneinsicht erfahren.

Sie waren nicht die einzigen. Der ehemalige Bundestagsabgeordnete Dirk Schneider, mit dem ich im Rahmen der deutschlandpolitischen Arbeit der Grünen viel zu tun hatte, führte ebenfalls regelmäßig «Gespräche» mit dem MfS. Andreas Kurjo, Landwirtschaftsexperte aus West-Berlin, der Mitte der achtziger Jahre auf meine Initiative hin mit mir in einem Sammelband über Umweltprobleme und Umweltbewußtsein in der DDR publizierte, wurde im Mai 1992 wegen «geheimdienstlicher Agententätigkeit» zu einer Bewährungs- und Geldstrafe verurteilt. Ein früherer Arbeitskollege und politischer Kontrahent unterschrieb, so erfuhr ich aus glaubwürdiger Quelle, bereits in den fünfziger Jahren eine Verpflichtungserklärung des MfS. Unter dem Decknamen «Walter Rosenow» wurden inzwischen auch Berichte aus dem Westberliner Bahro-Komitee von den DDR-Forschertagungen in Bonn und aus dem Arbeitsbereich DDR-Forschung und -archiv der Freien Universität Berlin gefunden.

Von den ostdeutschen Autoren eines Sammelbandes «Aufbruch in eine andere DDR», den ich nach der Wende herausgab, haben nach bisherigem Informationsstand drei mit dem MfS zusammengearbeitet, von zweien wurde eine schriftliche Verpflichtungserklärung gefunden. Einen Ostberliner Professor, Heinz Kosin, der mich 1989 davor gewarnt hatte, als Sprachrohr der DDR-Opposition in Erscheinung zu treten, entdeckte ich auf der Liste der «Offiziere im besonderen Einsatz»; ein Versuch der Kontaktaufnahme blieb unbeantwortet. Ein anderer, den ich 1989 wegen seines ökologischen Engagements vergeblich versuchte nach Westberlin einzuladen, stellte sich inzwischen als «Inoffizieller Mitarbeiter» des MfS heraus.

Kein einziger, der mich im Auftrag der Staatssicherheit ausgehorcht und «bearbeitet» hat, ist in den zweieinhalb Jahren seit der

«Wende» in der DDR von sich aus auf mich zugekommen, um sich zu offenbaren. Niemand hat sich bei mir entschuldigt oder wenigstens zu erklären versucht.

Das Schweigen der Spitzel, das Leugnen und Verharmlosen, wenn sie zur Rede gestellt werden, ist inzwischen schmerzhafter als das, was sie zu verantworten haben. Fassungslos sehe ich mit an, wie prominente IM sich schamlos der Annehmlichkeiten des Rechtsstaates bedienen und als Opfer gerieren – sekundiert von ihren Führungsoffizieren, die, nachdem sie die IM-Arbeitsakten vernichtet haben, nun in die Rolle von Kronzeugen schlüpfen. Die IM-Decknamen sind nur Schubladen, in denen abgeschöpftes und abgehörtes Material nach Belieben eingefüllt wurde? Die Akten geben die Wirklichkeit nicht wieder, wurden nach Lust und Laune gefälscht, geschönt und manipuliert? Die Treffs mit dem Führungsoffizier erfolgten lediglich «im Interesse der Menschen»? Inoffizielle und hauptamtliche Mitarbeiter des MfS sind im Begriff, sich eine zweite Schuld aufzuladen: daß sie nicht den Mut besitzen, wenigstens nachträglich die Wahrheit offenzulegen und ihre persönliche Verantwortung anzuerkennen.

Dieses Verhalten ist dabei nicht nur im Einzelfall verletzend; es ist geeignet, die künftige politische Kultur in Deutschland langfristig zu vergiften. Die in den vierzig Jahren Bundesrepublik mühsam aufgerichteten moralischen Maßstäbe gegenüber Politikern, Parteien und politischem Handeln sind in ihrer Substanz bedroht, wenn Verantwortung vernebelt, Schuld nicht anerkannt und Verbrechen nicht gesühnt werden. Darf und soll der Informant eines menschenverachtenden Geheimdienstes Ministerpräsident, Parteichef oder Hochschulrektor sein? Darf und soll ein ehemaliger SED-Funktionär die Untersuchung gegen einen der IM-Tätigkeit beschuldigten Politiker leiten? Sind die Akten des MfS, wie der Bundesgerichtshof und ein Berliner Arbeitsrichter entschieden, ohne zusätzliches Beweismaterial wertlos, wenn es darum geht, das Verhalten eines Menschen zu bewerten? Entfalten die Weggegangenen, Weggetriebenen und Bürgerrechtler eine «Hetzjagd», wenn sie fordern, daß Stasi-Mitarbeiter und SED-Funktionäre im vereinigten Deutschland keine höheren Positionen mehr bekleiden sollten?

Eine ähnliche Debatte über den Umgang mit der Vergangenheit gab es schon einmal in Deutschland, allerdings unter umgekehrten ideologischen Vorzeichen. Schuldig gemacht hatten sich damals in erster Linie die bürgerlichen und national orientierten Kräfte, die nichtsdestotrotz auf ihre angestammten Positionen pochten. Daß nach 1945 trotz Kenntnis der nationalsozialistischen Verbrechen führende Nazis wieder hohe Ämter bekleiden konnten, hat mich und meine Generation politisch beeinflußt wie kein anderes Faktum und eine bis heute spürbare Entfremdung erzeugt gegenüber dem ersten funktionierenden demokratischen Staatswesen in Deutschland.

Mit dem Zusammenbruch der sozialistischen Diktatur stellt sich die Frage nach politischer Schuld und Verantwortung erneut, doch diesmal in erster Linie auf der anderen Seite des politischen Spektrums. Die Antworten sind kaum besser, die Mechanismen der Verdrängung und Verharmlosung die gleichen, für einen Westdeutschen ist es, als wiederhole sich die Geschichte.

Wie wäre es, wenn wir nach diesem Muster die Nazi-Vergangenheit ebenfalls noch einmal neu bewerten würden? Heinrich Himmler wäre in Wahrheit ein großer Menschenfreund gewesen, denn er hat in den letzten Kriegsmonaten die Freilassung der Lagerinsassen angeboten, und Hans Globke hätte mit seinen juristischen Kommentaren zu den Nürnberger Rassegesetzen vor allem eines getan: schlimmeres Unheil von den Juden abgewendet. Die Zahlenangaben über die deportierten Juden sind plumpe Fälschungen, und die Angehörigen der Waffen-SS waren allesamt unschuldig, wie ihre Vorgesetzten, sofern sie noch leben, jederzeit bezeugen können. Jene, die selber nicht in der NS-Diktatur gelebt haben (also der größte Teil der Menschheit), haben nicht das Recht, über Schuld und Verstrickung der Betroffenen zu richten!

In finsteren Zeiten gedeiht der Zynismus. Manchmal ertappe ich mich bei dem Gedanken, ich müßte diesem Land, in dem man nur noch wenige Zeitungen ruhigen Gewissens aufschlagen kann, entfliehen. Ostdeutsche Aktenleser reagieren gelassener – vielleicht, weil sie es gewohnt sind, auf sich allein gestellt gegen die Übermacht der Lügen zu streiten.

Joachim Gauck

Von der Würde der Unterdrückten

Im Frühjahr 1992 will ich selbst fragen, was andere mich fragen: ob das noch angeht, was wir – nun «aktenkundig» – tun. Ob, wenn mich schon Unlust wegen meiner Arbeit ankommt, ich wenigstens sagen kann, daß noch zusammen ist, was einmal zusammenkam, als ich die Aufgabe übernahm, das Erbe der Stasi-Akten zu verwalten. Und zusammengekommen war in der Geschichte meiner persönlichen Entwicklung viel: Erstens die frühe und nie zur Ruhe gekommene Sehnsucht nach Freiheit. Sie entstand, als ich ein Kind war, Ältester unter vier Geschwistern, zeitweilig zur Halbwaise gemacht, weil Stalins Leute den Vater eines Sommers von der Geburtstagsfeier in den Gulag brachten – für fünf Jahre (geplant waren 2 mal 25). Sie wuchs 1953 und 1956, sie war lebendig wie nie im August 1961; sie war 1968 – Prag – noch stärker, in der Ahnung, daß irgendwann das Argument der Panzer nicht mehr wirksam sein würde. Und als meine Sehnsucht sich in konkrete politische Hoffnung wandelte, geschah dies, weil in Polen Freiheitswille zur politischen Macht wurde – Solidarność.

Rebelliert hatte ich in all den Jahren weder als Student noch als Pfarrer. Zum Märtyrer war ich nicht berufen. Ich hatte Glück, denn ich fand einen Beruf, der mich gleichzeitig ganz «hier» und doch deutlich «anders» leben ließ. In meiner Kirche waren mir früh Menschen begegnet, von denen ich dies lernen wollte. Es gab da Leute, die trotz aller lauten Tagesparolen eine Wahrheit suchten, die die ihre sein konnte, die auch schon wußten, was ich noch erst hoffte: daß Sinn in einem Menschenleben sein könne ganz unabhängig davon, wie die Verhältnisse und Lebensumstände sind. Da war noch mehr zu erfahren: Nähe zu und Vertrauen zwischen Menschen, die sich sonst in diesen Jahren eher vorsichtig beäugten und die Technik der dosierten und kalkulierten Zuwendung trainierten (zu Menschen wie zu Themen). Zweitens mein Beruf also, der mich das realistische Menschenbild der Bibel lehrte und vertreten ließ, der meinen Hoffnungen Tiefe aus dem Glauben gab, der mich lehrte, Zeugnis abzulegen von Befreiung, Aufbrüchen und Auferstehung, der mich erleben ließ, was in der Schrift schon stand («denn seine Kraft ist in den Schwachen mächtig»), der mir ein altes Wissen über das «Aufstehen» anbot, bis ich endlich ein wenig davon verstehen lernte – und der mich vor allem mit einem segnete: mit der Nähe zu lebendigen, suchenden Menschen. Da wuchs etwas – und ich merkte es noch nicht.

Ein Drittes: 1989, noch bevor der SED die lange geplanten Jubelfeiern des 40. Jahrestages zur Farce gerannen, waren es einige im Osten endgültig satt, nur der öffentlichen oder der privaten Depression zu huldigen: Wo international (Helsinki trug endlich Früchte) Entspannung und etwas Vernunft, bei der Hegemonialmacht gar Glasnost und Perestroika, um sich griffen, sollte in der DDR auch ein Wandel möglich werden. Einige altgediente Liebhaber der Zivilcourage verbündeten sich mit jugendlich-alternativem und christlichem Protestpotential: Menschen- und Freiheitsrechte sollten nicht nur, wenn es um die Dritte Welt ging, sondern ganz speziell für unsere Verhältnisse thematisiert werden.

Die erstarrte SED-Führung wollte noch gern die alten Mittel anwenden, da waren aus den Bürgerbewegungen schon Volksbewegungen geworden; da wurde noch gelernt zu protestieren, und schon war die Götterdämmerung der Macht angebrochen, die uns doch gelehrt hatte, daß wir durch sie in letzter oder zumindest in vorletzter Epoche der Geschichte seien. Die SED-Führung trug im Herbst/Winter 89 noch die Gebärden der Macht zur Schau, aber jeden Tag wurden es mehr, die wußten: Es geht zu Ende.

Da wollten wir mittun, in den Kirchen und auf den Straßen. Partei und Stasi mitten unter uns – aber irgendwie ging dann alles: das Ablegen der Ängste, eher noch das Losgehen, Sprechen, Handeln *trotz* aller Ängste, die Freude, die uns erfaßte, als wir die Straße in Besitz nahmen, die Runden Tische in die Rathäuser und die Stasi-Offiziere auf die Straße stellten.

257

Meine Kolleginnen und Kollegen der evangelischen Kirche stellten mich damals für die Gestaltung der großen wöchentlichen Gottesdienste frei (in Rostock immer donnerstags), aus denen die Demonstrationen erwuchsen. Aus dieser Zeit stammt der Wunsch meiner politischen Freunde aus dem mecklenburgischen Neuen Forum, daß ich für die Wahl zur freien Volkskammer kandidieren solle; und ich fand, daß das richtig sei. Ich wollte nicht 50 Jahre in Unfreiheit gelebt haben und bei der ersten Gelegenheit, Freiheit politisch mitzugestalten, passiv bleiben.

Ich wurde gewählt, was damals für Kandidaten aus der Bürgerbewegung recht schwierig war. Als Abgeordneter habe ich im Bereich Innenpolitik gearbeitet, und als es zur Gründung eines Sonderausschusses zur Kontrolle der Stasiauflösung kam, haben mich die Abgeordneten dieses Ausschusses zum Vorsitzenden gewählt. Die Abgeordneten der Volkskammer mißtrauten der Stasiauflösung nach Art des Innenministers Peter-Michael Diestel, so gab es viel zu tun. Eine Hauptaufgabe sollte über die Existenz der Volkskammer hinausweisen: Die Abgeordneten erarbeiteten alternativ zu einem Regierungsentwurf ein Gesetz, das den Umgang mit Stasiunterlagen regelte. Es enthielt Grundsätze, die später im Stasiunterlagengesetz des Deutschen Bundestages beachtet wurden.

Lebenswirklichkeit, Sehnsucht und Hoffnungen eines «DDR-Bürgers», Glaubenshintergrund und Berufsalltag eines mecklenburgischen Pastors, die politischen Aktivitäten der revolutionären Wende und die neuen Möglichkeiten als Mitglied einer obersten Volksvertretung – ich mußte all das noch einmal aufrufen. Eins hing unlösbar mit dem anderen zusammen: So war auch der nächste Schritt konsequent: mein Ja, als ich durch die Volkskammer zum Sonderbeauftragten gewählt und anschließend durch den Bundespräsidenten, Bundeskanzler und Bundesinnenminister berufen wurde.

Seit Anfang 1992 gilt in Deutschland das Stasiunterlagengesetz.

Der neugewählte Bundestag hat viele Monate daran gearbeitet – eingeflossen sind Vorstellungen unserer Behörde sowie engagierter Demokraten aller politischen Lager, besonders, aber nicht ausschließlich, aus dem Osten.

Wie schon im Volkskammer-Gesetz vom August 1990 sind drei konstitutive Elemente enthalten:

– Jede Person, die von der Stasi observiert wurde, hat das Recht, die eigene Akte einzusehen – ehemaliges Herrschaftswissen für ehemals Unterdrückte!

– Die Unterlagen dürfen außer für Zwecke der Rehabilitierung und Strafverfolgung auch für Überprüfungen genutzt werden. Damit das Vertrauen in die neuen demokratischen Strukturen gefördert wird, können Mitarbeiter im öffentlichen Dienst, Mitglieder von Parlamenten und gewählten Körperschaften, leitende Angestellte in der Wirtschaft, Betriebsräte und Mitarbeiter in einigen weiteren Bereichen überprüft werden, ob sie Offizielle oder Inoffizielle Mitarbeiter der Staatssicherheit waren. Die Bürger in den neuen Bundesländern sollten davor bewahrt werden, in Amtsstuben, Gerichten, Parlamenten und Regierungen ehemalige Mitarbeiter oder Helfer der Staatssicherheit zu erleben.

– Die Akten sind weiter für die politisch-historische Aufarbeitung nutzbar. Zeitgeschichtliche Forschung wird erlaubt, die Berichterstattung der Medien ebenso (auch mit Zugriff auf personenbezogene Unterlagen, sofern es nicht Opferakten sind). Die Behörde selbst hat dafür zu sorgen, daß sie für die Öffentlichkeit Informationen über Struktur und Arbeitsweise des MfS erarbeitet.

Diese Grundinhalte nehmen Forderungen der Demokratiebewegung des Ostens auf, sie gehen deutlich über Vorstellungen hinaus, die in der alten Bundesrepublik noch in der Entstehungszeit des Einigungsvertrages dominant waren (im wesentlichen: Sicherung und weitgehender Verschluß der Akten, um Gefahren für den inneren Frieden auszuschließen).

Es war früh vorauszusehen, daß die offene Beschäftigung mit belasteter Vergangenheit eine konfliktreiche öffentliche Debatte auslösen würde. Gegenwärtig, im Frühsommer 1992, steht weder das Thema «SED und Stasi» noch das Thema «Stasieinfluß im Kulturbereich» im Mittelpunkt öffentlichen Interesses, sondern das Thema «Stasi und Kirche». In diesem Zusammenhang wird neben der engeren Stasiproblematik auch die Grundentscheidung evangelischer Kirchen, sich als «Kirche im Sozialismus» zu definieren, thematisiert.

Mit dem Begriff «Kirche im Sozialismus» verbinde ich, wie die meisten meiner Kollegen, durchaus Zwiespältiges. Wir haben diese Begrifflichkeit oftmals diskutiert, es ist im Grunde nie zu einer kirchenamtlichen Festlegung gekommen, was das denn nun sei; und man darf davon ausgehen, daß die Pfarrer, je enger sie sich an der Basis orientierten, desto kritischer den Implikationen im Sinne des Staates gegenüberstanden. In meiner Landeskirche ist diese Diskussion durch das Wirken des damaligen Bischofs Dr. Heinrich Rathke geprägt worden, einem überaus engagierten, für viele junge Theologen vorbildhafter Pastor, der im Rostocker Neubaugebiet früh eine Beziehung zur Gemeinde gestaltet hat, die in einer lutherischen Kirche durchaus nicht selbstverständlich war: Verzicht auf liturgische Formen, unbedingte Nähe zu den Sorgen und Problemen der Menschen, deren Nöte und deren Lebenswelt neben der Bibel für kirchliches Handeln konstitutiv wurden. Eine Nähe zur Botschaft Dietrich Bonhoeffers zeichnete diesen verehrungswürdigen Mann aus. Er hatte in den siebziger Jahren durch wichtige Referate und Diskussionsbeiträge maßgeblich in die Debatte eingegriffen. Unter dem Stichwort «Kirche für andere» wollte er zeigen, daß wir nicht im Warteraum der Zeit lebten, sondern daß wir auch in der sozialistischen Gesellschaft hoffen und uns engagieren sollten. Es galt eine Kirchlichkeit abzulegen, die sich am bürgerlichen Weltbild und an den Bedingungen der parlamentarischen Demokratie orientierte, ohne daß darüber ein Unwerturteil gesprochen wurde. Damals wollte die Kirche ganz bei den Menschen stehen. Und deshalb haben auch kritische Pfarrer, zu denen ich mich immer zählte, einen Zugang zu der Formulierung «Kirche im Sozialismus» gefunden. Sie haben es als schlichte Ortsbeschreibung betrachtet und nicht als Parteinahme. Heinrich Rathke hat uns damals gelehrt, dies nicht etwa als Kirche *für* den Sozialismus zu verstehen.

Das ist wichtig; mit dieser Grundhaltung kann man auch gut zu Kompromissen stehen. Pfarrer an der Basis, insbesondere Kirchenleitungen, mußten natürlich den Weg des Kompromisses suchen, und in den Synoden wurde oftmals heftig darum gerungen, ob die jeweiligen Kompromisse auch verantwortbar waren. Hier gabelte sich ein Weg: Es gab Leute, denen der Friede mit der Macht wichtiger war als die Authentizität des christlichen Zeugnisses. Und wir erleben heute, auch wenn uns diese Weggabelung damals nicht so bewußt war, daß das für manche Entscheidung eine sehr wichtige Frage ist.

Es gab in der DDR deutliche Unterschiede der einzelnen Landeskirchen. Es gab ja nicht *die* evangelische Kirche, sondern verschiedene eigenständige Landeskirchen – das ist auch heute noch so –, und so wurde zum Beispiel in Thüringen früh ein Weg der Staatsnähe beschritten, so daß Pfarrer meiner Couleur in Thüringen deutlich in eine Minderheitsposition gerieten, während sie in Mecklenburg in einer Mehrheitsposition waren. In Vorpommern war das zunächst ähnlich; aber von einer gewissen Zeit an suchte dort das Kirchenregiment eine deutliche Staatsnähe. In der bedeutenden sächsischen Kirche, die überaus große Verdienste hat – auch um die Herstellung der Demokratie, um das Bewahren einer menschlichen wie politischen Gegenkultur –, hat sich immer ein maßgebliches Protestpotential gegenüber den Allmachtsgebärden des Sozialismus behauptet. Auch in Berlin-Brandenburg hat trotz mancher Nähe, die zu den Erwartungen des Staates in den letzten Jahren der DDR entstanden ist (insbesondere im Berliner Raum und in manchem Bereich auch in der Landeskirche), an der Basis ein Protestpotential existiert, das in anderen Bereichen der Gesellschaft undenkbar war. Die kleinen Zirkel der Künstler nahmen sich neben den vielen Jugend- und Gemeindegruppen oder neben Aktivitäten wie Kirchentagsunternehmungen eher gering aus, ohne daß man ihre Bedeutung unterschätzen sollte. Aber auch in solchen Landeskirchen, in denen die Führung das Wort «Kirche im Sozialismus» stärker als Kirche *für* den Sozialismus thematisierte, sah die Gemeindewirklichkeit oft anders aus. Auch hier gab es eine lebendige Gegenkultur, besonders ausgeprägt in jenen Gemeinden, in denen man schon Sorge hatte, daß ganz eindeutig politisch ausgerichtete Gruppen den Freiraum der Kirche auch einengten. Nicht jede dieser Gemeinden, von denen man mit etwas Fairneß sagen muß, es habe eine Eigenständigkeit gegeben, war auch bereit, politischen Pressuregroups um Freya Klier oder Stephan Krawczyk, Bärbel Bohley oder Ulrike und Gerd Poppe Raum zu gewähren. Aber wo, wenn nicht in der Kirche, konnten diese Gruppen Treffen abhalten?

Das Spektrum dieser Gegenkultur war breit. Zum Beispiel war es zuerst in den Kirchen möglich, daß sich Menschen, die gleichgeschlechtlich orientiert sind, zu Versammlungen trafen und ihre Gruppen bildeten. Auch die Ökologiebewegung fand zuerst unter dem Dach der Kirche Raum. All das existierte auch in solchen Kirchen, in denen die Leitungen in einem Maße kooperierten, das von heute aus kritikwürdig ist. Die evangelische Kirche ist in ihrem Erscheinungsbild durchaus uneinheitlich gewesen; ich selbst hatte Anteil an einer kirchlichen Tradition, die sich der Parteinahme für den Sozialismus verschloß, die sich bestenfalls zu einer kritischen Solidarität durchrang, der die Nähe zu den normalen Menschen, also nicht zu den herrschenden, wichtiger war. Heute erfahren wir, daß kirchenleitendes Handeln oftmals wohl Grenzen überschritten hat. Einzelne Personen stellen heute Kontakte mit der Staatssicherheit als etwas Gebotenes dar; in meinem Verständnis von Kirche und in dem meiner Landeskirche war diese Auffassung nicht enthalten.

Kürzlich hat Friedrich Schorlemmer überraschenderweise ein umfangreiches Plädoyer für die Stasi-Kontakte des Konsistorialpräsidenten und heutigen brandenburgischen Ministerpräsidenten Manfred Stolpe vorgetragen.* Schorlemmers Plädoyer gipfelt in der Aussage, Stolpe sei «der verlängerte Arm des Widerstandes gewesen».

Die These, daß die Kirche bzw. die Opposition nur wirksam werden konnte, weil derart gute ‹Diplomaten› am Werk waren, übersieht die Gefahr, die dadurch entstand, daß die ‹Diplomaten› die Aktivitäten innerhalb der Kirche normierten und der Staat dann leichtes Spiel hatte, Ausgrenzungen vorzunehmen; sie übersieht auch, daß die ‹Diplomaten› oftmals in der kircheninternen Personal- und Sachdebatte stark oder zumindest stärker als angemessen die Gedanken und Haltungen der SED-Genossen verinnerlichten.

So wurde, was durch schlichte Unterdrückung nicht mehr durchsetzbar war bzw. was als *ultima ratio*, als Eingreifvariante drohte, oft nicht mehr in die eigenen Überlegungen einbezogen, weil einige Kirchenführer den kommunistischen Funktionär quasi internalisiert hatten – freilich eine höchst angenehme Art zu regieren. Es sollte nicht vergessen werden, daß die Erzeugung derartiger Funktionsabläufe Teil der Strategie der antidemokratischen Macht war. Wer Bürger zu Untertanen degradiert, handelt ungleich effektiver, wenn ein

* «Tagesspiegel» vom 10. 5. 1992

Teil der Untertanen quasi ‹aus eigenem Willen und nach eigenem Ermessen› den Willen der Macht ausführt. Die Macht braucht dann das ‹Zeigen der Instrumente› als zweiten Schritt sowie die Anwendung der Instrumente (nackte Repression) als dritten Schritt nicht einzusetzen.

Wer die Verhältnisse ändern will, muß aber bereit sein, die Macht zu delegitimieren, indem er sie immer wieder zwingt, ‹nackt›, ohne Argumente, lediglich mit dem Machtanspruch, dazustehen. So geriet kommunistische Macht in Legitimations- und Veränderungszwänge. Denn in einem durch Helsinki veränderten Europa war die *ultima ratio* der repressiven Machtmittel etwas, dessen Einsatz sich die Herrscher ersparen wollten. Wem diese Haltung zu radikal erschien, hatte sich immerhin davor zu hüten, durch allzu enge Kontakte zum Beispiel mit der Staatssicherheit die Macht über Gebühr zu legitimieren und damit den Spielraum der Radikalreformer gefährlich einzuengen.

Wer in dieser Zeit Verantwortung zu tragen hatte – Kirchenleitungen zum Beispiel –, hatte selbstverständlich die Pflicht, den Kompromiß zu akzeptieren, um das Unheil der Gewalt abzuwenden. Das ist mit Grund wenig zu kritisieren. Diese Kompromisse waren aber jeweils zu verantworten, waren zu erarbeiten und – wie geschehen – zu erkämpfen. Manche Äußerungen und Entscheidungen auf unterer kirchlicher Ebene entstanden auf diese Weise nach anfänglichen Diskussionen als dann gemeinsam zu verantwortende Kompromißformel oder -lösung. Das war geradezu ein Lebenselement der «Kirche im Sozialismus». Schon diese Wortschöpfung ist übrigens ein Produkt solcher Kompromißdebatten, vermied sie doch die Parteinahme *für* den Sozialismus, ermöglichte dem Staat jedoch zu erkennen, daß die evangelische Kirche ‹diesseitig›, also nicht einseitig westlich orientiert war.

Ich will mir aber heute nicht von der Minderheit der IM in der Kirche bzw. denen, die auf andere Weise zu verständnisvoll und hilfsbereit waren, erklären und noch nachträglich bestimmen lassen, welche Regeln des Handelns damals geboten waren. Und wenn zudem auch die Gräfin Dönhoff in Hamburg der Meinung ist, daß in der Diktatur der Erfolg die Mittel heiligt, so muß der Pfarrer Schorlemmer aus Wittenberg dennoch nicht nachträglich für gut verkaufen, was er nie praktiziert hat. Hat man die Debatte erst auf dieser Ebene angesie-

delt, greift jeder in West und Ost gern zur Feder und verteidigt laut-
stark die Realpolitik.

Die derzeitige Debatte versucht ständig, eine Art von Glaubens-
krieg mit dem Effekt zu erzeugen, daß man dann nicht mehr so genau
hinsieht. Man stellt sich dann nicht mehr den konkreten Fragen und
Vorwürfen, sondern hebt ab ins allgemeine der Staat-Kirche- bzw.
der West-Ost-Problematik.

Ich bin sehr dafür, solche Diskussionen zu führen. Sie sind offenbar wichtig. Aber in bezug auf die IM in Kirche und Gesellschaft
stellen sich die Fragen nun doch zugespitzter. In der Konsequenz geht
es hier darum, Personen, die sich mit dem MfS zusammengetan haben, zu veranlassen, aus bestimmten Positionen für eine geraume
Zeit herauszutreten, damit der Bürger in die Lage versetzt wird, Vertrauen in die Behörden und Körperschaften zu entwickeln.

Die Debatte über das Verhältnis der Kirche zum Staat wirft ein
weiteres Problem auf: Es gilt einer Argumentation zu wehren, derzu-
folge ein realitätsbezogener Ansatz dem politisch und moralisch rigorosen gegenüberstand. Diese Argumentation wird von der Vorstellung beherrscht, die bestimmenden Größen innerhalb der Kirche
seien zwei äußerst gegensätzliche Gruppen gewesen: einerseits die
der Bohley, Schorlemmer, Schulz, Poppe, Templin, Klier und anderer, andererseits eine Führung, die von Personen wie Manfred Stolpe
und jenen acht Mitgliedern aus kirchenleitenden Kreisen geprägt
wurde, die Stolpe kürzlich öffentlich entlasten wollten.

Die Wirklichkeit in der evangelischen Kirche war freilich anders:
Nicht die verdienstvollen, damals oft für politisch unrealistisch gehaltenen Basisgruppen waren die bestimmenden Größen, auch nicht
die ‹Diplomaten›, sondern die übergroße Zahl von Gemeinden, Ge-
meindekreisen, kirchlichen Mitarbeiterinnen und Mitarbeitern mit
ihren eigenen Bekenntnis- und Kompromißsituationen. Sie waren
es, die im Spannungsfeld zwischen Bekenntnis und Kompromiß die
Grundhaltung des Lebens in den Kirchen der DDR prägten. Es ist
insofern schlicht falsch, daß zu einem derartigen Leben auch ständige
Kontakte zum MfS gehörten. Es gab aktuelle und konkrete Anlässe,
mit dem MfS über eine Inhaftierung oder andere Repressionen zu
sprechen. Derartiges mußte aus kirchlicher Sicht jedoch keinesfalls
konspirativ geschehen.

Auch im Lager der politischen Realisten gab es ein klares Wissen über den Auftrag der Stasi und deshalb ein vielfach ausgesprochenes Distanzgebot. So hat erst vor kurzem die Kirchenleitung der evangelisch-lutherischen Landeskirche Mecklenburg in einer Erklärung (vom 20. 5. 1992) eindeutig festgehalten, daß auch bei noch so schwierigen Verhandlungssituationen kein kirchlicher Mitarbeiter berechtigt war, mit der Stasi zu verhandeln. Es ist eine Beleidigung der politischen Vernunft der ‹Realisten› der evangelischen Kirche, wenn man heute so tut, als habe es für sie diese Distanz zum MfS nicht gegeben.

Auf allen Ebenen des kirchlichen Handelns konnte man allerdings der Versuchung erliegen, diese Distanz nicht einzuhalten.

Nun mag es nicht so tragisch sein, wenn die politische Vernunft beleidigt wird, es gibt Schlimmeres. Ich meine aber: Es gibt eine Würde der Unterdrückten und Rechtlosen, es gibt die Würde der Machtlosen. Sie besteht unter anderem darin, daß man den Unterwerfungsgestus verweigert (wozu man als ersten Schritt lernen mußte, die ‹Begeisterung› zu verweigern, die die Oberen als Opfer bei ihren Ritualen abforderten). Das Aufrechterhalten einer Individualität gehört dazu, die die authentischen Gefühle nicht vorschnell domestiziert und die Wahrnehmungsfähigkeit nicht storniert. Bei denkenden Menschen gehört dazu: Wahrnehmung eigenständiger Analysefähigkeit und der Mut, Kritik und Analyse zuzulassen. (So war der alte Satz der Aufklärung ‹habe den Mut, dich deines Verstandes zu bedienen› zwar als historischer Text vielen bekannt, seine aktuelle Anwendung jedoch äußerst unbeliebt.)

Und es gehört zu jener Würde der Verzicht auf Teilhabe an antidemokratischer Macht.

Sie konnte zwar Lebensräume erweitern, hatte aber einen entscheidenden Verlust an Glaubwürdigkeit zur Folge. Die große Mehrheit der Pfarrerschaft und aller Mitarbeiter der Kirche, hoffentlich auch der Kirchenleitungen, hat dies gewußt.

Und so konnten substantielle Erfahrungen durch diese Minderheitenexistenz gewonnen werden: Es wuchs Vertrauen nicht nur innerhalb der Gemeinden, sondern, 88/89 erlebbar, darüber hinaus. Aus der Glaubwürdigkeit und Authentizität von Menschen, die ihrem Glauben und ihrer Hoffnung verpflichtet blieben, erwuchs dann die enge und breite Zusammenarbeit zwischen Kirche und Bevölkerung 1989/90. So lernten wir gerade in diesem Teil Deutschlands, daß Ausschluß von Macht gleichzeitig Gewichts- und Bedeutungszuwachs mit sich brachte.

Und die Kirche hat gelernt: Es lohnt, dem eigenen Glauben und der eigenen Hoffnung treu zu bleiben. So hat die gesamte Kirche, indem sie Gegenstrukturen menschlichen Vertrauens lebte und sich intern demokratische Grundsätze zu eigen machte, einen wichtigen Anteil daran, daß sich der Sozialismus erledigt hat. Gott sei Dank.

Wenn heute aus politischem Kalkül so getan wird, als habe es eine ‹Verantwortungsethik› gegeben, aus der heraus alles zu tolerieren war außer nacktem Verrat, dann besteht die Gefahr, sowohl die Würde der Unterdrückten als auch die Kämpfe, Opfer und Einsichten der glaubwürdigen Mehrheiten in der Kirche zu verraten.

Mich soll Tagespolitik dahin nicht bringen.

Meine Beschäftigung mit den Stasi-Akten hat mich mancherlei gelehrt. Erstens erfahren wir heute voller Staunen, daß weit weniger Menschen Akten haben, als sie es vermuten. Grob geschätzt erfahren gegenwärtig 50 Prozent der Antragsteller auf Akteneinsicht bei uns, daß keine Akte über sie vorliegt. Oftmals erzeugt das Protest und Verdächtigungen: Dann ist die Akte wohl weggebracht, heißt es, oder gar: Ihr habt sie weggebracht. Meine Mitarbeiter in den Außenstellen werden gelegentlich beschimpft. Wir konstatieren also, daß die Staatssicherheit, die ziemlich effektiv war, dennoch in ihrer Effektivität drastisch überschätzt wurde. Dies lehrt ein Doppeltes: wie schnell Unterdrückte dazu neigen, das Maß ihrer Unterdrückung zu überschätzen, und wie tüchtig dieser Teil der Staatsmacht gewirkt hat, wenn er durch das Vorzeigen der Instrumente so viele Menschen in die Angst versetzt hat, täglich und konkret überwacht zu werden. Das ist ein Effekt, mit dem die Machthaber trefflich arbeiten konnten.

Aus der konkreten Arbeit mit Stasi-Unterlagen haben wir weiter lernen können, daß teuflische Akten gleichwohl aussagefähige Akten sein können. Das heißt, daß zum Beispiel die Kooperation von Personen mit dem MfS durch Ergebnis- und auch Observierungsberichte mit einem zureichenden Maß an Genauigkeit dokumentiert worden ist. Es gibt auch andere Sorten von Stasi-Akten, in denen nicht eine derartige Genauigkeit walten mußte, vielleicht auch nicht walten konnte. Das sind zum Beispiel Planungsdokumente, Einschätzungen in Plänen oder Berichte über eigene Erfolge, Einschätzungen von Personen, in denen das neurotisch oder ideologisch bedingte Wahrnehmungsdefizit der Staatssicherheit Unschärfen und Verzeichnungen verursachte. Die Erwartungen, die man etwa in einen Professor oder einen kirchlichen Mitarbeiter setzte, wurden in einer Sprache niedergeschrieben, die die eigenen Möglichkeiten rundum als wirksam darstellt. Wenn man zum Beispiel schrieb, man wolle einen Menschen steuern, dann geschah dies ohne jeden Vorbehalt, daß dieser Mensch möglicherweise ein ganz eigenes Konzept der Kontakte mit der Staatssicherheit hatte oder daß sogenannte Erfolge bei der Disziplinierung eines Menschen unter Umständen einfach den vernünftigen Überlegungen des Betroffenen entsprangen und nicht den Druckmaßnahmen. Kurz, die Beschreibung der Möglichkeiten, die die Stasi bei Menschen zu haben glaubte, die Pläne der Staatssicherheit generell, die Menschenbilder, die sie entwickelt hat, bedürfen einer nachhaltigen Kritik; insofern ist ein Unterschied zwischen den Arten von Stasi-Akten zu machen.

Ein Teil der Presse hat sich darauf verlegt, mich persönlich oder die Behörde der Aktengläubigkeit zu zeihen. Wer so spricht, hat nicht richtig recherchiert; gelegentlich soll wohl auch gezielt Mißtrauen gesät werden. Mancher Kritiker hat keinerlei Aktenkenntnis. Grundsätzlich fällt auf, daß das Urteil darüber, wie mit den Stasi-Akten umgegangen werden soll, desto sicherer ausfällt, je weiter man von den Akten und von den Gefilden der Unterdrückung und des Leides entfernt ist.

Die Akten enthalten aber neben den genannten Plänen auch Ansammlungen von Fakten, die schlicht ernstgenommen werden wollen, weil in diesen Teilen Arbeitsergebnisse dargestellt wurden, auf denen weiteres Handeln der Stasi aufgebaut wurde. Deshalb durfte die Phantasie der Stasimitarbeiter sich hier schwerlich entfalten.

Derartige Unterlagen bewahren im übrigen auch ein Wissen um Widerstand und Zivilcourage – manchmal bis zum Heldentum. Es ist ja nicht nur so, daß die Akten ein Zeugnis des Versagens und der Schuld sind; sie sind Zeugnisse der Manipulierung von Menschen durch eine Macht, die sich absolut setzte und die sich mit Menschen alles erlaubte. Sie sind zudem natürlich Zeugnisse des Scheiterns, Zeugnisse des Kampfes gegen das Scheitern und des schließlichen Unterliegens. Auch im Unterliegen gibt es noch unterschiedliche Arten der Kooperation – eine hinhaltende, eine taktierende, eine bereitwillige und eine übererfüllende Kooperation. Daneben gibt es die Zeugnisse des Widerstandes. Zeugnisse dafür, daß es eine Widerstandsbereitschaft gegeben hat: daß auch Sozialisten, die mit der SED gingen, sich geweigert haben, mit der Staatssicherheit zusammenzuarbeiten, daß gegen einzelne Menschen, weil sie anders nicht gefügig zu machen waren, regelrechte Strategien entwickelt wurden, um sie beruflich und menschlich zu isolieren, zu zersetzen und zu ruinieren. Hier hat sich im Ganzen ein überaus wichtiges Quellengut erhalten. Und wir wären gut beraten, es zu würdigen. Es gibt eine Vielzahl von Zeitzeugen (einige davon haben sich in diesem Buch zu Wort gemeldet), die darüber eigene Urteile abgeben können. Und es ist interessant zu sehen, wie sich die Urteile dieser, eng mit dem Material vertrauten, Zeitzeugen von Aussagen publizistischer oder politischer Einflußnehmer unterscheiden, die dieses Material nicht kennen.

Ich beobachte an mir seit meiner Arbeit in dieser Behörde, überhaupt seit ich wieder in Deutschland lebe, etwas Merkwürdiges. Ich habe mich zwar zeitlebens als Mecklenburger fühlen wollen, ohne daß ich es durfte, denn Mecklenburg hatten die Kommunisten wie alle anderen Länder abgeschafft und statt dessen Bezirke errichtet. Aber ich habe mich nie bewußt als DDR-Bürger fühlen wollen. Das ließ mein Stolz, das ließen mein Demokratieverständnis und mein Freiheitsbewußtsein nicht zu. So kam es, daß ich, während es die Spaltung gab, mich deutlich als Deutscher fühlte. Seit es aber die Spaltung nicht mehr gibt, fühle ich mich deutlich als Ostdeutscher, obwohl mein politisches Bewußtsein schon zur Zeit der Wende und bis heute die Einheit bejahte.

Das widerspenstige Gefühl hat seine Gründe, die ich respektieren lernen mußte. Letztlich bestehen sie darin, daß man über die Erkenntnis der Fakten allein Vergangenheit nicht zureichend vergegenwärtigen und sie schon gar nicht bearbeiten kann. Ich denke, daß zum Ernstnehmen dieser Vergangenheit der kommunistischen Diktatur (wie der Vergangenheit der faschistischen Diktatur) die Dimension des gelebten Lebens gehört. Wer meint, Vergangenheit bearbeiten zu können, indem er allein eine intellektuelle Debatte führt, wird zumindest die Ostdeutschen im Kern nicht erreichen. Der Vergangenheit relevant zu begegnen meint doch für den Zeitgenossen auch dies: die Erinnerung an erlebte Leiden, gehegte Hoffnungen, geführte Kämpfe und das Bewußtsein, in alledem ein besonderes Leben geführt zu haben – ein anderes eben als diejenigen, die vergleichbare Leiden und Entfremdungsprozesse nicht durchgemacht haben.

Das Problem der Debatte zwischen Ost und West besteht also nicht so sehr darin, daß sich die Sachverständigen mit den weniger Sachverständigen zu unterhalten hätten; es gibt ja bei unzähligen Westdeutschen einen hinreichenden Sachverstand, um in die aktuelle politische Debatte einzugreifen. Das Problem besteht darin, eine Tiefendimension der Begegnung mit Vergangenheit zuzulassen, in der Schmerz, Leiden oder aber Schuld, Versagen und Gewissensnot an die Oberfläche geholt, quasi aus dem Gefängnis der Verdrängung befreit werden. Und aus diesem Grunde ist es jetzt so schwer, Vergangenheit, die nur die Vergangenheit eines Teiles Deutschlands ist, gemeinsam aufzuarbeiten.

Was folgt daraus? Wir sollten versuchen, bei unseren westdeutschen Gesprächspartnern eine gewisse Zurückhaltung gegenüber unserer Bemühung um die Vergangenheit zu erreichen. Wir wollen nicht, daß sie schweigen; sie sollen uns Fragen stellen; aber sie sollen nicht diejenigen sein, die fern vom Leid und im Grunde fern von den Prägungen speziell östlicher Entfremdung den *mainstream* der Entscheidung bestimmen, wie der Osten die Vergangenheit aufzuarbeiten hat. Sie sollen also respektieren, daß es eine Würde der Unterdrückten gibt, die an dieser Stelle eine Zurückhaltung des Urteils gebietet. Die Bearbeitung der Vergangenheit sollte insofern auch als schmerzhafte Begegnungskrise verstanden werden, die intellektuelle Bewältigung kann bestensfalls Teil der Bemühungen sein.

Ich erwarte also insbesondere von der politischen Klasse und von den Gesprächspartnern des kulturellen Westens die Bereitschaft zu akzeptieren, daß es bei ihr ein strukturell bedingtes Defizit an Wahrnehmungsfähigkeit gibt, das nicht schuldhaft ist, sondern das sich aus der Faktizität des unterschiedlich gelebten Lebens herleitet. Wir Bewohner des ehemaligen Ostens haben im übrigen ein vergleichbares

Unvermögen, Entfremdungserfahrungen, die der westliche *way of life* bewirkt hat, anders als intellektuell aufzufassen. Daraus ergibt sich eben, daß wir noch nicht eins sind, seit wir eins wurden. Und wie sich bei Menschen, die sich lieben, aus der Liebe allein nicht eine gleichberechtigte Partnerschaft ergibt, so wird sich aus der Euphorie und Geneigtheit der Deutschen zueinander, die sich im November und Winter 1989/90 zeigte, noch nicht das Funktionieren einer wirklich achtungsvollen Gleichberechtigung ergeben. Wir müssen ganz offensichtlich respektieren, daß es Lebensbereiche gibt, in denen der andere nicht die gleiche authentische Erfahrung besitzt.

Das wird wachsen, wir werden sicher erst nach einer Generation jenes Maß an innerer Einheit haben, das ein unkompliziertes gegenseitiges Verstehen ermöglicht.

Daß ich stolz darauf wäre, ein DDR-Bürger zu sein, so etwas kam mir nie über die Lippen. Aber ich entdecke heute in mir so etwas wie ein gelassenes Selbstbewußtsein. Ich möchte zu dem Leben, das ich gelebt habe, stehen. Ich freue mich, daß ich das kann. Wolf Biermann hat in einem spöttischen Lied gesungen: «Die Stasi ist mein Eckermann». So weit wird man in der Regel nicht gehen können. Aber daß auch in einer perfiden Buchführung etwas aufgehoben ist von einem ernsten Willen großer Bevölkerungsgruppen, Anstand zu bewahren, Widerstandsgesinnung und Zivilcourage zu leben, das ist deutlich.

Freilich ist in den Stasi-Unterlagen auch evident, wie in diesem deutschen Volk der vorauseilende Gehorsam funktioniert. Und sicher ist es in Deutschland leichter gewesen, einen Stasi-Mitarbeiter zu rekrutieren, als in unserem polnischen Nachbarland, wo der Geist der Auflehnung allemal früher weht als in Deutschland. Man kann sehen, daß auch der Westdeutsche, politisch sozialisiert in 40 Jahren Demokratiegestaltung, den deutschen Gehorsam noch nicht völlig verlernt hat. Oftmals erstaunlich schnell gelang es Stasi-Agenten, Alt-Bundesbürger anzuwerben, zur Mitarbeit zu verpflichten, nicht nur durch die Hergabe von Geld, was im Westen häufiger passierte als im Osten: Bundesbürger waren gelegentlich sehr einfühlsam, manchmal gar devot. Offensichtlich ist ein starkes demokratisches Selbstbewußtsein auch nach Jahrzehnten in einem Land nicht selbstverständlich, in dem der Untertanengeist Tradition hatte. Vielleicht sind die Holländer, die Amerikaner oder die Briten resistenter gegen den vorauseilenden Gehorsam, den sich ein Geheimdienst immer zunutze macht.

Heute begegnen uns gelegentlich Journalisten, manchmal auch Literaten, die in bezug auf die Arbeit der Behörde, der ich vorstehe, von einer neuen Inquisition sprechen. Ich lasse diejenigen aus, die in der Nähe der SED ihre ehemalig vorzügliche Alimentierung als etwas Normales hinstellen möchten und keine Lust haben, im nachhinein die Wirklichkeit kennenzulernen. Aber es gibt eine Gruppe von Menschen, die sich dafür rächen will, daß ihre Ideale oder Träume, die sie vermeintlich in der DDR verwirklicht sahen, ruiniert worden sind. Sie halten diejenigen, die heute die Topographie des alltäglichen Stalinismus nachzeichnen, für die eigentlichen Sünder, und nicht diejenigen, die die dargestellten Verhältnisse geschaffen haben. Hier gibt es so etwas wie eine groteske Bundesgenossenschaft bestimmter Journalisten, die den Zeitgeist befriedigen wollen, mit PDS-nahen Teilen der Bevölkerung, natürlich massiv unterstützt von den zahlreichen Mitgliedern der früheren Machtapparate. In den alten Bundesländern gibt es daneben eine Debatte darüber, ob Teile der früheren Ostpolitik nicht neu bewertet werden müßten. Einige Politiker und Publizisten verweigern jede Selbstkritik, kritisieren aber statt dessen unsere Aufarbeitung der Stasi-Vergangenheit und rücken sie in die Nähe einer Inquisition. Es ist hanebüchen, was da zum Teil an Verdrehung passiert.

Wer heute so vor einer neuen Inquisition warnt, teilt oftmals nicht mit, daß die Behörde, die ich leite, überhaupt keine Entscheidungen zu fällen hat, sondern daß sie nur zwischen dem Aktengut und den Antragstellern vermittelt. In der Behörde wird also der Daumen weder gehoben noch gesenkt. Die sogenannten Vorverurteilungen dieser Behörde erweisen sich beim näheren Hinsehen als Sachaussagen und keineswegs als Urteile, schon gar nicht als Vorurteile. Was die Presse daraus macht, ist teilweise ein völlig anderes Thema.

Ferner möchten einige Leute, die in der Regel im Westen wohnen und sich mit den ehemaligen Verantwortungsträgern im Osten verbünden, gern den Eindruck erwecken, daß es eine kollektive Bereitschaft zu jeder Art von Kollaboration, selbst mit der Stasi, gegeben habe und daß das überdies normal sei. Das Gegenteil ist der Fall:

Unter mehr als 16 Millionen Einwohnern gab es weniger als 200 000 inoffizielle und weniger als 100 000 hauptamtliche Mitarbeiter der Staatssicherheit. Es gilt, die Relationen im Auge zu behalten, statt übertriebene Vorstellungen von kooperationsbereiten Bürgern zu verbreiten. Wir waren kein Volk von Spitzeln, und die wohlwollende Entschuldigung ist genauso wenig angebracht wie die diffamierende Verurteilung.

Beendeten wir die Beschäftigung mit der Vergangenheit, würde uns dies in eine zweite Schuld stürzen, ohne daß dafür nachvollziehbare Gründe vorliegen. Nach dem Zweiten Weltkrieg war das Maß an Schuld, das Unmaß von Verbrechen so groß, daß es vielleicht eine psychische Überforderung bedeutet hätte, wenn die breite Masse des Volkes unmittelbar nach dieser Riesenschuld schon hätte bereit sein sollen, sich auch der jeweils eigenen Schuld zu stellen und sie zu akzeptieren. Zwar hat auch der Kommunismus insgesamt große Schuld auf sich geladen. Wir Deutschen aber haben hauptsächlich das dürre Gerippe mangelnder Zivilcourage in unserem Schrank, und wir müssen nicht gebannt und ängstlich die Begegnung mit der Vergangenheit der nachfolgenden Generation überlassen. Wer meint, sich vor der Vergangenheit drücken zu sollen, entweder weil es aktuell politisch wichtigere Themen gibt oder weil es bestimmten Sympathiepersonen der Öffentlichkeit im Moment schlecht geht, der wäre wirklich falsch beraten.

Die Absicht einiger Meinungsmacher, der Bevölkerung die Vergangenheitsbearbeitung als Luxus darzustellen, bedeutet, sehenden Auges die zweite Schuld einer Vergangenheitsverdrängung zu akzeptieren. Unter den politischen Verantwortungsträgern finden sich auch diejenigen, die die Vergangenheit ernst nehmen. Es gibt keinen Widerspruch zwischen der Gestaltung von Gegenwart und Zukunft und der Begegnung mit der Vergangenheit.

Wenn ich Auseinandersetzungen wie diese führe, begegnet mir häufig Kritik. Vorurteile von Menschen zu hören, die man für urteilsfähig hält, ist natürlich schwieriger zu ertragen als Vorurteile von unwissenden Personen. Es gibt auch bewußte Kränkungen und Diffamierungen, und ich bin kein Klotz, sondern ein Mensch, der Gefühle hat, und da enttäuscht so etwas. Einstweilen bin ich noch mit genügend inneren Kräften und äußerem Beistand ausgestattet, die derartige Kränkungen erträglich sein lassen. Sich selber treu zu bleiben, auch wenn man zwischen den Stühlen sitzt, ist ein Vermögen, das gelernt sein will. Ich bin sowohl von meiner Erziehung als auch von meinem früheren Beruf her auf Harmonie angelegt. Ich bin ein Mensch, der auch im privaten Bereich die Konflikte nicht gerade sucht, sondern häufig danach trachtet, sie zu vermeiden. Sie in der öffentlichen Auseinandersetzung für normal zu halten fällt mir nicht leicht; gleichwohl weiß ich, daß es zum Leben dazugehört. Mir geht es wie meinen ostdeutschen Landsleuten, die nur schwer akzeptieren, daß vor dem Konsens die Dissenserfahrung ihren Platz haben muß. Die oppositionelle Bewegung mußte früh lernen, eine einmal gefundene Konsensbasis zu verlassen, sich in unterschiedliche Parteien und Strömungen zu differenzieren, und auch das war mit Ängsten verbunden. Wir haben es, das gilt fast generell für den Osten, oftmals einfacher gefunden, gegen die anderen in einer großen inneren Einheit zu opponieren .

Die Bereitschaft, Dissens zu akzeptieren, wo nötig zu erzeugen, schließt für mich auch persönliche Meinungsäußerungen ein; sie sind nicht parteipolitisch orientiert. So, wie der Gesundheitsminister darüber spricht, daß Rauchen schädlich ist, und der Justizminister die Verbrechensbekämpfung für eine gute Sache hält und damit Partei ergreift, so werde ich selbstverständlich Partei ergreifen, wenn die Grundrichtung des Stasi-Unterlagengesetzes hinterfragt wird, wenn relevante Vergangenheitsaufarbeitung auch in Form des Kampfes gegen antidemokratische Kräfte zur Debatte steht. Hier eine Unparteilichkeit von mir zu erwarten wäre überzogen. Ich bin Partei und bleibe Partei, und meine Parteinahme orientiert sich am Grundgesetz und an der allgemeinen Erklärung der Menschenrechte. Wir können mit guten demokratischen Gründen zu der Richtung stehen, die wir gefunden haben; wir können es insbesondere deshalb, weil die revolutionäre Bewegung auf den Straßen, weil die Demokratiegestaltung in der Volkskammer und weil die Gesetzgebung im Deutschen Bundestag in einem klar erkennbaren Zusammenhang stehen.

Es ist erstaunlich, was diejenigen, die aus dem Osten mit ihrer Sehnsucht nach Freiheit aufgebrochen sind, im Westen oft vorgefunden haben: eine Reflexion des Freiheitsbegriffes nur aus Defiziten heraus. Freilich muß einer, der 40 Jahre lang in einem demokratischen Staatswesen wie diesem gelebt hat, bereit sein, auch negative Erfahrungen zu reflektieren. Aber diejenigen, die mit einer Freude an der neuen Freiheit in der Freiheit angekommen sind, haben sich doch einigermaßen verwundert die Augen gerieben, wie wenig Zeitgenossen im Westen eine elementare Beziehung dazu hatten, in einem freien Land zu leben. Erfahrbare Freiheitselemente wie eine funktionierende Gewaltenteilung, eine freie Presse, wenn auch nicht eine ideale, die Freiheit gewerkschaftlicher Aktivität, ein mit unterschiedlichen pädagogischen Ansätzen ausgestattetes Bildungswesen und vieles mehr wäre zu nennen. Das sind Elemente, die die Suchenden aus dem Osten hier im Westen vorgefunden haben, die real-existierenden Bestandteile eines Entwicklungsprozesses, dessen emanzipatorische Wurzeln im vorigen Jahrhundert und früher liegen. Es gibt eine bestimmte Richtung der kritischen Intelligenz, insbesondere in der alten Bundesrepublik, die die eigene Wirklichkeit nur noch über die Entfremdungsvorgänge reflektierte und von daher der Idealisierung anderer Gesellschaftskonzepte zuneigte. Wer im Osten, getrieben von der Sehnsucht nach Freiheit, aufgebrochen war, kam in einem Westen an, dessen Bewohner oftmals nicht erkannten, daß Freiheit tatsächlich existierte.

Natürlich waren wir weder beim Aufbruch noch bei der Ankunft so naiv zu glauben, wir seien in einen paradiesischen Endzustand gelangt. Wir sind auch durchaus gewillt, die Freiheit *nach* der Freiheit zu suchen. Wir verstehen uns aber heute mit denjenigen Gesprächspartnern besser, die uns zubilligen, daß ein Teil unserer Sehnsüchte in der parlamentarischen Demokratie verwirklicht ist.

Wenn ich die gegenwärtige geistige und politische Situation reflektiere, so gibt es natürlich Gründe, mit der Entwicklung unzufrieden zu sein, aber ich gehöre zu denen, die zunächst die positiven Möglichkeiten einer Situation reflektieren. Ich habe das schon zu Zeiten der Diktatur getan und bin dabei nicht untergegangen. Ich denke, gerade jetzt soll man Möglichkeiten, die wir haben – durch die neue Offenheit, Themen zu debattieren, auch diese Archive zu nutzen –, nicht frühzeitig aus dem Leben reden. Wir arbeiten in einer historisch außerordentlich komplizierten Situation äußerlicher Einheit und innerer Distanzen. Bürger haben mit dem Gesetz über die

Stasi-Unterlagen eine ganz neue Möglichkeit, früher streng ge-schütztes Material eigenständig und subjektorientiert zu nutzen. Wir erfahren, daß das Recht, mit vormals geschütztem Material umzuge-hen, ein Element von Freiheit enthält, und wir erleben, daß – wie in anderen Bereichen des Lebens – Freiheit auch Ängste freisetzt. Die Freiheit ruft im Menschen zuerst Freude hervor und führt als Schat-ten immer Angst mit sich. Die alten Ängste legen wir mühsam ab, und schon sind neue Ängste da.

Schlimm wäre es, wenn wir den Einflüsterern folgten, die, in merkwürdigen Koalitionen auftretend, den Bürgern sagen, daß der Befreiungsprozeß zu gefährlich sei. Und heilsam wäre es, den Einla-dungen der Freiheit zu folgen, der eigenen Vergangenheit, dem Schatten eigener Schuld zu begegnen und der eigenen Courage bei der Gestaltung von Gegenwart und Zukunft zu trauen.

Sarah Kirsch

Vier Gedichte

Tielenhemme 28. Januar 92

Sehr lieber Jochen,
dieser Text hier aus meinem 1. Gedichtband fiel mir im Zusammenhang mit
unserem IMB «Schäfer» ein. Konnte mich nur sehr dunkel erinnern, bes. an
die Zeile «Sag Bruder daß du mein Bruder nicht bist...». War doch ne gute
Vorahnung 1965...

> 1000 Grüße vor die Füße
> Sarah

Aufforderung

Denk nach Bruder und zähle dein Geld
kauf einen schillernden Hahn verrate mich sag
ich könnte Fische verstehen wüßte wie Gras wächst

auf bittrer Erde erstorbener Dörfer, aber
du hast es gesehn ich verriegle
abends die Türen vertraue dir nicht und keinem Computer

hab einen steifen Rücken ein Maultier das störrisch ist
noch im Kleefeld nicht frißt manchmal
die Peitsche nimmt aber verdorben ist seit diesem Tag

Sag Bruder daß du mein Bruder nicht bist
daß deine Fingerabdrücke den meinen fremd sind verwahr dich
und deine zahlreiche Sippe wenn sie dir lieb ist gegen

mein einfältiges Schweigen

Langer Winter

Kam wie der
Bethlehemstern.
Wir heizten mit
Telegraphenmasten. O
Schauder die fletschenden
Kürbisse alle.

Preußische Akten
Riefen mein Ein-
Kommen ab für
Kopien.

Dennoch ging alles
Wie auf einer
Chamäleon-Hochzeit
Großartig zu.

Die andere Welt

Ich bin der Ochse der sieben Kämpfe
Im verkommenen Staat meiner Heimat.
Ein Eber war ich an Tapferkeit bin
Das Murmeln sanfter Flüsse und frei.

Seither

Blieb nichts als
Schöne Augen zu
Machen hier geht es
Vorsätzlich Zahn um

Seggen das weiße
Schnabelried. Öfter ein
Schwelbrand. Und mein
Geschrei ein Diebstahl.

Zu den Autoren

Wolf Biermann, geb. 1936 in Hamburg «unter einem gelben und unter einem roten Stern». Seine Mutter arbeitete als Maschinenstrickerin, sein Vater als Maschinenschlosser auf der Werft Blohm & Voß. Der Vater, Kommunist und Jude, wurde 1943 in Auschwitz ermordet. 1953, nach Stalins Tod und kurz vor dem Arbeiteraufstand am 17. Juni, mit 16 Jahren, Übersiedlung in die DDR; an der Humboldt-Universität Berlin Studium der Ökonomie, Philosophie und Mathematik; 1957–59 Unterbrechung des Studiums und Arbeit am Brechttheater «Berliner Ensemble» als Regieassistent und Dramaturg; 1961 Gründung eines Theaters, des «b.a.t.», am Prenzlauer Berg, Inszenierung eines «halbkritischen Stücks über die Mauer»; 1963 wurde das Stück verboten, das Theater geschlossen; danach mehr und mehr Lieder und Gedichte; ab 1965, nach dem 11. Plenum des ZK der SED, vollkommenes Auftrittsverbot, seitdem illegale Verbreitung der Werke im Osten in Form von Tonbandkopien der Lieder und Handabschriften der Gedichte, im Westen zahlreiche Veröffentlichungen von Büchern und Schallplatten; im November 1976 überraschend Erlaubnis zu einer Konzertreise für die IG Metall in der Bundesrepublik; kurz nach dem ersten Konzert in Köln erfährt er im Radio, daß die DDR ihn ausgebürgert hat; es folgte eine ungewöhnlich starke Protestbewegung innerhalb der DDR, die manchem als der Anfang vom Ende der DDR gilt; lebt seitdem in Hamburg.

Bärbel Bohley, geb. 1945, lebt seit ihrer Geburt in Berlin; 1963 Abitur, danach sechs Jahre in verschiedenen Berufen gearbeitet; von 1969 bis 1974 Studium der Malerei in Berlin; freie Malerin. 1980 lernte sie Katja und Robert Havemann kennen. Als Reaktion auf das neue verschärfte Wehrdienstgesetz der DDR von 1982 gründete sie mit anderen Frauen die außerkirchliche Gruppe «Frauen für den Frieden». Der Staat reagierte mit Festnahmen, Hausdurchsuchungen und Verhaftungen einiger Frauen auf die erste unabhängige Frauengruppe. 1985 Mitbegründerin der «Initiative Frieden und Menschenrechte». 1988 erneute Verhaftung und Abschiebung mit Reisepaß aus dem Gefängnis nach England. Nach einem halben Jahr in die DDR zurückgekommen und im Herbst 1989 Mitbegründerin der Bürgerbewegung NEUES FORUM.

Jürgen Fuchs, geb. 1950; studierte Sozialpsychologie in Jena. Ab 1971 erste literarische Veröffentlichungen in Anthologien und Zeitschriften. 1975 wurde er wenige Tage vor Abschluß des Studiums exmatrikuliert wegen «Schädigung des Ansehens der Universität in der Öffentlichkeit»; von November 1976 bis August 1977 in Haft. Im August 1977 Abschiebung nach Westberlin. Arbeit als Schriftsteller und Sozialpsychologe. PEN-Mitglied.

Joachim Gauck, geb. 1940, war bis zur «Wende» Pfarrer in Rostock. Im Oktober 1989 Eintritt in das Neue Forum, zeitweilig Mitglied des Sprecherrates. Von März bis Oktober 1990 Abgeordneter der DDR-Volkskammer für das Bündnis 90. Seit dem 3. Oktober Sonderbeauftragter der Bundesregierung für die personenbezogenen Unterlagen des ehemaligen Staatssicherheitsdienstes.

Sarah Kirsch, geb. 1935 in Limlingerode (Südharz). Studium der Biologie und am Literaturinstitut Johannes R. Becher in Leipzig. Danach freie Schriftstellerin, seit 1968 in Ostberlin. 1977 infolge der Biermann-Ausbürgerung Umzug nach Westberlin. Seit 1983 in Schleswig-Holstein. Ab und zu eine Reise, verschiedene Preise.
Die Möglichkeit, in den Akten der Staatssicherheit zu lesen, brachte u. a. das Erlebnis rückgespulter Biographie und war Menschenkunde für den Einsichtigen da. OV «Milan» von Freund, Feind und «Verleger» verraten. Empfand es als ne Art Universität im Sinne von Gorki.

Freya Klier, geb. 1950 in Dresden, lebt als Autorin und Regisseurin in Berlin; 1968 Abitur (gleichzeitig Facharbeiterbrief als Maschinenbauzeichner), versuchte «Republikflucht» (Urteil: 16 Monate Haft), vorzeitige Haftentlassung, danach Arbeit als Postangestellte, Kellnerin, Disponentin im Dresdner Puppentheater; 1970 bis 75 Schauspielstudium in Leipzig und Dresden, danach Schauspielerin am Theater Senftenberg; 1978 bis 82 Regiestudium in Ostberlin; 1980 Mitbegründerin der DDR-Friedensbewegung; 1982 Regisseurin am Theater Schwedt; 1982/83 unabhängige Befragung von Frauen zu ihrer Lebenssituation in der DDR; 1984 freischaffende Theaterregisseurin, 1985 Berufsverbot wegen des politischen Engagements in der Friedensbewegung und anderer Aktivitäten; ab 1985 gemeinsame Auftritte mit Stephan Krawczyk in evangelischen Kirchen der DDR, eigene Stücke / Brecht, erste Prosaarbeiten; 1986/87 Arbeit an einem Buch über Jugend- und Erziehungswesen in der DDR, umfassende geheime Jugendbefragung; zunehmende Verfolgung durch die Staatsorgane, 1988 Verhaftung (Beschlagnahme der Manuskripte) und unfreiwillige Ausbürgerung, lebt seither in Westberlin.

Hubertus Knabe, geb. 1959, Dr. phil., Leiter des Referates zur wissenschaftlichen Auswertung der Struktur, Methoden und Wirkungsweise des Staatssicherheitsdienstes in der Behörde des Bundesbeauftragten für die Unterlagen des Staatssicherheitsdienstes. Studium der Geschichte und Germanistik in Bremen, 1985−87 Forschungsaufenthalt in Ungarn, 1988−90 Studienleiter der Evangelischen Akademie Berlin (West), 1990−91 Mitherausgeber der Taschenbuchreihe rororo aktuell. Autor zahlreicher Veröffentlichungen zur DDR und zu Osteuropa.

Günter Kunert, geb. 1929 in Berlin. 1948 erste Publikationen. 1948/49 Eintritt in die SED, 1972−75 Aufenthalte in den USA und Großbritannien, seit 1976 Mitglied der Akademie der Künste in West-Berlin, 1977 Streichung der SED-Mitgliedschaft, lebt als freier Schriftsteller seit 1979 bei Itzehoe. 1992 Austritt aus der Westberliner Akademie aus Protest gegen die von Walter Jens betriebene Vereinigung mit der Ostberliner Akademie.

Lutz Rathenow, geb. 1952 in Jena, lebt als freier Schriftsteller in Berlin; 1971 Abitur, danach Armee; ab 1973 Lehrerstudium für die Fächer Deutsch und Geschichte in Jena; 1973−75 Leiter des Arbeitskreises Literatur im Kreiskulturhaus Neulobeda (bei Jena), der dann aufgelöst und faktisch verboten wurde; 1976 erste Festnahme durch das MfS, Übersiedelung nach Ostberlin; 1977 Zwangsexmatrikulierung aus politischen Gründen; danach zunächst Transportarbeiter bei Zeiss; in der Folgezeit eine Art Doppelleben: einerseits öffentliche literarische Arbeit, andererseits verborgene politische Arbeit; 1980 zusammen mit Frank-Wolf Matthies wegen der ersten Buchveröffentlichung im Westen verhaftet; aufgrund internationaler Proteste nach kurzer Zeit wieder frei; intensive Kontakte zu westlichen Journalisten; Versuch, in der DDR die eigenen Texte ohne staatliche Kontrolle zu verbreiten; häufige Lesungen in Kirchen und Wohnungen, bei denen er große Mengen der eigenen Bücher und der Bücher von Jürgen Fuchs verteilte; zeitweise der literarischen Szene vom Prenzlauer Berg zugehörig; fühlte sich seit 1983/84 als Außenseiter innerhalb der Opposition, verfolgte als politisches Ziel die Auflösung der DDR; konnte bis zum Ende der DDR fast ausschließlich im Westen veröffentlichen.

Ulrich Schacht, 1951 im DDR-Frauengefängnis Hoheneck in Stollberg/Sachsen geboren, wo seine Mutter aus politischen Gründen inhaftiert war, wuchs im Heimatort seiner Familie, im mecklenburgischen Wismar, auf. Grundschule, Bäckerlehre, Krankenpflege, Theologiestudium in Rostock und Erfurt. 1973 Verhaftung durch das MfS Schwerin, im Herbst 1973 Anklage vor dem 1. Strafsenat des Bezirksgerichts Schwerin wegen «Staatsfeindlicher Hetze und Hetze gegen das sozialistische Ausland» (§§ 106 und 108 StGB/DDR), anschließend Verurteilung zu sieben Jahren Haft und fünf Jahren Aberkennung der Staatsbürgerlichen Rechte, Januar 1974 Verwerfung der Berufung gegen das Urteil durch das Oberste Gericht der DDR. Von 1974 bis 1976 Haft im Gefängnis Brandenburg-Görden, im November 1976 Entlassung in die Bundesrepublik auf der Basis des Freikaufs politischer Häftlinge. Seitdem in Hamburg, Studium der Politikwissenschaft und Philosophie, Arbeit als Redakteur für Kulturpolitik und Schriftsteller. PEN-Mitglied.

Hans Joachim Schädlich, geb. 1935 in Reichenbach im Vogtland. Studium der Germanistik in Berlin und Leipzig. Dissertation über die «Phonologie des Ostvogtländischen» (1960). Von 1959 bis 1976 Arbeit an der Ostberliner Akademie der Wissenschaften. Anschließend als freier Übersetzer tätig. Seine seit 1969 verfaßten Erzähltexte wurden in der DDR nicht veröffentlicht. Schädlich gehörte zu den Unterzeichnern der Biermann-Petition vom November 1976. Er stellte im September 1977 einen Ausreiseantrag, der zunächst abschlägig beschieden, im Dezember jedoch schließlich genehmigt wurde. Nach kurzen Aufenthalten in Hamburg und Dahlenburg lebt er seit 1979 als freier Schriftsteller in Westberlin. Mitglied des PEN-Zentrums der Bundesrepublik Deutschland.

Andreas Schmidt, geb. 1962, lebt in Gera; 1980 Abitur in Jena; Studium der Sonderpädagogik in Rostock; ab 1988 Lehrer für geistig behinderte Kinder, Auftritte als Liedermacher; während des ersten Absolventenjahres fristlose Entlassung aus dem Schuldienst aufgrund schulpolitischer Kontroversen; ab Herbst 1989 Mitglied des Bezirksbürgerkomitees Gera zur Stasi-Auflösung; derzeit Leiter der Außenstelle Gera beim Sonderbeauftragten für die personenbezogenen Unterlagen des ehemaligen MfS/AfNS.

Sigmar Schollak, geb. 1930, lebt als freier Autor in seiner Geburtsstadt Berlin; Musikstudium, ausübender Musiker, Prosa- und Hörspielautor; Ende 1976 Protestbrief an Honecker gegen die Ausbürgerung von Wolf Biermann; Auseinandersetzungen mit der Kulturbehörde; 1982 nach Ausreiseantrag Übersiedelung von Berlin-Ost nach Berlin-West; wegen der Ausreise Herausnahme sämtlicher neun Buchveröffentlichungen aus dem Verlagsprogramm des Kinder- und Jugendbuchverlags der DDR; seit 1982 vor allem für den Rundfunk tätig, Erzählungen, Essays, Feuilletons, mehrere Hörspiele.

Vera Wollenberger, lebt in ihrer Geburtsstadt Sondershausen (Thüringen); Diplomphilosophin; 1970 Abitur in Ostberlin; 1970–75 Studium in Leipzig und Ostberlin; 1975–80 wissenschaftliche Mitarbeiterin der Akademie der Wissenschaften der DDR; 1975–83 Mitglied der SED, 1983 Ausschluß aus der Partei wegen öffentlicher Stellungnahme gegen die Atomraketenstationierung in der DDR; 1981–83 Lektorin beim Verlag *Neues Leben*; ab 1983 Berufsverbot, Imkerin, Übersetzungen aus dem Russischen; ab 1985 Theologiestudium in Ostberlin. Im Herbst 1981 Mitbegründerin des Friedenskreises Pankow, kurz darauf eines Ökokreises innerhalb dieses Friedenskreises; 1986 in der «Gruppe Gegenstimmen» Mitorganisatorin aller Friedenswerkstätten und Ökoseminare bis Ende 1987, Mitglied des Fortsetzungsausschusses für «Konkret für den Frieden» 1985 und 1987; Mitbegründerin der *Kirche von Unten* und Mitorganisatorin des *Kirchentages von Unten* 1987; 1988 Verhaftung, Verurteilung wegen «versuchter Zusammenrottung»; Februar 1988 Abschiebung nach England; 1988–89 Studium in Cambridge, Masters Dissertation «Der Holocaust und der Wert des Lebens»; am 9. November 1989 Rückkehr in die DDR; Eintritt in die Grüne Partei; 18. März bis 2. Oktober 1990 Mitglied der Volkskammer; seit 5. Oktober 1990 Mitglied des Deutschen Bundestages.